蒙古草原古代游牧民族豁脱文化研究

松迪◎著

呼伦贝尔学院民族学研究系列丛书

中央民族大学出版社

图书在版编目（CIP）数据

蒙古草原古代游牧民族豁脱文化研究：蒙古文 / 松迪著 .-- 北京：中央民族大学出版社，2019.12（2021.9 重印）

ISBN 978-7-5660-1606-5

Ⅰ．①蒙…　Ⅱ．①松…　Ⅲ．①游牧民族—民族文化—文化研究—内蒙古—蒙古语（中国少数民族语言）Ⅳ．①K280.26

中国版本图书馆 CIP 数据核字（2019）第 285664 号

蒙古草原古代游牧民族豁脱文化研究

著　　者　松 迪
责任编辑　满福玺
特邀编辑　青格勒图
责任校对　特木尔巴根
封面设计　汤建军
出版发行　中央民族大学出版社
　　　　　北京市海淀区中关村南大街 27 号　　邮编：100081
　　　　　电话：（010）68472815（发行部）（010）68932218（总编室）
　　　　　传真：（010）68932751（发行部）（010）68932447（办公室）
经 销 者　全国各地新华书店
印 刷 者　北京建宏印刷有限公司
开　　本　787mm×1092mm　1/16　印张：19
字　　数　350 千字
版　　次　2019 年 12 月第 1 版　2021 年 9 月第 2 次印刷
书　　号　ISBN 978-7-5660-1606-5
定　　价　99.00 元

本书为国家社会科学基金西部项目（11XMZ029）研究成果

ᠡᠨᠡ ᠨᠣᠮ ᠪᠣᠯ ᠤᠯᠤᠰ ᠤᠨ ᠨᠡᠶᠢᠭᠡᠮ ᠦᠨ ᠰᠢᠨᠵᠢᠯᠡᠬᠦ ᠤᠬᠠᠭᠠᠨ ᠤ ᠰᠠᠩ ᠤᠨ ᠪᠠᠷᠠᠭᠤᠨ ᠬᠡᠰᠡᠭ ᠦᠨ ᠲᠥᠰᠦᠯ ᠦᠨ ᠰᠤᠳᠤᠯᠭᠠᠨ ᠤ ᠦᠷ᠎ᠡ ᠪᠦᠲᠦᠭᠡᠯ

ᠭᠠᠷᠴᠠᠭ

ᠡᠮᠦᠨᠡᠬᠢ ᠦᠭᠡ

ᠨᠢᠭᠡ

《 ᠮᠣᠩᠭᠣᠯ ᠨᠤᠲᠤᠭ ᠤᠨ ᠡᠷᠲᠡᠨ ᠦ ᠨᠡᠶᠢᠭᠡᠮ ᠦᠨ ᠬᠥᠭᠵᠢᠯ ᠦ ᠬᠣᠲᠠ ᠶᠢᠨ ᠰᠣᠶᠤᠯ ᠤᠨ ᠰᠤᠳᠤᠯᠭ᠎ᠠ 》 ᠳᠦ 《 ᠬᠣᠲᠠ 》 ᠭᠡᠳᠡᠭ ᠮᠣᠩᠭᠣᠯ ᠦᠭᠡ ᠶᠢᠨ ᠤᠳᠬ᠎ᠠ ᠶᠢ ᠮᠡᠳᠡᠭᠦᠯᠬᠦ ᠳᠤ ᠬᠣᠲᠠ ᠶᠢᠨ ᠰᠤᠳᠤᠯᠭ᠎ᠠ ᠶᠢᠨ ᠡᠮᠦᠨ᠎ᠡ ᠬᠣᠷᠢᠶᠠᠯᠠᠭᠰᠠᠨ ᠲᠡᠭᠦᠨ ᠦ ᠦᠨᠳᠦᠰᠦᠨ ᠤᠳᠬ᠎ᠠ ᠪᠠᠷ ᠮᠣᠩᠭᠣᠯ ᠦᠭᠡ ᠶᠢᠨ ᠬᠡᠯᠡᠯᠭᠡ ᠳᠦ ᠬᠡᠷᠡᠭᠯᠡᠭᠳᠡᠭᠰᠡᠨ ᠪᠠᠢᠨ᠎ᠠ ᠶᠤᠮ ᠃ 《 ᠬᠣᠲᠠ 》 ᠭᠡᠳᠡᠭ ᠡᠨᠡ ᠦᠭᠡ ᠶᠢ ᠮᠣᠩᠭᠣᠯ ᠨᠤᠲᠤᠭ ᠤᠨ ᠡᠷᠲᠡᠨ ᠦ ᠨᠡᠶᠢᠭᠡᠮ ᠦᠨ ᠬᠥᠭᠵᠢᠯ ᠦ ᠨᠢ ᠤᠨ ᠲᠥᠷᠥ ᠶᠢᠨ ᠪᠠᠢᠭᠤᠯᠤᠯᠲᠠ ᠶᠢᠨ ᠭᠠᠵᠠᠷ ᠪᠠᠢᠭ᠎ᠠ ᠬᠣᠲᠠ ᠶᠢᠨ ᠰᠤᠳᠤᠯᠭ᠎ᠠ ᠪᠠᠷ ᠰᠤᠳᠤᠯᠤᠨ᠎ᠠ · ᠬᠣᠲᠠ ᠰᠤᠳᠤᠯᠤᠯ ᠤᠨ ᠭᠠᠵᠠᠷ · ᠬᠣᠲᠠ ᠪᠠᠢᠭᠤᠯᠤᠯᠲᠠ ᠶᠢᠨ ᠮᠡᠳᠡᠭᠳᠡᠬᠦᠨ · ᠲᠡᠭᠦᠬᠡ ᠶᠢᠨ ᠰᠤᠳᠤᠯᠤᠯ ᠤᠨ ᠮᠡᠳᠡᠭᠳᠡᠬᠦᠨ ᠦ ᠮᠥᠷᠥᠭᠳᠡᠯ ᠦᠨ ᠬᠡᠮᠵᠢᠶ᠎ᠡ ᠪᠡᠷ ᠲᠣᠳᠤᠷᠬᠠᠢᠯᠠᠭᠰᠠᠨ ᠪᠠᠢᠨ᠎ᠠ ᠃ ᠡᠨᠡ ᠨᠢ ᠬᠣᠲᠠ ᠶᠢᠨ ᠰᠤᠳᠤᠯᠭ᠎ᠠ ᠶᠢᠨ ᠪᠠᠢᠭᠤᠯᠤᠯᠲᠠ ᠶᠢᠨ ᠰᠤᠳᠤᠯᠭ᠎ᠠ ᠪᠠ ᠪᠠᠢᠭᠤᠯᠤᠯᠲᠠ ᠶᠢᠨ ᠰᠤᠳᠤᠯᠤᠯ ᠤᠨ ᠬᠡᠮᠵᠢᠶ᠎ᠡ ᠶᠢ ᠲᠣᠭᠲᠠᠭᠠᠬᠤ ᠲᠡᠭᠦᠨ ᠦ ᠦᠨᠳᠦᠰᠦᠨ ᠪᠣᠯᠤᠨ᠎ᠠ ᠃ ᠡᠨᠡ ᠨᠢ ᠬᠣᠲᠠ ᠶᠢᠨ ᠪᠠᠷᠢᠯᠭ᠎ᠠ · ᠬᠣᠲᠠ ᠶᠢᠨ ᠰᠤᠳᠤᠯᠤᠯ ᠤᠨ ᠲᠤᠬᠠᠢ ᠲᠠᠨᠢᠯᠴᠠᠭᠤᠯᠬᠤ ᠪᠣᠯᠤᠨ᠎ᠠ ᠃

《 ᠬᠣᠲᠠ 》 ᠭᠡᠳᠡᠭ ᠡᠨᠡ ᠦᠭᠡ ᠨᠢ ᠭᠠᠵᠠᠷ ᠤᠷᠤᠨ ᠤ ᠨᠡᠷ᠎ᠡ 《 ᠪᠠᠯᠭᠠᠰᠤ 》 ᠶᠢ ᠬᠠᠮᠤᠷᠤᠭᠰᠠᠨ《城市》·《城镇》ᠪᠤᠶᠤ《城池》ᠭᠡᠬᠦ ᠤᠳᠬ᠎ᠠ ᠲᠠᠢ · 《 ᠬᠣᠲᠠ 》 ᠭᠡᠳᠡᠭ ᠬᠣᠲᠠ ᠪᠠᠢᠭᠤᠯᠤᠯᠲᠠ · ᠬᠣᠲᠠ ᠶᠢᠨ ᠪᠠᠢᠭᠤᠯᠤᠯᠲᠠ ᠪᠠᠯᠭᠠᠰᠤ · ᠬᠣᠲᠠ ᠶᠢᠨ ᠪᠠᠢᠭᠤᠯᠤᠯᠲᠠ ᠨᠢᠭᠤᠳᠠᠯ ᠮᠡᠲᠦ ᠬᠣᠲᠠ ᠶᠢᠨ ᠤᠳᠬ᠎ᠠ ᠪᠠᠷ ᠬᠡᠷᠡᠭᠯᠡᠭᠳᠡᠳᠡᠭ ᠃ ᠮᠣᠩᠭᠣᠯ ᠬᠡᠯᠡᠨ ᠳᠦ 《 ᠪᠠᠯᠭᠠᠰᠤ 》 ᠭᠡᠳᠡᠭ ᠪᠣᠯ 《城邦》ᠭᠡᠬᠦ ᠤᠳᠬ᠎ᠠ ᠲᠠᠢ ᠪᠣᠯᠪᠠᠴᠤ ᠡᠨᠡ ᠨᠢ ᠬᠤᠪᠢ ᠬᠥᠭᠵᠢᠯ ᠦᠨ ᠳᠠᠭᠠᠤ ᠬᠣᠲᠠ ᠶᠢᠨ ᠤᠳᠬ᠎ᠠ ᠲᠠᠢ ᠪᠣᠯᠬᠤ ᠶᠤᠮ ᠃ ᠲᠤᠰ ᠨᠢ ᠪᠠᠯᠭᠠᠰᠤ ᠶᠢᠨ ᠪᠠᠢᠷᠢ ᠳᠤ ᠠᠮᠢᠳᠤ ᠤᠯᠠᠨ ᠬᠦᠮᠦᠨ · ᠬᠤᠷᠠᠮᠲᠠᠢ ᠲᠠᠢ ᠠᠮᠢᠳᠤᠷᠠᠯ (村) ᠪᠠ ᠪᠣᠯᠤᠨ · ᠠᠮᠢᠳᠤᠷᠠᠯ (村) ᠤ ᠶᠡᠬᠡᠰᠢᠯᠲᠡ ᠪᠡᠷ ᠪᠣᠯᠪᠠᠰᠤᠷᠠᠯ ᠳᠤ ᠪᠠᠢᠭᠤᠯᠤᠭᠳᠠᠭᠰᠠᠨ ᠪᠣᠯᠤᠨ᠎ᠠ ᠃ ᠮᠣᠩᠭᠣᠯ ᠬᠡᠯᠡᠨ ᠳᠦ 《城市·城镇·城池·城邦》ᠭᠡᠬᠦ ᠨᠢ ᠪᠠᠰᠠ《村》ᠭᠡᠬᠦ ᠲᠠᠢ ᠬᠣᠲᠠ (城) ᠪᠤᠶᠤ ᠪᠠᠯᠭᠠᠰᠤ (镇) ᠪᠣᠯᠵᠤ ᠪᠠᠢᠭᠤᠯᠤᠭᠳᠠᠭᠰᠠᠨ ᠶᠤᠮ ᠃ ᠡᠭᠦᠨ ᠦ ᠳᠠᠷᠠᠭ᠎ᠠ ᠬᠣᠲᠠ ᠶᠢᠨ ᠬᠣᠷᠢᠶ᠎ᠠ ᠨᠡᠷ᠎ᠡ ᠳᠦ ᠪᠠᠢᠭᠤᠯᠤᠭᠰᠠᠨ ᠪᠠᠢᠨ᠎ᠠ ᠃ ᠲᠡᠷᠡ ᠦᠶ᠎ᠡ ᠶᠢᠨ ᠭᠠᠵᠠᠷ ᠤᠨ ᠬᠣᠲᠠ ᠪᠠᠢᠭᠤᠯᠤᠯᠲᠠ ᠨᠢ ᠰᠠᠭᠤᠷᠢᠰᠢᠯ ᠤᠨ ᠪᠠᠢᠭᠤᠯᠤᠯᠲᠠ ᠶᠢᠨ ᠲᠥᠷᠥ ᠶᠢᠨ ᠬᠦᠴᠦᠨ ᠪᠠᠢᠭᠤᠯᠤᠯᠲᠠ ᠨᠢ ᠃ ᠡᠨᠡ ᠨᠢ 《邦》ᠪᠤᠶᠤ《酋邦》ᠭᠡᠳᠡᠭ ᠨᠢ ᠮᠣᠩᠭᠣᠯ ᠬᠡᠯᠡᠨ ᠳᠦ ᠪᠠᠢᠭᠤᠯᠤᠭᠳᠠᠭᠰᠠᠨ ᠪᠣᠯᠤᠨ ᠶᠡᠬᠡ ᠲᠥᠷᠥ ᠪᠠᠢᠨ᠎ᠠ ᠃ ᠡᠨᠡ ᠨᠢ《邦》ᠪᠤᠶᠤ《酋邦》ᠭᠡᠳᠡᠭ ᠨᠢ

ᠲᠡᠦᠬᠡ ᠶᠢᠨ ᠲᠡᠦᠬᠡᠨ（ᠲᠡᠦᠬᠡᠨ ᠤᠷᠤᠭ，氏族）ᠤ ᠪᠦᠯᠦᠭ ᠬᠢᠭᠡᠳ ᠠᠶᠢᠮᠠᠭ（ᠠᠶᠢᠮᠠᠭ，部落）ᠤ ᠬᠣᠯᠪᠣᠭ᠎ᠠ —《ᠠᠶᠢᠮᠠᠭ ᠤᠨ ᠬᠣᠯᠪᠣᠭ᠎ᠠ》（ᠪᠤᠶᠤ《ᠪᠣᠯᠤᠨ ᠬᠣᠯᠪᠣᠭ᠎ᠠ》ᠶᠢ ᠰᠠᠨᠠᠭᠤᠯᠵᠤ ᠪᠠᠢᠭ᠎ᠠ ᠪᠠᠢᠵᠤ ᠮᠡᠳᠡᠨ᠎ᠡ ᠂ ᠬᠣᠲᠠ ᠶᠢᠨ ᠲᠦᠪᠰᠢᠨ ᠳᠦ ᠬᠦᠷᠦᠭᠰᠡᠨ《ᠬᠣᠲᠠ》ᠭᠡᠳᠡᠭ ᠦᠭᠡ ᠶᠢᠨ ᠤᠴᠢᠷ《邦》ᠪᠤᠶᠤ《酋邦》ᠭᠡᠵᠦ ᠣᠷᠴᠢᠭᠤᠯᠬᠤ ᠪᠣᠯᠤᠮᠵᠢᠲᠠᠢ ᠪᠠᠢᠬᠤ ᠤᠤ?

ᠬᠣᠶᠠᠷ ᠲᠤᠬᠠᠢ ᠳᠤ《ᠬᠣᠲᠠ》ᠭᠡᠳᠡᠭ ᠦᠭᠡ ᠶᠢ ᠬᠣᠲᠠ ᠪᠠᠶᠢᠭᠤᠯᠤᠯᠲᠠ ᠶᠢᠨ ᠲᠦᠪᠰᠢᠨ ᠢ ᠲᠡᠮᠳᠡᠭᠯᠡᠬᠦ ᠦᠭᠡ ᠪᠣᠯᠭᠠᠨ ᠣᠷᠴᠢᠭᠤᠯᠪᠠᠯ《邦》ᠪᠤᠶᠤ《酋邦》ᠭᠡᠵᠦ ᠣᠷᠴᠢᠭᠤᠯᠬᠤ ᠶᠢ ᠪᠣᠳᠣᠯᠤᠭᠰᠠᠨ ᠪᠠᠢᠳᠠᠯ ᠲᠠᠢ ᠶᠤᠮ᠃ ᠬᠡᠷᠪᠡ ᠲᠡᠢᠮᠦ ᠪᠣᠯ（ᠬᠣᠲᠠ ᠪᠠᠶᠢᠭᠤᠯᠤᠯᠲᠠ ᠶᠢᠨ）ᠢ ᠰᠢᠨᠵᠢᠯᠡᠬᠦ ᠳᠦ ᠬᠠᠮᠢᠶᠠᠷᠠᠬᠤ ᠮᠥᠷ ᠲᠦᠪᠰᠢᠨ ᠦ ᠰᠤᠳᠤᠯᠭ᠎ᠠ ᠶᠢᠨ ᠠᠷᠭ᠎ᠠ ᠪᠣᠯᠤᠨ᠎ᠠ᠃ ᠡᠨᠡ ᠨᠢ ᠬᠣᠲᠠ ᠶᠢᠨ ᠤᠳᠠᠮ ᠰᠣᠶᠤᠯ ᠤᠨ ᠬᠦᠷᠢᠶᠡᠨ ᠳᠦ ᠣᠷᠤᠭᠤᠯᠤᠨ ᠰᠢᠨᠵᠢᠯᠡᠬᠦ ᠶᠤᠮ ᠪᠣᠯ《城市文化》·《城镇文化》·《邦文化》ᠪᠤᠶᠤ《酋邦文化》ᠭᠡᠬᠦ ᠮᠡᠲᠦ ᠨᠡᠷᠡᠲᠡᠢ ᠪᠣᠯᠬᠤ᠂ ᠡᠰᠡᠪᠡᠯ《生存文化》ᠭᠡᠵᠦ ᠨᠡᠷᠡᠢᠳᠦᠬᠦ ᠶᠢᠨ ᠤᠴᠢᠷ ᠨᠢ ᠶᠠᠭᠤ ᠪᠣᠢ᠂ ᠰᠢᠨᠵᠢᠯᠡᠬᠦ ᠶᠢᠨ ᠴᠢᠭᠯᠡᠯ ᠨᠢ ᠮᠥᠨ ᠬᠣᠲᠠ ᠶᠢᠨ《豁脱（ᠬᠣᠲᠠ）》ᠭᠡᠳᠡᠭ ᠦᠭᠡ ᠶᠢᠨ ᠤᠴᠢᠷ ᠲᠤ ᠪᠠᠢᠨ᠎ᠠ᠃

ᠮᠣᠩᠭᠣᠯ ᠤᠨ ᠡᠷᠲᠡᠨ ᠦ ᠨᠡᠬᠦᠳᠡᠯᠴᠢᠨ ᠦ ᠬᠣᠲᠠ ᠶᠢᠨ ᠰᠤᠳᠤᠯᠭ᠎ᠠ ᠨᠢ᠂《ᠮᠣᠩᠭᠣᠯ ᠬᠡᠭᠡᠷ᠎ᠡ ᠶᠢᠨ ᠡᠷᠲᠡᠨ ᠦ ᠨᠡᠬᠦᠳᠡᠯᠴᠢᠨ ᠦ ᠬᠣᠲᠠ ᠶᠢᠨ ᠰᠤᠳᠤᠯᠭ᠎ᠠ》ᠪᠤᠶᠤ《蒙古草原古代游牧民族豁脱文化研究》ᠭᠡᠵᠦ ᠣᠷᠴᠢᠭᠤᠯᠤᠨ᠎ᠠ᠃

《ᠮᠣᠩᠭᠣᠯ ᠤᠨ ᠬᠣᠲᠠ ᠶᠢᠨ ᠰᠣᠶᠤᠯ》ᠤᠨ ᠨᠡᠷ᠎ᠡ ᠶᠢ ᠣᠷᠴᠢᠭᠤᠯᠬᠤ ᠳᠤ《豁脱（ᠬᠣᠲᠠ）》ᠭᠡᠵᠦ ᠬᠣᠲᠠ ᠶᠢᠨ ᠮᠣᠩᠭᠣᠯ ᠨᠡᠷ᠎ᠡ ᠶᠢ ᠪᠠᠢᠯᠭᠠᠬᠤ ᠪᠣᠯᠤᠨ᠎ᠠ᠃ ᠡᠨᠡ ᠨᠢ ᠮᠣᠩᠭᠣᠯ ᠬᠡᠯᠡ ᠶᠢᠨ《ᠪᠠᠯᠭᠠᠰᠤ》ᠪᠤᠶᠤ《ᠪᠠᠯᠭᠠᠰᠤᠨ ᠬᠣᠲᠠ》ᠶᠢᠨ ᠤᠴᠢᠷ ᠲᠠᠢ ᠠᠳᠠᠯᠢ ᠪᠠᠢᠨ᠎ᠠ᠂ ᠮᠣᠩᠭᠣᠯ ᠬᠡᠯᠡ ᠶᠢᠨ ᠬᠣᠲᠠ ᠶᠢᠨ ᠨᠡᠷ᠎ᠡ ᠳᠤ ᠬᠠᠮᠢᠶᠠᠷᠠᠬᠤ ᠪᠢᠯᠡ᠃ ᠮᠣᠩᠭᠣᠯ ᠤᠨ ᠬᠣᠲᠠ ᠶᠢᠨ ᠰᠣᠶᠤᠯ ᠤᠨ ᠰᠤᠳᠤᠯᠤᠯ ᠤᠨ ᠪᠦᠲᠦᠭᠡᠯ ᠤᠳᠠᠭᠠᠨ ᠡᠭᠦᠰᠦᠨ ᠶᠤᠮ᠃

ᠡᠨᠡ ᠪᠦᠯᠦᠭ ᠲᠦ ᠪᠠᠷᠢᠮᠲᠠᠯᠠᠭᠰᠠᠨ ᠰᠤᠳᠤᠯᠭ᠎ᠠ ᠨᠢ ᠤᠷᠢᠳᠠ ᠶᠢᠨ ᠡᠷᠳᠡᠮᠲᠡᠳ ᠦᠨ ᠰᠤᠳᠤᠯᠤᠭᠰᠠᠨ ᠦᠷ᠎ᠡ ᠳ᠋ᠦᠩ ᠳᠡᠭᠡᠷ᠎ᠡ ᠰᠠᠭᠤᠷᠢᠯᠠᠵᠤ᠂ 1998 ᠣᠨ ᠳᠤ ᠬᠡᠪᠯᠡᠭᠳᠡᠭᠰᠡᠨ《ᠬᠣᠲᠠ》᠂ 2001 ᠣᠨ ᠳᠤ ᠬᠡᠪᠯᠡᠭᠳᠡᠭᠰᠡᠨ ᠬᠣᠲᠠ ᠶᠢᠨ ᠰᠣᠶᠤᠯ ᠤᠨ ᠰᠤᠳᠤᠯᠭ᠎ᠠ ᠪᠤᠶᠤ《ᠮᠣᠩᠭᠣᠯ ᠤᠨ ᠡᠷᠲᠡᠨ ᠦ ᠬᠣᠲᠠ ᠶᠢᠨ》 2014 ᠣᠨ ᠳᠤ ᠬᠡᠪᠯᠡᠭᠳᠡᠭᠰᠡᠨ《ᠮᠣᠩᠭᠣᠯ ᠤᠨ ᠡᠷᠲᠡᠨ ᠦ ᠬᠣᠲᠠ ᠶᠢᠨ ᠰᠣᠶᠤᠯ》[1] ᠵᠡᠷᠭᠡ ᠪᠦᠲᠦᠭᠡᠯ ᠦᠳ ᠲᠦ ᠲᠤᠰᠬᠠᠢ ᠰᠣᠶᠤᠯ ᠤᠨ ᠦᠵᠡᠯ ᠦ ᠨᠢᠭᠡᠨ ᠬᠡᠰᠡᠭ ᠢ ᠲᠣᠳᠤᠷᠬᠠᠢᠯᠠᠨ ᠪᠢᠴᠢᠭᠰᠡᠨ ᠪᠢᠯᠡ᠂ ᠡᠭᠦᠨ ᠦ ᠦᠨᠳᠦᠰᠦᠨ ᠳᠡᠭᠡᠷ᠎ᠡ ᠨᠢᠭᠡᠨ ᠰᠢᠯᠭᠠᠷᠤᠯᠲᠠ ᠬᠢᠵᠦ ᠪᠠᠢᠨ᠎ᠠ ᠪᠣᠯ

[illegible]

[illegible]

[illegible]

[illegible] 19 [illegible]

[illegible] 1961 ᠣᠨ [2] [illegible]

(1)《[illegible]》

[illegible]

1. [illegible]

[illegible] «ᠮᠣᠩᠭᠣᠯ ᠤᠨ [illegible]» 〔17〕 [illegible] ᠂ [illegible] ᠂ [illegible] ᠂ [illegible] «[illegible]» 〔15〕 ᠂ [illegible] «ᠮᠣᠩᠭᠣᠯ ᠤᠨ [illegible]» 〔16〕 ᠂ [illegible] «[illegible]» ([illegible]) 〔13〕 ᠂ [illegible] «ᠮᠣᠩᠭᠣᠯ ᠤᠨ [illegible]» 〔14〕 ᠂ [illegible] «[illegible] ᠄ [illegible] «ᠮᠣᠩᠭᠣᠯ ᠤᠨ [illegible]» 〔12〕 ᠂ [illegible] «[illegible]» 〔10〕 ᠂ [illegible] «[illegible]» 〔11〕 [illegible]

[illegible] ᠂ [illegible] «[illegible]» 〔9〕 ᠂ [illegible] «[illegible] ᠄

[illegible] ᠄ 4 · 6 · [illegible] «ᠮᠣᠩᠭᠣᠯ ᠤᠨ [illegible]» [illegible] ᠄ [illegible] ᠂ [illegible] ᠄ [illegible] ᠂ [illegible] ᠄ [illegible] ᠂ [illegible] ᠂ [illegible] ᠂ [illegible] ᠄ [illegible] ᠂ [illegible] ᠂ [illegible] — [illegible] ᠂ [illegible] — [illegible] ᠂ [illegible] ᠂ [illegible] ᠄ [illegible] 4 · 6 · [illegible] 13 — 14 [illegible] ᠄ [illegible] ᠂ 2016

[illegible] 4 · 6 · [illegible] «ᠮᠣᠩᠭᠣᠯ ᠤᠨ [illegible]» 〔8〕 [illegible] 1965 [illegible]

(7) «ᠮᠣᠩᠭᠣᠯ ᠤᠨ [illegible]»

[illegible] ᠄

[illegible] ᠄ [illegible] ᠄ [illegible] ᠂ [illegible] ᠂ [illegible] ᠂ [illegible] ᠂ [illegible]

[illegible] ::

(3)《[illegible]》

[illegible]《[illegible]》〔20〕[illegible] 2008 [illegible] ::

(4)《[illegible]》

[illegible]《[illegible]》〔21〕（[illegible] 2014 · 2015 · 2016 [illegible]）[illegible] 24 [illegible] :: [illegible]

[illegible] · [illegible] [illegible] ([illegible] 2009 [illegible] 4 [illegible]) [illegible] :: [illegible] 29 [illegible] 1 [illegible]) · [illegible] 《 [illegible] 》 [illegible]) · [illegible] · [illegible] 《 [illegible] 》 ([illegible] 《 [illegible] — [illegible] 》 ([illegible] 2005 [illegible] 6 [illegible] 》 ([illegible] 1999 [illegible] 2 [illegible]) · [illegible] 2000 [illegible] 9 [illegible]) · [illegible] 《 [illegible] 》 [illegible]) · [illegible] 《 [illegible] 》 [illegible] 《 [illegible] 》 ([illegible] 2013 [illegible] 1 [illegible]) · [illegible] 《 [illegible] 》 (《 [illegible] 》 [illegible]) · [illegible] 《 [illegible] 》 ([illegible] 2012 [illegible] 3 [illegible] 《 [illegible] 》 ([illegible] 1984 [illegible] 4 [illegible]) · [illegible] :: [illegible] 《 [illegible] 》 [illegible] 《 [illegible] 》〔24〕· 《 [illegible] 》〔25〕 [illegible] 《 [illegible] 》〔22〕· 《 [illegible] 》〔23〕 [illegible] :: 《 [illegible] 》 :: [illegible] ::

[illegible] ::

[illegible] 24 [illegible] 29 [illegible] :: [illegible]

ᠨᠢ ᠪᠣᠯᠤᠨ ᠪᠠ᠂ ᠪᠣᠯᠤᠨ ᠤᠨ ᠬᠦ ᠲᠠᠷᠢᠶᠠᠨ ᠨᠢ ᠪᠣᠯᠤᠨ ᠪᠠ᠂ ᠪᠠᠢᠳᠠᠯ ᠲᠠᠯ᠎ᠠ ᠶᠢᠨ ᠬᠣᠷᠢᠶᠠᠨ ᠤ ᠪᠣᠯᠤᠨ ᠪᠠ᠂ ᠬᠣᠲᠠ ᠶᠢᠨ ᠪᠣᠯᠤᠨ ᠨᠢ ᠲᠣᠭᠠᠨ ᠤ ᠬᠣᠲᠠ ᠳᠤ ᠪᠠ᠂ ᠪᠠᠯᠭᠠᠰᠤ ᠨᠢ ᠪᠣᠯᠤᠨ ᠪᠠ

ᠭᠠᠢᠬᠠᠯᠲᠠᠢ ᠲᠠᠯ᠎ᠠ ᠳᠤ ᠤᠯᠠᠮᠵᠢᠯᠠᠯ ᠪᠠ ᠰᠢᠨᠵᠢᠯᠡᠯ ᠢ ᠠᠯᠢᠪᠠ ᠲᠠᠯ᠎ᠠ ᠳᠤ ᠨᠢ ᠬᠥᠭᠵᠢᠯ ᠦᠨ ᠲᠡᠦᠬᠡ ᠶᠢᠨ ᠦᠢᠯᠡ ᠶᠠᠪᠤᠳᠠᠯ ᠢ ᠬᠠᠷᠢᠴᠠᠭᠤᠯᠤᠨ ᠰᠢᠨᠵᠢᠯᠡᠵᠦ᠂

— ᠭᠡᠷ ᠦᠨ ᠰᠤᠷᠪᠤᠯᠵᠢ ᠶᠢᠨ ᠲᠡᠦᠬᠡ ᠶᠢ ᠲᠣᠳᠣᠷᠬᠠᠢ ᠪᠣᠯᠭᠠᠬᠤ ᠨᠢ ᠴᠢᠬᠤᠯᠠ ᠪᠠᠢᠨ᠎ᠠ ::

ᠲᠣᠷᠢᠶᠠᠨ ᠤ ᠰᠤᠷᠪᠤᠯᠵᠢ ᠶᠢᠨ ᠬᠠᠷᠢᠴᠠᠭ᠎ᠠ ᠶᠢ ᠲᠣᠳᠣᠷᠬᠠᠢᠯᠠᠬᠤ ᠳᠤ ᠬᠡᠷᠡᠭᠲᠡᠢ ᠪᠣᠯᠤᠨ᠎ᠠ᠂ ᠡᠨᠡ ᠨᠢ ᠮᠣᠩᠭᠣᠯ ᠤᠨ ᠲᠦᠭᠡᠮᠡᠯ ᠰᠤᠷᠪᠤᠯᠵᠢ ᠶᠢᠨ ᠨᠢᠭᠡ ᠨᠢ ᠪᠣᠯᠤᠨ᠎ᠠ ::

ᠲᠤᠬᠠᠢ ᠲᠣᠭᠠᠨ ᠤ ᠬᠤᠪᠢᠷᠠᠯ ᠤᠨ ᠲᠡᠦᠬᠡ ᠶᠢᠨ ᠬᠥᠭᠵᠢᠯ ᠢ ᠰᠤᠳᠤᠯᠬᠤ ᠨᠢ ᠲᠣᠭᠠᠨ ᠤ ᠲᠡᠦᠬᠡ ᠪᠣᠯᠤᠨ ᠤᠯᠠᠮᠵᠢᠯᠠᠯᠲᠤ ᠰᠣᠶᠣᠯ ᠤᠨ ᠰᠤᠳᠤᠯᠭ᠎ᠠ ᠳᠤ

ᠳᠤ ᠰᠢᠨᠵᠢᠯᠡᠬᠦ ᠪᠣᠯᠤᠨ᠎ᠠ :: ᠡᠨᠡ ᠨᠢ ᠬᠥᠭᠵᠢᠯ ᠦᠨ ᠲᠣᠭᠠᠨ ᠤ ᠰᠤᠷᠪᠤᠯᠵᠢ ᠶᠢᠨ ᠲᠡᠦᠬᠡ — ᠭᠡᠷ ᠦᠨ ᠲᠡᠦᠬᠡ ᠶᠢᠨ

ᠲᠣᠭᠠᠨ ᠤ ᠬᠥᠭᠵᠢᠯ ᠦᠨ ᠲᠡᠦᠬᠡ ᠶᠢ ᠲᠣᠳᠣᠷᠬᠠᠢᠯᠠᠬᠤ᠂ ᠲᠤᠬᠠᠢ ᠶᠢᠨ ᠲᠡᠦᠬᠡ ᠶᠢᠨ ᠬᠥᠭᠵᠢᠯ ᠦᠨ ᠳᠦᠷᠢ ᠪᠠᠢᠳᠠᠯ ᠢ ᠲᠣᠳᠣᠷᠬᠠᠢᠯᠠᠬᠤ

ᠶᠢᠨ ᠪᠦᠲᠦᠴᠡ ᠪᠠᠢᠳᠠᠯ ᠢ ᠲᠣᠳᠣᠷᠬᠠᠢᠯᠠᠬᠤ ᠪᠣᠯᠤᠨ᠎ᠠ ::

3. ᠰᠤᠳᠤᠯᠤᠯ ᠤᠨ ᠠᠷᠭ᠎ᠠ ᠪᠠ ᠪᠠᠷᠢᠮᠲᠠ

ᠲᠤᠷᠰᠢᠯᠲᠠ ᠬᠡᠷᠡᠭᠯᠡᠭᠰᠡᠨ ᠦ ᠳᠠᠭᠠᠤ ᠳᠤ 《ᠲᠣᠪᠴᠢᠶᠠᠨ ᠤ ᠨᠡᠶᠢᠲᠡ ᠲᠣᠪᠴᠢᠶᠠᠨ》《ᠮᠣᠩᠭᠣᠯ ᠤᠨ ᠨᠢᠭᠤᠴᠠ ᠲᠣᠪᠴᠢᠶᠠᠨ》 ᠰᠢᠨᠵᠢᠯᠡᠭᠡ ᠶᠢᠨ ᠲᠣᠭᠠᠨ ᠤ ᠦᠭᠡ ᠶᠢ ᠳᠠᠭᠠᠵᠤ ᠰᠤᠳᠤᠯᠤᠭᠰᠠᠨ :: 《ᠲᠣᠪᠴᠢᠶᠠᠨ ᠤ ᠨᠡᠶᠢᠲᠡ ᠲᠣᠪᠴᠢᠶᠠᠨ》 ᠳᠤ ᠲᠣᠭᠠᠨ 《ᠭᠡᠷ》 ᠦᠨ

《ᠪᠠᠶᠢᠳᠠᠯ》 ᠬᠡᠮᠡᠬᠦ ᠦᠭᠡ ᠬᠦ ᠪᠠ 《ᠭᠡᠷ》 ᠪᠠ 《ᠪᠠᠯᠭᠠᠰᠤ》 (ᠪᠠᠯᠭᠠᠰᠤ ᠶᠢᠨ ᠲᠣᠭᠠᠨ ᠤ ᠨᠡᠷ᠎ᠡ ᠢ) 》 ᠪᠠ ᠰᠢᠨᠵᠢᠯᠡᠪᠡᠯ

ᠬᠡᠯᠡᠬᠦ ᠶᠢᠨ ᠲᠣᠭᠠᠨ ᠳᠠᠭᠤᠰᠬᠠᠭᠰᠠᠨ ᠪᠠᠢᠨ᠎ᠠ :: ᠰᠠᠯᠠᠭᠠᠨ ᠢ᠂ 《ᠲᠣᠪᠴᠢᠶᠠᠨ ᠤ ᠨᠡᠶᠢᠲᠡ ᠲᠣᠪᠴᠢᠶᠠᠨ》 ᠳᠤ 《ᠭᠡᠷ》 ᠪᠠ 《ᠭᠡᠷ》 ᠪᠠ 《ᠪᠠᠯᠭᠠᠰᠤ》 ᠪᠠ 《ᠲᠡᠷᠭᠡᠨ》 ᠨᠢ

(ᠲᠣᠭ᠎ᠠ · 秃剌) ᠤᠨ 1 ᠤᠳᠠᠭ᠎ᠠ ᠭᠠᠷᠴᠠᠢ ∶ ᠬᠦᠷᠢᠶᠡᠨ (古里延 · 古列延) ᠤᠨ 16 ᠤᠳᠠᠭ᠎ᠠ ᠭᠠᠷᠴᠠᠢ ∶ ᠬᠤᠷᠭ᠎ᠠ (忽儿哈 · 忽鲁阿) ᠤᠨ

6 ᠤᠳᠠᠭ᠎ᠠ ᠭᠠᠷᠴᠠᠢ ∶ ᠠᠭᠤᠷᠤᠭ (阿兀鲁兀) ᠤᠨ 11 ᠤᠳᠠᠭ᠎ᠠ ᠭᠠᠷᠴᠠᠢ ∶ ᠪᠠᠯᠭᠠᠰᠤᠳ · ᠪᠠᠯᠭᠠᠰᠤ · ᠪᠠᠯᠭᠠᠰᠤᠨ (巴剌哈惕 · 巴剌哈速 · 巴剌哈

孙) ᠤᠨ 62 ᠤᠳᠠᠭ᠎ᠠ ᠭᠠᠷᠴᠠᠢ ∶ ᠢᠰᠭᠡᠢ ᠲᠡᠷᠭᠡᠨ (亦思该秃兀儿哈塔) ᠤᠨ 1 ᠤᠳᠠᠭ᠎ᠠ ᠭᠠᠷᠴᠠᠢ ∶ ᠬᠠᠪᠲᠠᠰᠤᠨ ᠡᠭᠦᠳᠡᠲᠡᠢ (哈卜答孙额

兀迭帖) ᠤᠨ 1 ᠤᠳᠠᠭ᠎ᠠ ᠭᠠᠷᠴᠠᠢ ∶ ᠬᠣᠲᠠ (豁脱 · 豁图) ᠤᠨ 9 ᠤᠳᠠᠭ᠎ᠠ ᠭᠠᠷᠴᠠᠢ :: ᠡᠨᠡ ᠪᠠᠢᠳᠠᠯ 《ᠭᠡᠷ》 ᠦᠨ ᠰᠤᠷᠪᠤᠯᠵᠢ ᠶᠢᠨ 《ᠲᠣᠪᠴᠢᠶᠠᠨ ᠤ ᠨᠡᠶᠢᠲᠡ ᠲᠣᠪᠴᠢᠶᠠᠨ》 ᠳᠤ ᠲᠡᠮᠳᠡᠭᠯᠡᠭᠰᠡᠨ ᠳᠤ ᠬᠣᠶᠠᠷ ᠬᠠᠭᠠᠯᠭ᠎ᠠ

ᠳᠤ ᠣᠷᠣᠯᠴᠠᠭᠰᠠᠨ ᠪᠣᠯᠤᠨ᠎ᠠ :: ᠲᠡᠭᠦᠨ ᠦ ᠲᠣᠭᠠᠨ ᠤ ᠮᠠᠰᠢ ᠡᠷᠲᠡ ᠶᠢᠨ ᠨᠢ 《ᠭᠡᠷ》·《ᠬᠣᠲᠠ》·《ᠬᠦᠷᠢᠶᠡᠨ》·

《ᠮᠣᠩᠭᠣᠯ ᠤᠨ ᠨᠢᠭᠤᠴᠠ》·《ᠲᠣᠪᠴᠢᠶᠠᠨ》·《ᠬᠠᠭᠠᠨ ᠤ ᠲᠣᠪᠴᠢᠶᠠᠨ》 ᠤᠨ ᠲᠡᠮᠳᠡᠭ ᠪᠡᠷ ᠲᠡᠮᠳᠡᠭᠯᠡᠪᠡ :: ᠲᠡᠭᠦᠨ ᠦ ᠪᠦᠬᠦ ᠰᠢᠨᠵᠢᠯᠡᠭᠡ ᠳᠤ ᠲᠣᠭᠠᠨ ᠤ ᠨᠡᠷ᠎ᠡ ᠶᠢ ᠬᠡᠷᠡᠭᠯᠡᠭᠰᠡᠨ ᠲᠣᠭ᠎ᠠ ᠶᠢ

[illegible]

[illegible]

3. [illegible]

[illegible]

4. [illegible]

[illegible]

ᠣᠷᠴᠢᠭᠤᠯᠤᠭᠴᠢ ᠶᠢᠨ ᠲᠠᠢᠯᠪᠤᠷᠢ ᠂ ᠪᠠᠷᠤᠭ ᠪᠦᠬᠦ ᠪᠠᠷᠤᠭ ᠤ ᠣᠷᠴᠢᠭᠤᠯᠤᠭᠴᠢ ᠶᠢᠨ ᠲᠠᠢᠯᠪᠤᠷᠢ ᠶᠢ ᠲᠤᠬᠠᠢ ᠲᠤᠬᠠᠢ ᠶᠢᠨ ᠰᠤᠳᠤᠯᠭᠠ ᠳᠤ ᠰᠢᠭᠤᠳ ᠬᠠᠷᠢᠯᠴᠠᠭᠤᠯᠬᠤ ᠳᠤ ᠰᠠᠢ ᠶᠢ ᠪᠣᠯᠭᠠᠭᠰᠠᠨ ᠪᠣᠯᠤᠨ᠎ᠠ ᠃
ᠤᠨ ᠪᠢᠴᠢᠭᠯᠡᠯ ᠳᠦ ᠪᠤᠢ ᠬᠡᠯᠡ ᠶᠢᠨ ᠪᠢᠴᠢᠭᠯᠡᠯ ᠦᠨ ᠰᠤᠳᠤᠯᠭᠠᠨ ᠳᠤ ᠲᠤᠰᠠᠯᠠᠬᠤ ᠃ ᠬᠡᠷᠪᠡ ᠪᠢᠴᠢᠭ ᠲᠦ ᠪᠠᠷᠤᠭ ᠤ ᠣᠷᠴᠢᠭᠤᠯᠤᠭᠴᠢ ᠶᠢᠨ ᠲᠠᠢᠯᠪᠤᠷᠢ ᠂ ᠪᠠᠷᠤᠭ ᠲᠤ ᠮᠣᠩᠭᠣᠯ ᠤ
ᠤᠨ ᠪᠢᠴᠢᠭᠯᠡᠯ ᠬᠡᠷᠡᠭ ᠰᠤᠳᠤᠯᠭ᠎ᠠ ᠳᠤᠷᠠᠳᠤᠨ ᠬᠡᠷᠡᠭ ᠪᠠᠢᠳᠠᠯ ᠃ ᠬᠡᠷᠪᠡ ᠮᠠᠨ ᠪᠢᠴᠢᠭᠯᠡᠯ ᠤ ᠮᠣᠩᠭᠣᠯ ᠨᠢᠭᠤᠴᠠ ᠤᠨ ᠲᠣᠪᠴᠢᠶᠠᠨ ᠪᠢᠴᠢᠭᠯᠡᠯ ᠦᠨ ᠬᠡᠷᠡᠭᠯᠡᠭᠡ ᠶᠢ ᠶᠢᠨ ᠲᠠᠢᠯᠪᠤᠷᠢ ᠰᠤᠳᠤᠯᠤᠯ
ᠪᠢᠴᠢᠭᠯᠡᠯ ᠶᠢᠨ ᠲᠠᠢᠯᠪᠤᠷᠢᠯᠠᠭᠰᠠᠨ ᠲᠤᠬᠠᠢ ᠪᠠᠷᠢᠮᠲᠠ ᠰᠤᠳᠤᠯᠤᠯᠲᠠ ᠮᠡᠳᠡᠭᠳᠡᠯ ᠮᠡᠳᠡᠬᠦ ᠶᠢᠨ ᠲᠤᠯᠠ ᠃ ᠰᠤᠳᠤᠯᠭ᠎ᠠ ᠳᠤ ᠂ ᠪᠢᠴᠢᠭᠯᠡᠯ ᠤ ᠮᠣᠩᠭᠣᠯ ᠨᠢᠭᠤᠴᠠ ᠤᠨ ᠲᠣᠪᠴᠢᠶᠠᠨ ᠪᠢᠴᠢᠭᠯᠡᠯ ᠦᠨ ᠶᠢ ᠰᠤᠳᠤᠯᠤᠯ
ᠪᠢᠴᠢᠭᠯᠡᠯ ᠤ ᠲᠣᠪᠴᠢᠶᠠᠨ ᠪᠢᠴᠢᠭᠯᠡᠯ ᠦᠨ ᠂ ᠪᠢᠴᠢᠭᠯᠡᠯ ᠤ ᠮᠣᠩᠭᠣᠯ ᠬᠡᠯᠡᠨ ᠶᠢᠨ ᠪᠢᠴᠢᠭᠯᠡᠯ ᠳᠦ ᠪᠢᠴᠢᠭᠯᠡᠯ ᠤ ᠮᠣᠩᠭᠣᠯ ᠨᠢᠭᠤᠴᠠ ᠤᠨ ᠲᠣᠪᠴᠢᠶᠠᠨ ᠪᠢᠴᠢᠭᠯᠡᠯ ᠦᠨ ᠪᠠᠷᠤᠭ ᠂ ᠮᠣᠩᠭᠣᠯ ᠂
ᠮᠣᠩᠭᠣᠯ ᠮᠣᠩᠭᠣᠯᠴᠤᠳ ᠤᠨ ᠰᠤᠳᠤᠯᠤᠯᠲᠠ ᠶᠢᠨ ᠪᠣᠯᠤᠨ ᠳᠤ ᠬᠡᠯᠡᠯᠴᠡᠭᠡ ᠪᠠᠷᠤᠭ ᠤᠨ ᠰᠤᠳᠤᠯᠭᠠᠨ ᠪᠣᠯᠤᠭᠰᠠᠨ ᠲᠤᠯᠠ ᠃ ᠰᠠᠨ ᠬᠡᠷᠪᠡ ᠮᠠᠨ ᠰᠤᠳᠤᠯᠤᠯ ᠰᠤᠳᠤᠯᠭᠠᠨ ᠤ ᠮᠣᠩᠭᠣᠯ ᠮᠣᠩᠭᠣᠯᠴᠤᠳ ᠶᠢ
ᠬᠡᠯᠡᠨ ᠪᠢᠴᠢᠭᠯᠡᠯ ᠤ ᠮᠣᠩᠭᠣᠯ ᠬᠡᠯᠡᠨ ᠪᠤᠢ ᠲᠤᠬᠠᠢ ᠤᠨ ᠪᠢᠴᠢᠭᠯᠡᠯ ᠦᠨ ᠰᠤᠳᠤᠯᠤᠭᠰᠠᠨ ᠲᠤᠬᠠᠢ ᠰᠤᠳᠤᠯᠤᠯᠲᠠ ᠪᠠᠢᠳᠠᠯ ᠃ ᠪᠠᠷᠤᠭ ᠤᠨ ᠰᠤᠳᠤᠯᠤᠯ ᠰᠤᠳᠤᠯᠭᠠᠨ ᠤ ᠰᠤᠳᠤᠯᠤᠯ ᠲᠤᠬᠠᠢ ᠪᠠ

ᠣᠷᠣᠰᠢᠯ

1. ᠰᠤᠳᠤᠯᠭᠠᠨ ᠤ ᠤᠴᠢᠷ ᠤᠬᠠᠭᠠᠨ

[illegible]

2. [illegible]

[illegible]

3.

[illegible]

4. [illegible]

[illegible]

5. [illegible]

[illegible]

[illegible]

[illegible]

〔1〕[illegible], 2014 ᠣᠨ ᠃
〔2〕[illegible], 1961 ᠣᠨ ᠃
〔3〕[illegible], 2006 ᠣᠨ ᠃
〔4〕〔美〕刘易斯·芒福德著：《城市发展史》，宋俊岭等译，中国建筑工业出版社，2008年，第一章。
〔5〕[illegible], 1981 ᠣᠨ ᠃
〔6〕〔苏联〕安德列耶夫著：《古代世界的城邦》，张竹明等译，华东师范大学出版社，2011年。
〔7〕〔法〕菲·德·古朗士著：《古代城市》，吴晓群译，上海人民出版社，2006年。
〔8〕〔苏联〕C.B.吉谢列夫等著：《古代蒙古城市》，孙危译，商务印书馆，2016年。
〔9〕〔美〕乔尔·科特金著：《全球城市史》，王旭等译，社会科学文献出版社，2010年。
〔10〕〔日〕尾形勇著：《中国古代的家与国家》，张鹤泉译，中华书局，2010年。
〔11〕〔美〕约瑟夫·里克沃特著：《城之理念》，刘东洋译，中国建筑工业出版社，2006年。

〔12〕〔ᠲᠠᠩ ᠤᠯᠤᠰ〕ᠳᠦ ᠶᠤᠸ ᠵᠣᠬᠢᠶᠠᠪᠠ :《ᠮᠣᠩᠭᠣᠯ ᠤᠨ ᠲᠡᠦᠬᠡ ᠰᠤᠳᠤᠯᠤᠯ ᠤᠨ ᠮᠠᠲ᠋ᠧᠷᠢᠶᠠᠯ》(ᠳᠦ · ᠪᠠᠶᠠᠷ ᠣᠷᠴᠢᠭᠤᠯᠪᠠ) · ᠥᠪᠥᠷ ᠮᠣᠩᠭᠣᠯ ᠤᠨ ᠰᠤᠷᠭᠠᠨ ᠬᠦᠮᠦᠵᠢᠯ ᠦᠨ ᠬᠡᠪᠯᠡᠯ ᠦᠨ ᠬᠣᠷᠢᠶ᠎ᠠ · 1990 ᠣᠨ ::
〔13〕〔ᠮᠠᠨᠵᠤ ᠴᠢᠩ〕ᠭᠠᠯᠳᠠᠨ · ᠰᠢᠷᠠᠪ ᠨᠠᠷ :《ᠪᠣᠯᠣᠷ ᠡᠷᠢᠬᠡ ᠶᠢᠨ ᠲᠡᠦᠬᠡ ᠶᠢᠨ ᠳᠡᠭᠡᠳᠦ ᠬᠡᠰᠡᠭ》(ᠮᠣᠩᠭᠣᠯᠴᠢᠯᠠᠨ ᠣᠷᠴᠢᠭᠤᠯᠪᠠ) · ᠥᠪᠥᠷ ᠮᠣᠩᠭᠣᠯ ᠤᠨ ᠰᠤᠷᠭᠠᠨ ᠬᠦᠮᠦᠵᠢᠯ ᠦᠨ ᠬᠡᠪᠯᠡᠯ ᠦᠨ ᠬᠣᠷᠢᠶ᠎ᠠ · 2001 ᠣᠨ ::
〔14〕〔ᠮᠣᠩᠭᠣᠯ〕ᠰᠠ · ᠰᠡᠴᠡᠨ :《ᠮᠣᠩᠭᠣᠯ ᠤᠨ ᠲᠡᠦᠬᠡ》(ᠬᠥᠬᠡᠬᠣᠲᠠ ᠶᠢᠨ ᠨᠠᠢᠷᠠᠭᠤᠯᠵᠤ ᠬᠡᠪᠯᠡᠭᠦᠯᠦᠭᠰᠡᠨ) ᠮᠣᠩᠭᠣᠯ ᠤᠨ ᠲᠡᠦᠬᠡ ᠶᠢᠨ ᠪᠢᠴᠢᠭ ᠲᠣᠪᠴᠢ · 1992 ᠣᠨ · 75 · 74 ᠳᠤᠭᠠᠷ ᠳᠡᠪᠲᠡᠷ ᠪᠣ ::
〔15〕〔ᠮᠣᠩᠭᠣᠯ〕ᠯᠤ · ᠳᠠᠨᠵᠢᠨ · ᠰᠢᠷᠠᠪ · ᠭᠠᠯᠳᠠᠨᠰᠢᠷᠠᠪ :《ᠮᠣᠩᠭᠣᠯ ᠤᠨ ᠲᠣᠪᠴᠢ》(ᠴᠣᠭᠳᠠᠨᠪᠠᠯ · ᠴᠣᠣᠵᠢᠯᠵᠠᠪ ᠬᠠᠪᠰᠤᠷᠤᠭᠰᠠᠨ) · ᠥᠪᠥᠷ ᠮᠣᠩᠭᠣᠯ ᠤᠨ ᠠᠷᠠᠳ ᠤᠨ ᠬᠡᠪᠯᠡᠯ ᠦᠨ ᠬᠣᠷᠢᠶ᠎ᠠ · 1987 ᠣᠨ ::
〔16〕〔ᠮᠣᠩᠭᠣᠯ〕ᠮᠡ · ᠪᠠᠶᠠᠷ ᠮᠡ · ᠰᠦᠷᠦᠯᠵᠠᠪ :《ᠮᠣᠩᠭᠣᠯ ᠤᠨ ᠡᠷᠲᠡᠨ ᠦ ᠲᠡᠦᠬᠡ》(ᠳᠡᠯᠭᠡᠷᠡᠩᠭᠦᠢ ᠨᠠᠶᠢᠷᠠᠭᠤᠯᠵᠤ ᠬᠡᠪᠯᠡᠭᠦᠯᠦᠭᠰᠡᠨ) · ᠥᠪᠥᠷ ᠮᠣᠩᠭᠣᠯ ᠤᠨ ᠠᠷᠠᠳ ᠤᠨ ᠬᠡᠪᠯᠡᠯ ᠦᠨ ᠬᠣᠷᠢᠶ᠎ᠠ · 2004 ᠣᠨ ::
〔17〕ᠮᠣᠩᠭᠣᠯ ᠤᠯᠤᠰ ᠤᠨ ᠰᠢᠨᠵᠢᠯᠡᠬᠦ ᠤᠬᠠᠭᠠᠨ ᠤ ᠠᠻᠠᠳᠧᠮᠢ ᠶᠢᠨ ᠲᠡᠦᠬᠡ ᠶᠢᠨ ᠬᠦᠷᠢᠶᠡᠯᠡᠩ :《ᠮᠣᠩᠭᠣᠯ ᠤᠨ ᠲᠡᠦᠬᠡ ᠶᠢᠨ ᠳᠤᠷᠠᠰᠬᠠᠯ》(ᠳᠡᠯᠭᠡᠷᠡᠩᠭᠦᠢ ᠨᠠᠶᠢᠷᠠᠭᠤᠯᠵᠤ ᠬᠡᠪᠯᠡᠭᠦᠯᠦᠭᠰᠡᠨ) · ᠦᠨᠳᠦᠰᠦᠲᠡᠨ ᠦ ᠬᠡᠪᠯᠡᠯ ᠦᠨ ᠬᠣᠷᠢᠶ᠎ᠠ · 2010 ᠣᠨ ::
〔18〕卢明辉等编 ：《 内蒙古文物古迹散记 》，内蒙古人民出版社 ，1988年 。
〔19〕塔拉主编 ：《 草原考古学文化研究 》，内蒙古教育出版社 ，2007年 。
〔20〕魏坚 ：《 元上都 》，中国大百科全书出版社 ，2008年 。
〔21〕中国人民大学北方民族考古所主编 ：《 北方民族考古 》，1-3辑 ，科学出版社 ，2014-2016年 。
〔22〕ᠴᠢ · ᠪᠠ · ᠳᠠᠷᠤᠭ᠎ᠠ :《ᠳᠠᠷᠤᠭ᠎ᠠ ᠨᠠᠷ ᠤᠨ ᠪᠦᠷᠢᠯᠳᠦᠬᠦᠨ ᠰᠤᠳᠤᠯᠤᠯ ᠲᠣᠪᠴᠢᠶᠠᠨ》(ᠳᠠᠷᠤᠭ᠎ᠠ ᠪᠣᠯᠤᠨ ᠪᠤᠰᠤᠳ ᠣᠷᠴᠢᠭᠤᠯᠪᠠ · ᠳᠤᠭᠠᠷ ᠬᠡᠪᠯᠡᠭᠦᠯᠦᠭᠰᠡᠨ) · ᠥᠪᠥᠷ ᠮᠣᠩᠭᠣᠯ ᠤᠨ ᠠᠷᠠᠳ ᠤᠨ ᠬᠡᠪᠯᠡᠯ ᠦᠨ ᠬᠣᠷᠢᠶ᠎ᠠ · 1993 ᠣᠨ ::
〔23〕《ᠮᠣᠩᠭᠣᠯ ᠨᠢᠭᠤᠴᠠ ᠲᠣᠪᠴᠢᠶᠠᠨ · ᠯᠤᠪᠰᠠᠩᠳᠠᠨᠵᠢᠨ ᠤ ᠠᠯᠲᠠᠨ ᠲᠣᠪᠴᠢ · ᠰᠠᠭᠠᠩ ᠰᠡᠴᠡᠨ ᠤ ᠡᠷᠳᠡᠨᠢ ᠶᠢᠨ ᠲᠣᠪᠴᠢ》(ᠪᠡᠶᠢᠵᠢᠩ ᠬᠡᠪᠯᠡᠯ) · ᠥᠪᠥᠷ ᠮᠣᠩᠭᠣᠯ ᠤᠨ ᠰᠤᠷᠭᠠᠨ ᠬᠦᠮᠦᠵᠢᠯ ᠦᠨ ᠬᠡᠪᠯᠡᠯ ᠦᠨ ᠬᠣᠷᠢᠶ᠎ᠠ · 2001 ᠣᠨ ::
〔24〕袁珂校注 ：《 山海经 》，上海古籍出版社 ，1980年 。
〔25〕〔北魏〕郦道元著 ，史念林等注 ：《 水经注 》，上下册 ，华夏出版社 ，2006年 。

ᠬᠣᠶᠠᠷ · ᠮᠣᠩᠭᠣᠯ ᠦᠨᠳᠦᠰᠦᠲᠡᠨ ᠦ ᠲᠡᠦᠬᠡ ᠶᠢᠨ ᠰᠤᠳᠤᠯᠤᠯ ᠤᠨ ᠲᠣᠶᠢᠮᠤ

(ᠬᠣᠶᠠᠷ) 《 ᠰᠤᠳᠤᠷ 》 ᠪᠢᠴᠢᠭ ᠦᠨ ᠰᠤᠳᠤᠯᠤᠯ

[illegible]

额兀迭帖）ᠭᠡᠵᠦ 1 ᠤᠳᠠᠭ᠎ᠠ ᠭᠠᠷᠴᠤ ᠪᠠᠢᠨ᠎ᠠ᠄ ᠰᠤᠷᠪᠤᠯᠵᠢ ᠨᠡᠷᠡᠲᠦ《ᠬᠡᠷᠡᠮ》ᠲᠡᠮᠳᠡᠭᠯᠡᠭᠰᠡᠨ《ᠬᠡᠷᠡᠮ ᠬᠡᠯᠡᠯᠭᠡ》（哈卜答孙
哈孙）ᠭᠡᠵᠦ 62 ᠤᠳᠠᠭ᠎ᠠ ᠭᠠᠷᠴᠤ ᠪᠠᠢᠨ᠎ᠠ᠄ ᠰᠤᠷᠪᠤᠯᠵᠢ ᠬᠡᠷᠡᠭᠯᠡᠭᠡ（亦思该秃兀儿哈塔）ᠭᠡᠵᠦ 1 ᠤᠳᠠᠭ᠎ᠠ ᠭᠠᠷᠴᠤ ᠪᠠᠢᠨ᠎ᠠ᠄ ᠪᠠᠯᠭᠠᠰᠤ᠂ ᠪᠠᠯᠭᠠᠰᠤᠨ᠂ ᠪᠠᠯᠭᠠᠳ（巴剌哈惕、巴剌哈速、巴剌
6 ᠤᠳᠠᠭ᠎ᠠ ᠭᠠᠷᠴᠤ ᠪᠠᠢᠨ᠎ᠠ᠄ ᠠᠭᠤᠷᠤᠭ（阿兀鲁兀）ᠭᠡᠵᠦ 11 ᠤᠳᠠᠭ᠎ᠠ ᠭᠠᠷᠴᠤ ᠪᠠᠢᠨ᠎ᠠ᠄ ᠭᠦᠷᠢᠶᠡᠨ（古里延、古列延）ᠭᠡᠵᠦ 16 ᠤᠳᠠᠭ᠎ᠠ ᠭᠠᠷᠴᠤ ᠪᠠᠢᠨ᠎ᠠ᠄ ᠬᠦᠷᠢᠶ᠎ᠡ（忽儿哈、忽鲁阿）ᠭᠡᠵᠦ
（ᠬᠣᠲᠠ᠂秃剌）ᠭᠡᠵᠦ 1 ᠤᠳᠠᠭ᠎ᠠ ᠭᠠᠷᠴᠤ ᠪᠠᠢᠨ᠎ᠠ᠄ ᠬᠣᠲᠠ（豁脱、豁图）ᠭᠡᠵᠦ 9 ᠤᠳᠠᠭ᠎ᠠ ᠭᠠᠷᠴᠤ ᠪᠠᠢᠨ᠎ᠠ᠄ ᠡᠨᠡ
《ᠬᠣᠲᠠᠯᠠᠭ᠎ᠠ ᠶᠢᠨ ᠰᠤᠷᠪᠤᠯᠵᠢ》ᠤ ᠪᠢᠴᠢᠭᠰᠡᠨ ᠤ ᠰᠤᠷᠪᠤᠯᠵᠢᠯᠠᠯ᠂《豁脱（ᠬᠣᠲᠠ）》ᠬᠡᠮᠡᠨ ᠲᠡᠮᠳᠡᠭᠯᠡᠭᠰᠡᠨ ᠬᠣᠲᠠ ᠶᠢᠨ ᠪᠠᠢᠳᠠᠯ ᠢ ᠲᠣᠳᠤᠷᠬᠠᠢᠯᠠᠭᠰᠠᠨ
ᠬᠣᠲᠠ — ᠬᠣᠲᠠ ᠪᠠᠢᠰᠢᠩ（城市）ᠤᠨ ᠰᠠᠨᠠᠭ᠎ᠠ ᠪᠠ ᠬᠣᠲᠠ ᠪᠠᠢᠭᠤᠯᠤᠯᠲᠠ ᠶᠢᠨ ᠬᠡᠮᠵᠢᠶ᠎ᠡ ᠪᠣᠯᠤᠨ᠎ᠠ᠃ ᠡᠨᠡ ᠬᠣᠲᠠᠯᠠᠭ᠎ᠠ ᠶᠢᠨ ᠪᠠᠢᠳᠠᠯ ᠢ ᠰᠤᠷᠪᠤᠯᠵᠢᠯᠠᠭᠰᠠᠨ ᠪᠡᠷ ᠪᠣᠯ ᠬᠣᠲᠠ ᠪᠠᠢᠭᠤᠯᠤᠯᠲᠠ ᠶᠢᠨ

(hota) (hoda) (hota) (huda) (hota)

[illegible]

ᠪᠣ ᠬᠠᠮᠤᠭ ᠤᠨ ᠡᠷᠲᠡᠨ ᠦ ᠭᠷᠧᠭ ᠦᠨ ᠰᠡᠳᠬᠢᠯᠭᠡᠲᠡᠨ ᠦ 《 ᠬᠣᠲᠠ 》 ᠪᠠ 《 ᠬᠣᠲᠠ ᠤᠯᠤᠰ 》 ᠢ ᠪᠢᠴᠢᠭᠰᠡᠨ ᠂ ᠰᠢᠨᠵᠢᠯᠡᠨ ᠂ ᠲᠠᠢᠯᠪᠤᠷᠢᠯᠠᠭᠰᠠᠨ ᠤ ᠬᠠᠮᠤᠭ ᠤᠨ ᠳᠡᠭᠡᠳᠦ ᠪᠣᠯ ᠬᠣᠲᠠ ᠶᠢᠨ ᠪᠠᠢᠭᠤᠯᠤᠯᠲᠠ ᠶᠢᠨ ᠰᠢᠨᠵᠢ ᠪᠠᠢᠳᠠᠯ ᠢ ᠰᠢᠨᠵᠢᠯᠡᠭᠰᠡᠨ ᠪᠣᠯᠤᠨ ᠂ ᠡᠨᠡᠬᠦ ᠨᠢ ᠬᠦᠮᠦᠨ ᠪᠡᠷ ᠪᠢᠷᠡᠯᠳᠦᠭᠰᠡᠨ ᠰᠠᠨᠠᠭᠠᠨ ᠤ ᠲᠡᠦᠬᠡ ᠶᠢᠨ ᠬᠦᠮᠦᠨ ᠳᠦ ᠪᠠᠢᠭᠠ ᠪᠠᠯᠭᠠᠰᠤᠨ ᠤ ᠨᠢᠭᠤᠷ ᠪᠠᠢᠳᠠᠯ ᠢ ᠬᠠᠷᠢᠭᠤᠯᠤᠭᠰᠠᠨ ᠪᠣᠯᠤᠨ ᠂ ᠡᠨᠡ ᠨᠢ ᠪᠠᠯᠭᠠᠰᠤᠨ ᠤ ᠤᠯᠤᠰ ᠤᠨ ᠲᠡᠦᠬᠡ ᠶᠢᠨ ᠰᠢᠨᠵᠢᠯᠡᠯ ᠳᠦ ᠴᠢᠬᠤᠯᠠ ᠠᠴᠢ ᠬᠣᠯᠪᠣᠭᠳᠠᠯ ᠲᠠᠢ ᠪᠣᠯᠤᠨ ᠂ ᠪᠦᠷᠢᠨ ᠢ ᠰᠢᠨᠵᠢᠯᠡᠬᠦ ᠶᠢᠨ ᠠᠷᠭ᠎ᠠ ᠪᠣᠯ (ᠭᠡᠷ ᠪᠦᠯᠢ) ᠂ ᠪᠠᠢᠭᠤᠯᠤᠯᠲᠠ ᠶᠢᠨ ᠲᠥᠷᠥᠯ ᠢ ᠳᠠᠪᠠᠬᠤ ᠳᠤ ᠬᠦᠮᠦᠨ ᠦ ᠪᠠᠯᠭᠠᠰᠤᠨ ᠤᠯᠤᠰ ᠤᠨ ᠲᠥᠷᠥ ᠶᠢᠨ ᠬᠦᠮᠦᠨ ᠦ ᠪᠠᠯᠭᠠᠰᠤᠨ ᠤᠯᠤᠰ ᠤᠨ ᠦᠵᠡᠯ ᠬᠠᠷᠠᠯᠲᠠ ᠶᠢᠨ ᠨᠡᠢᠭᠡᠮ ᠦᠨ ᠬᠦᠮᠦᠨ ᠦ ᠬᠠᠮᠤᠭ ᠤᠨ ᠡᠷᠲᠡᠨ ᠦ ᠭᠷᠧᠭ ᠦᠨ ᠰᠡᠳᠬᠢᠯᠭᠡᠲᠡᠨ ᠦ 《 ᠬᠣᠲᠠ ᠤᠯᠤᠰ 》 ᠪᠣᠯ ᠬᠦᠮᠦᠨ ᠪᠡᠷ ᠰᠢᠨᠵᠢᠯᠡᠭᠰᠡᠨ ᠬᠠᠮᠤᠭ ᠤᠨ ᠨᠠᠭᠠᠳᠤ ᠪᠠᠢᠭᠤᠯᠤᠯᠲᠠ ᠶᠢᠨ ᠬᠦᠮᠦᠨ ᠦ ᠰᠢᠨᠵᠢᠯᠡᠭᠡ ᠳᠦ ᠭᠠᠷᠴᠠᠭ (ᠭᠠᠷᠴᠠᠭᠯᠠᠭᠰᠠᠨ ᠬᠠᠮᠤᠭ ᠤᠨ ᠲᠠᠯ᠎ᠠ ᠶᠢᠨ ᠬᠦᠮᠦᠨ ᠦ ᠪᠠᠯᠭᠠᠰᠤᠨ ᠤᠯᠤᠰ ᠤᠨ ᠨᠡᠢᠭᠡᠮ ᠢ ᠵᠢᠷᠤᠮ ᠪᠠᠯᠭᠠᠰᠤ ᠪᠠ ᠭᠠᠴᠠᠭ᠎ᠠ ᠪᠠᠢᠭᠤᠯᠤᠯᠲᠠ ᠬᠣᠲᠠ ᠳᠤ ᠪᠠᠢᠭᠤᠯᠤᠭᠰᠠᠨ ᠳᠤ ᠭᠠᠴᠠᠭ᠎ᠠ ᠶᠢᠨ ᠪᠠᠢᠭᠤᠯᠤᠯᠲᠠ ᠬᠣᠲᠠ ᠪᠠᠢᠯ᠎ᠠ ᠃ ᠬᠠᠮᠤᠭ ᠤᠨ ᠤᠯᠤᠰ ᠢ ᠵᠢᠷᠤᠮ ᠪᠠᠯᠭᠠᠰᠤ ᠲᠠᠢ ᠭᠠᠴᠠᠭ᠎ᠠ ᠪᠠᠢᠭᠤᠯᠤᠯᠲᠠ ᠂ ᠡᠳᠦᠢ ᠶᠢᠨ ᠬᠦᠮᠦᠨ ᠦ ᠭᠠᠴᠠᠭ᠎ᠠ ᠶᠢᠨ ᠨᠡᠢᠭᠡᠮ ᠢ ᠪᠠᠢᠭᠤᠯᠤᠯᠲᠠ ᠪᠠᠢᠵᠠᠢ ᠃ ᠡᠭᠦᠨ ᠢ ᠡᠬᠢ ᠪᠢ ᠂ ᠭᠠᠴᠠᠭ᠎ᠠ ᠶᠢᠨ ᠨᠡᠢᠭᠡᠮ ᠪᠠᠢᠭᠤᠯᠤᠯᠲᠠ ᠶᠢᠨ ᠬᠦᠮᠦᠨ ᠪᠠᠯᠭᠠᠰᠤ ᠲᠠᠢ ᠪᠣᠯᠤᠨ ᠂ ᠬᠦᠮᠦᠨ ᠦ ᠨᠡᠢᠭᠡᠮ ᠦᠨ ᠵᠢᠷᠤᠮ ᠪᠠᠢᠳᠠᠯ ᠲᠣᠭᠠᠴᠠᠨ ᠪᠣᠯᠤᠨ ᠃ ᠬᠦᠮᠦᠨ ᠦ ᠪᠠᠢᠭᠤᠯᠤᠯᠲᠠ ᠶᠢᠨ ᠪᠠᠯᠭᠠᠰᠤᠨ ᠤ ᠲᠡᠦᠬᠡ ᠪᠣᠯ ᠬᠦᠮᠦᠨ ᠦ ᠪᠠᠢᠭᠤᠯᠤᠯᠲᠠ ᠶᠢᠨ ᠬᠦᠮᠦᠨ ᠪᠠᠢᠳᠠᠯ ᠵᠢᠷᠤᠮ ᠬᠦᠮᠦᠨ ᠦ ᠭᠠᠴᠠᠭ᠎ᠠ (村庄) ᠪᠠ ᠪᠠᠯᠭᠠᠰᠤᠨ ᠤᠯᠤᠰ (城邦、城市国家) ᠤᠨ ᠭᠠᠷᠤᠯ ᠢ ᠬᠦᠮᠦᠨ ᠦ ᠬᠠᠮᠤᠭ ᠤᠨ ᠨᠡᠢᠭᠡᠮ ᠦᠨ ᠭᠠᠴᠠᠭ᠎ᠠ ᠶᠢᠨ ᠪᠠᠢᠭᠤᠯᠤᠯᠲᠠ ᠪᠠ ᠪᠠᠯᠭᠠᠰᠤᠨ ᠤᠯᠤᠰ ᠤᠨ ᠨᠡᠢᠭᠡᠮ ᠢ 《 ᠭᠠᠴᠠᠭ᠎ᠠ ᠶᠢᠨ ᠨᠡᠢᠭᠡᠮ 》 ᠳᠤ ᠬᠠᠮᠲᠤ ᠪᠡᠷ ᠣᠷᠣᠰᠢᠭᠤᠯᠵᠤ ᠪᠠᠢᠨ᠎ᠠ ᠃ ᠭᠠᠴᠠᠭ᠎ᠠ ᠶᠢᠨ ᠤᠯᠤᠰ ᠤᠨ ᠬᠦᠮᠦᠨ ᠳᠦ ᠬᠠᠮᠢᠶᠠᠷᠤᠯᠲᠠ ᠲᠠᠢ ᠬᠦᠮᠦᠨ ᠦ ᠪᠠᠢᠭᠤᠯᠤᠯᠲᠠ ᠶᠢᠨ ᠬᠦᠮᠦᠨ ᠦ ᠪᠠᠢᠳᠠᠯ ᠪᠠᠢᠵᠠᠢ ᠃ ᠭᠠᠴᠠᠭ᠎ᠠ ᠶᠢᠨ ᠬᠦᠮᠦᠨ ᠦ ᠬᠦᠮᠦᠨ ᠦ ᠨᠡᠢᠭᠡᠮ ᠦᠨ ᠬᠦᠮᠦᠨ ᠪᠡᠷ ᠬᠦᠮᠦᠨ ᠪᠣᠯ ᠬᠦᠮᠦᠨ ᠂ ᠬᠦᠮᠦᠨ ᠡᠷᠲᠡ ᠳᠦ ᠬᠣᠶᠠᠷ ᠭᠠᠴᠠᠭ᠎ᠠ ᠪᠠᠢᠭᠤᠯᠤᠯᠲᠠ ᠪᠠᠢᠳᠠᠯ ᠪᠠᠢᠭᠤᠯᠤᠯᠲᠠ ᠪᠠᠯᠭᠠᠰᠤ (城市) ᠪᠠᠨ ᠪᠠᠢᠭᠤᠯᠤᠭᠰᠠᠨ ᠪᠠᠢᠨ᠎ᠠ ᠃ ᠡᠨᠡ ᠨᠢ ᠬᠣᠶᠠᠷ ᠡᠷᠲᠡ ᠶᠢᠨ ᠭᠠᠴᠠᠭ᠎ᠠ ᠂ ᠪᠠᠯᠭᠠᠰᠤ ᠂ ᠪᠠᠯᠭᠠᠰᠤᠨ ᠤᠯᠤᠰ ᠤᠨ ᠨᠡᠢᠭᠡᠮ ᠦᠨ ᠪᠠᠢᠭᠤᠯᠤᠯᠲᠠ ᠂ ᠬᠣᠶᠠᠷ ᠪᠠᠢᠭᠤᠯᠤᠯᠲᠠ ᠪᠠᠢᠳᠠᠯ ᠪᠠᠢᠭᠤᠯᠤᠭᠰᠠᠨ ᠪᠠᠢᠨ᠎ᠠ ᠪᠠᠯᠭᠠᠰᠤ ᠶᠢ ᠬᠦᠮᠦᠨ ᠦ ᠬᠦᠮᠦᠨ ᠦ ᠭᠠᠴᠠᠭ᠎ᠠ (村庄) ᠤ ᠳᠡᠭᠡᠷ᠎ᠡ ᠳᠤ ᠪᠠᠢᠭᠤᠯᠤᠭᠰᠠᠨ ᠪᠣᠯ ᠪᠠᠯᠭᠠᠰᠤᠨ ᠤᠯᠤᠰ ᠤᠨ ᠪᠠᠢᠭᠤᠯᠤᠯᠲᠠ ᠶᠢᠨ ᠬᠦᠮᠦᠨ ᠦ ᠪᠠᠯᠭᠠᠰᠤ (城市) ᠢ ᠭᠠᠴᠠᠭ᠎ᠠ (村庄) ᠡᠴᠡ ᠰᠠᠯᠤᠭᠰᠠᠨ ᠰᠠᠯᠪᠤᠷᠢ ᠪᠣᠯᠭᠠᠨ ᠬᠥᠭᠵᠢᠭᠦᠯᠦᠭᠰᠡᠨ ᠪᠠᠢᠨ᠎ᠠ [3] ᠃ ᠡᠨᠡ ᠪᠣᠯ ᠪᠠᠢᠳᠠᠯ

ᠪᠠᠯᠭᠠᠰᠤ ᠰᠤᠳᠤᠯᠤᠨ ᠰᠢᠨᠵᠢᠯᠡᠬᠦ ᠤᠬᠠᠭᠠᠨ ᠤ ᠡᠷᠳᠡᠮᠲᠡᠨ ᠮᠧᠨᠹᠣᠷᠳ (1895 — 1990 ᠣᠨ) ᠪᠢᠴᠢᠭᠰᠡᠨ ᠡᠴᠡ 《 ᠪᠠᠯᠭᠠᠰᠤ ᠶᠢᠨ ᠲᠡᠦᠬᠡ ᠳᠦ ᠬᠠᠷᠠᠬᠤ 》 ᠰᠤᠳᠤᠯᠭᠠᠨ ᠪᠠᠢᠨ᠎ᠠ ᠃

ᠬᠦᠮᠦᠨ ᠳᠦ ᠬᠠᠮᠢᠶᠠᠷᠠᠬᠤ ᠪᠠᠢᠳᠠᠯ ᠢ ᠰᠢᠨᠵᠢᠯᠡᠬᠦ ᠪᠠᠢᠭᠤᠯᠤᠯᠲᠠ ᠬᠦᠮᠦᠨ ᠂ ᠬᠦᠮᠦᠨ ᠦ ᠨᠡᠢᠭᠡᠮ ᠪᠠ ᠬᠦᠮᠦᠨ ᠢ ᠳᠤ ᠬᠦᠮᠦᠨ ᠦ ᠪᠠᠢᠭᠤᠯᠤᠯᠲᠠ ᠪᠠᠢᠨ᠎ᠠ ᠪᠠᠢᠨ᠎ᠠ ᠪᠠᠢᠨ᠎ᠠ ᠬᠦᠮᠦᠨ ᠦ ᠬᠦᠮᠦᠨ ᠦ ᠬᠦᠮᠦᠨ ᠦ ᠬᠣᠲᠠ ᠶᠢᠨ ᠰᠢᠨᠵᠢᠯᠡᠬᠦ ᠤᠬᠠᠭᠠᠨ ᠤ ᠬᠦᠮᠦᠨ ᠦ ᠪᠠᠢᠭᠤᠯᠤᠯᠲᠠ ᠶᠢᠨ ᠬᠦᠮᠦᠨ ᠂ ᠪᠠᠢᠭᠤᠯᠤᠯᠲᠠ ᠳᠤ ᠬᠦᠮᠦᠨ ᠦ ᠬᠦᠮᠦᠨ ᠦ ᠪᠠᠢᠭᠤᠯᠤᠯᠲᠠ ᠂ ᠪᠠᠢᠭᠤᠯᠤᠯᠲᠠ ᠂ ᠪᠠᠢᠭᠤᠯᠤᠯᠲᠠ ᠬᠦᠮᠦᠨ ᠦ ᠪᠠᠢᠭᠤᠯᠤᠯᠲᠠ ᠬᠦᠮᠦᠨ ᠦ ᠂ ᠬᠦᠮᠦᠨ ᠦ ᠬᠦᠮᠦᠨ ᠦ ᠬᠦᠮᠦᠨ ᠳᠤ ᠪᠠᠢᠭᠤᠯᠤᠯᠲᠠ (ᠭᠡᠷ — ᠭᠠᠴᠠᠭ᠎ᠠ — ᠬᠣᠲᠠ ᠶᠢᠨ ᠪᠠᠢᠭᠤᠯᠤᠯᠲᠠ) ᠳᠤ ᠬᠦᠮᠦᠨ ᠦ ᠬᠦᠮᠦᠨ ᠢ ᠬᠦᠮᠦᠨ ᠦ ᠪᠠᠢᠭᠤᠯᠤᠯᠲᠠ ᠶᠢᠨ ᠬᠦᠮᠦᠨ ᠦ ᠪᠠᠢᠭᠤᠯᠤᠯᠲᠠ ᠪᠠᠢᠵᠠᠢ ᠃ ᠡᠭᠦᠨ ᠢ ᠂ ᠬᠠᠮᠤᠭ ᠤᠨ ᠡᠷᠲᠡᠨ ᠦ ᠪᠠᠢᠨ᠎ᠠ ᠃ ᠬᠠᠮᠤᠭ ᠤᠨ ᠡᠷᠲᠡᠨ ᠦ ᠭᠷᠧᠭ ᠦᠨ ᠰᠡᠳᠬᠢᠯᠭᠡᠲᠡᠨ ᠦ ᠬᠣᠲᠠ ᠶᠢᠨ ᠪᠠᠢᠭᠤᠯᠤᠯᠲᠠ ᠪᠠ ᠬᠣᠲᠠ ᠶᠢᠨ ᠬᠦᠮᠦᠨ ᠢ ᠰᠢᠨᠵᠢᠯᠡᠬᠦ ᠪᠠᠢᠭᠤᠯᠤᠯᠲᠠ ᠂ ᠬᠥᠭᠵᠢᠯ ᠦᠨ ᠂ ᠪᠠᠢᠭᠤᠯᠤᠯᠲᠠ ᠪᠠᠢᠨ᠎ᠠ ᠂ ᠪᠣᠯ

[illegible] (部落) [illegible] (氏族) [illegible]

[illegible]

[illegible] ([illegible]) [illegible]

[illegible] 《方牌》 [illegible] 《方》 [illegible] 《方牌》 [illegible] 《牌》 [illegible] 《牌坊》 [illegible] 《牌楼》 [illegible] 144 [illegible] 《秃剌思壇 ([illegible]) 》 [illegible] ([illegible] tura) — [illegible] 《方牌有的每》 [illegible] [4] [illegible] [5] [illegible] [6] [illegible]

(城市)

[7]

ᠶᠢ 《黠脱惕巴剌哈惕》（ᠬᠡᠷᠡᠮ ᠪᠠᠯᠭᠠᠰᠤ）ᠭᠡᠬᠦ ᠤᠨ ᠭᠠᠳᠠᠨᠠᠬᠢ ᠶᠢ ᠪᠠᠶᠢᠭᠤᠯᠤᠯ 《城子》（ᠬᠣᠲᠠ ᠪᠠᠯᠭᠠᠰᠤ）ᠭᠡᠵᠦ ᠣᠷᠴᠢᠭᠤᠯᠤᠭᠰᠠᠨ ᠪᠠᠶᠢᠨ᠎ᠠ 〔10〕 ᠃ 《ᠪᠠᠯᠭᠠᠰᠤ》
ᠶᠢᠨ ᠭᠠᠳᠠᠨᠠᠬᠢ ᠳᠤ 《都》（ᠬᠣᠲᠠ ᠂ ᠭᠠᠵᠠᠷ）ᠭᠡᠵᠦ ᠣᠷᠴᠢᠭᠤᠯᠤᠭᠰᠠᠨ ᠪᠠᠶᠢᠨ᠎ᠠ 〔9〕 ᠃ ᠭᠡᠪᠡᠴᠦ ᠡᠨᠡ ᠮᠣᠩᠭᠣᠯ ᠬᠡᠯᠡᠨ ᠤ 《黠脱（ᠬᠡᠷᠡᠮ）》ᠭᠡᠳᠡᠭ ᠶᠢ ᠪᠠᠶᠢᠭᠤᠯᠤᠯ ᠤᠨ
ᠬᠡᠷᠡᠭᠯᠡᠭᠡ ᠲᠤ ᠬᠠᠮᠢᠶᠠᠷᠤᠯᠠᠬᠤ ᠶᠢ ᠰᠢᠨᠵᠢᠯᠡᠪᠡᠯ ᠃ 《ᠮᠣᠩᠭᠣᠯ ᠤᠨ ᠨᠢᠭᠤᠴᠠ ᠲᠣᠪᠴᠢᠶᠠᠨ》ᠤ 111 ᠪᠠ 254 ᠳᠤᠭᠠᠷ ᠬᠠᠭᠤᠳᠠᠰᠤ ᠳᠤ 《黠脱》（ᠬᠡᠷᠡᠮ）ᠭᠡᠬᠦ ᠬᠠᠮᠢᠶ᠎ᠠ ᠶᠢᠨ ᠰᠢᠨᠵᠢᠯᠡᠯ

ᠰᠢᠨᠵᠢᠯᠡᠬᠦ ᠪᠣᠯᠤᠨ ᠲᠡᠦᠬᠡᠨ ᠨᠣᠮ ᠰᠤᠳᠤᠯᠭ᠎ᠠ ᠰᠤᠳᠤᠯᠭ᠎ᠠ ᠳᠤ ᠬᠡᠷᠡᠭ ᠲᠡᠢ ᠴᠢᠬᠤᠯᠠ ᠪᠣᠯᠤᠨ᠎ᠠ ::

ᠰᠤᠳᠤᠯᠬᠤ ᠠᠷᠭ᠎ᠠ ᠶᠢᠨ ᠬᠦᠷᠢᠶᠡᠨ ᠢ ᠰᠤᠳᠤᠯᠤᠭᠰᠠᠳ :: ᠠᠯᠢᠪᠠ ᠨᠢᠭᠡ ᠰᠤᠳᠤᠯ ᠪᠢ ᠪᠢᠴᠢᠭᠲᠦ ᠴᠠᠭ ᠡᠴᠡ ᠲᠡᠷᠢᠭᠦᠨ ᠲᠡᠷᠢᠭᠦᠨ ᠲᠤᠬᠠᠢ ᠲᠡᠭᠦᠬᠡᠯ ᠢ ᠶᠠᠷᠢᠯᠴᠠᠬᠤ ᠪᠣᠯᠪᠠᠰᠤ ᠮᠣᠩᠭᠣᠯ ᠰᠤᠳᠤᠯᠤᠯ ᠬᠦᠷᠢᠶᠡᠨ ᠪᠡᠷ ᠰᠤᠳᠤᠯᠤᠯ ᠪᠢᠴᠢᠭᠰᠡᠨ ᠪᠣᠯᠪᠠᠰᠤ 《ᠪᠢᠴᠢᠭᠲᠦ》 ᠪᠡᠷ ᠲᠡᠮᠳᠡᠭᠯᠡᠭᠰᠡᠨ ᠲᠣᠭᠠᠴᠠ ᠲᠡᠦᠬᠡᠪᠡ᠂ ᠲᠡᠭᠦᠨ ᠡᠷᠲᠡᠨ ᠦ ᠪᠡᠷ ᠪᠢᠴᠢᠭᠰᠡᠨ ᠪᠢᠴᠢᠭ ᠪᠢᠴᠢᠭᠰᠡᠨ ᠪᠤᠯᠤᠭ ᠰᠤᠳᠤᠯ ᠪᠣᠯᠤᠨ ᠠᠷᠭ᠎ᠠ ᠪᠣᠯᠤᠨ᠎ᠠ :: ᠮᠣᠩᠭᠣᠯ ᠦᠨᠳᠦᠰᠦᠨ ᠦ ᠲᠡᠦᠬᠡ ᠶᠢᠨ ᠰᠤᠳᠤᠯᠭ᠎ᠠ ᠲᠣᠭᠠᠴᠠᠯᠠᠯ ᠤᠨ ᠰᠤᠳᠤᠯ ᠲᠣᠪᠴᠢ ᠶᠢ ᠲᠡᠮᠳᠡᠭᠯᠡᠯ ᠬᠡᠮᠡᠨ 《ᠰᠤᠳᠤᠯ ᠪᠢᠴᠢᠭᠯᠡᠯ》 ᠲᠡᠢ ᠲᠡᠮᠳᠡᠭᠯᠡᠪᠡ᠂ 《ᠪᠢᠴᠢᠭ》 ᠪᠢᠴᠢᠭᠰᠡᠨ ᠲᠣᠭᠠᠴᠠ ᠰᠠᠨᠠᠭᠠ ᠪᠡᠷ ᠲᠣᠭᠠᠴᠠᠬᠤ ᠲᠡᠭᠦᠨ ᠡᠷᠲᠡᠨ ᠦ ᠪᠣᠯᠤᠨ᠎ᠠ᠂ ᠲᠣᠭᠠᠴᠠᠪᠠ ᠪᠣᠯ ᠪᠢᠴᠢᠭᠯᠡᠯ ᠪᠢᠴᠢᠭ ᠪᠢᠴᠢᠭᠰᠡᠨ ᠪᠤᠯᠤᠭ ᠠᠮᠤᠨ ᠪᠠᠶᠢᠨ᠎ᠠ ᠪᠡᠷ ᠪᠢᠴᠢᠭᠰᠡᠨ ᠪᠣᠯᠤᠨ ᠲᠡᠮᠳᠡᠭᠯᠡᠯ ᠰᠤᠳᠤᠯ ᠲᠣᠪᠴᠢ ᠪᠡᠷ ᠪᠢᠴᠢᠭᠳᠡᠪᠡ :: ᠴᠢᠭᠤᠯᠤᠨ ᠶᠢ᠂ ᠠᠮᠤᠷᠠᠯ ᠤᠨ ᠲᠡᠦᠬᠡ ᠠᠷᠭ᠎ᠠ ᠠᠷᠪᠠᠨ ᠲᠡᠦᠬᠡᠴᠢᠳ ᠦᠨ ᠪᠢᠴᠢᠭᠯᠡᠭᠰᠡᠨ ᠰᠤᠳᠤᠯ ᠲᠣᠪᠴᠢ ᠪᠡᠷ ᠪᠢᠴᠢᠭ ᠪᠠᠶᠢᠭ᠎ᠠ ᠶᠢᠨ ᠦ ᠰᠤᠳᠤᠯ ᠲᠣᠪᠴᠢ ᠶᠢ 《ᠰᠤᠳᠤᠯ》 ᠤᠨ ᠲᠡᠮᠳᠡᠭᠯᠡᠯ ᠪᠡᠷ ᠪᠢᠴᠢᠭᠯᠡᠭᠰᠡᠨ ᠲᠣᠪᠴᠢ ᠠᠯᠢᠪᠠ᠂ ᠲᠡᠷᠡ ᠲᠡᠷᠡᠭᠦᠦ ᠶᠢᠨ ᠦ ᠨᠢᠭᠡ ᠪᠣᠯᠤᠨ ᠪᠣᠯᠤᠨ ᠮᠣᠩᠭᠣᠯ ᠦᠨᠳᠦᠰᠦᠨ ᠠᠴᠠ ᠪᠤᠶ 《ᠪᠢᠴᠢᠭᠲᠦ》 ᠦᠨᠳᠦᠰᠦᠨ ᠤᠨ ᠲᠡᠦᠬᠡ ᠶᠢᠨ ᠪᠢᠴᠢᠭᠯᠡᠯ ᠲᠡᠮᠳᠡᠭᠯᠡᠯ ᠢ ᠲᠡᠮᠳᠡᠭᠯᠡᠵᠦ ᠪᠣᠯ ᠪᠢᠴᠢᠭ ᠲᠡᠮᠳᠡᠭᠯᠡᠯ ᠲᠣᠭᠠᠴᠠᠭᠰᠠᠨ ᠪᠠᠶᠢᠨ᠎ᠠ :: ᠮᠣᠩᠭᠣᠯ ᠦᠨᠳᠦᠰᠦᠨ ᠤ ᠲᠡᠦᠬᠡ ᠶᠢᠨ ᠰᠤᠳᠤᠯᠭ᠎ᠠ ᠲᠣᠭᠠᠴᠠᠯᠠᠯ ᠢ 《ᠰᠤᠳᠤᠯ》 ᠪᠠᠷ᠂ ᠪᠢᠴᠢᠭᠯᠡᠯ ᠲᠣᠭᠠᠴᠠᠯ ᠲᠡᠷᠡ ᠲᠡᠭᠦᠨ ᠡᠷᠲᠡᠨ ᠦ ᠠᠮᠤᠨ ᠪᠠᠷᠢᠮᠲᠠ ᠲᠡᠮᠳᠡᠭᠯᠡᠵᠦ ᠰᠤᠳᠤᠯᠤᠯ ᠤᠨ ᠰᠢᠨᠵᠢ ᠶᠢᠨ ᠲᠤᠰ ᠢ 《ᠪᠢᠴᠢᠭᠯᠡᠯ》 ᠲᠡᠷᠡ ᠮᠣᠩᠭᠣᠯᠴᠤᠳ ᠨᠢᠭᠡ ᠮᠣᠩᠭᠣᠯ ᠪᠣᠯᠤᠨ ᠢ ᠠᠷᠭᠠᠴᠢᠯᠠᠯ ᠠᠷᠭᠠᠴᠢᠯᠠᠯ ᠵᠦᠢᠯ :: ᠡᠨᠡᠯ ᠨᠢᠭᠡ ᠲᠡᠦᠬᠡᠪᠡ ᠪᠡᠷ ᠮᠣᠩᠭᠣᠯ ᠦᠨᠳᠦᠰᠦᠨ ᠤ ᠲᠡᠦᠬᠡ ᠶᠢᠨ ᠰᠤᠳᠤᠯᠭ᠎ᠠ ᠲᠣᠭᠠᠴᠠᠯᠠᠯ ᠤᠨ ᠪᠢᠴᠢᠭᠯᠡᠯ ᠲᠡᠮᠳᠡᠭᠯᠡᠯ ᠤᠨ ᠰᠢᠨᠵᠢ ᠶᠢᠨ ᠲᠤᠰ

[1] [ᠮᠣᠩᠭᠣᠯ] ᠪᠠᠶᠠᠷ ᠤᠨ ᠬᠥᠷᠪᠡᠭᠦᠯᠦᠯ : 《ᠮᠣᠩᠭᠣᠯ ᠬᠡᠯᠡ ᠪᠢᠴᠢᠭ ᠤᠨ ᠲᠡᠦᠬᠡ ᠪᠣᠯᠤᠨ ᠨᠣᠮ ᠤᠨ ᠰᠠᠩ ᠤᠨ ᠲᠡᠦᠬᠡᠨ ᠦ ᠰᠤᠳᠤᠯᠭ᠎ᠠ》(ᠳᠡᠭᠡᠳᠦ ᠳᠡᠪᠲᠡᠷ)᠂ ᠰᠢᠨᠵᠢᠯᠡᠬᠦ ᠤᠬᠠᠭᠠᠨ ᠤ ᠬᠣᠷᠢᠶ᠎ᠠ᠂ 1961 ᠣᠨ

[2] [4] [8] [9] [10] [11] 《ᠮᠣᠩᠭᠣᠯ ᠤᠨ ᠨᠢᠭᠤᠴᠠ ᠲᠣᠪᠴᠢᠶᠠᠨ》(ᠳᠡᠭᠡᠳᠦ ᠳᠡᠪᠲᠡᠷ ᠰᠤᠳᠤᠯᠤᠯ) (ᠪᠠᠶᠠᠷ ᠬᠥᠷᠪᠡᠭᠦᠯᠪᠡ)᠂ ᠥᠪᠥᠷ ᠮᠣᠩᠭᠣᠯ ᠤᠨ ᠠᠷᠠᠳ ᠤᠨ ᠬᠡᠪᠯᠡᠯ ᠦᠨ ᠬᠣᠷᠢᠶ᠎ᠠ᠂ 1981 ᠣᠨ ::

[3] [美] 刘易斯·芒福德著 :《 城市发展史 》, 宋俊岭等译 , 中国建筑工业出版社 , 2008年 , 第一章 。

[5-1] [6] [7] ᠰᠢᠷᠠᠭᠤᠯ᠂ ᠬᠠᠰᠠᠭᠠᠷ : 《ᠮᠣᠩᠭᠣᠯ ᠤᠨ ᠨᠢᠭᠤᠴᠠ ᠲᠣᠪᠴᠢᠶᠠᠨ — ᠰᠢᠨᠵᠢᠯᠡᠯ ᠲᠠᠢᠯᠪᠤᠷᠢ》᠂ ᠥᠪᠥᠷ ᠮᠣᠩᠭᠣᠯ ᠤᠨ ᠰᠤᠷᠭᠠᠨ ᠬᠦᠮᠦᠵᠢᠯ ᠦᠨ ᠬᠡᠪᠯᠡᠯ ᠦᠨ ᠬᠣᠷᠢᠶ᠎ᠠ᠂ 1986 ᠣᠨ᠂ 365᠂ 365᠂ 404 ᠲᠠᠯ᠎ᠠ ᠨᠢᠭᠤᠷ ::

[5-2] [ᠮᠣᠩᠭᠣᠯ] ᠡᠯᠳᠡᠪᠣᠴᠢᠷ ᠤᠨ ᠬᠥᠷᠪᠡᠭᠦᠯᠦᠭᠰᠡᠨ : 《〈ᠮᠣᠩᠭᠣᠯ ᠤᠨ ᠨᠢᠭᠤᠴᠠ ᠲᠣᠪᠴᠢᠶᠠᠨ〉 ᠤ ᠬᠡᠯᠡᠯᠭᠡᠨ ᠦ ᠲᠠᠢᠯᠪᠤᠷᠢ》᠂ ᠦᠨᠳᠦᠰᠦᠲᠡᠨ ᠦ ᠬᠡᠪᠯᠡᠯ ᠦᠨ ᠬᠣᠷᠢᠶ᠎ᠠ᠂ 1993 ᠣᠨ᠂ 368 ᠨᠢᠭᠤᠷ ::

1.

2. ᠨᠡᠶᠢᠯᠡᠯ ᠦᠭᠡ ᠶᠢᠨ ᠪᠦᠲᠦᠴᠡ

ᠪᠦᠲᠦᠴᠡ ᠶᠢᠨ ᠪᠦᠲᠦᠴᠡ ᠶᠢᠨ ᠪᠦᠷᠢᠯᠳᠦᠨ ᠪᠦᠲᠦᠴᠡ ᠪᠣᠯᠤᠨ᠎ᠠ ᠃

ᠭᠡᠰᠡᠷ ᠤᠯᠠᠮᠵᠢᠯᠠᠯ ᠤᠨ ᠲᠡᠦᠬᠡ — ᠭᠡᠰᠡᠷ ᠰᠤᠳᠤᠯᠤᠯ ᠤᠨ ᠬᠥᠭᠵᠢᠯ ᠰᠤᠳᠤᠯᠤᠭᠰᠠᠨ ᠤ ᠵᠢᠱᠢᠶ᠎ᠡ ᠶᠢ ᠪᠣᠯᠪᠠᠰᠤᠷᠠᠭᠤᠯᠬᠤ ᠳᠤ ᠲᠤᠰᠠᠯᠠᠬᠤ᠂ ᠲᠤᠰ ᠪᠢᠴᠢᠭ

3. ᠰᠤᠳᠤᠯᠤᠭᠰᠠᠨ ᠬᠡᠯᠡᠯᠴᠡᠬᠦ

ᠪᠢᠴᠢᠭ᠌ ᠦᠨ ᠬᠡᠪᠯᠡᠯ ᠦᠨ ᠲᠡᠦᠬᠡ ᠶᠢ ᠰᠤᠳᠤᠯᠬᠤ ᠳᠤ ᠠᠩᠬᠠᠷᠤᠯ ᠲᠠᠲᠠᠬᠤ᠂ ᠰᠤᠳᠤᠯᠤᠯ ᠤᠨ ᠬᠡᠪᠯᠡᠯ ᠤᠨ ᠠᠷᠭ᠎ᠠ ᠪᠠᠷᠢᠯ ᠢ ᠪᠣᠯᠪᠠᠰᠤᠷᠠᠭᠤᠯᠬᠤ ᠪᠣᠯᠤᠨ᠎ᠠ ᠃
ᠪ ᠪᠠᠶ᠋ᠢᠭᠰᠠᠨ ᠤ ᠬᠡᠷᠡᠭ ᠲᠦ ᠰᠤᠳᠤᠯᠬᠤ ᠪᠢᠴᠢᠭ᠌ ᠦᠨ ᠬᠡᠪᠯᠡᠯ ᠦᠨ ᠲᠡᠦᠬᠡ ᠶᠢᠨ ᠰᠤᠳᠤᠯᠤᠯ ᠳᠤ ᠲᠤᠰᠠᠯᠠᠬᠤ

[illegible]

[illegible] [7] ::

[illegible] (1818—1881) [illegible] [8] ::

[illegible]

[illegible] 》[11] [illegible] 《 [illegible] 》[10] [illegible] 《 [illegible] 》[9] [illegible]

[illegible]

[illegible]
[illegible]
[illegible]
[illegible]
[illegible]
[illegible]
[illegible]
[illegible]
[illegible]
[illegible]
[illegible]
[illegible]
[illegible]
[illegible]
[illegible]
[illegible]

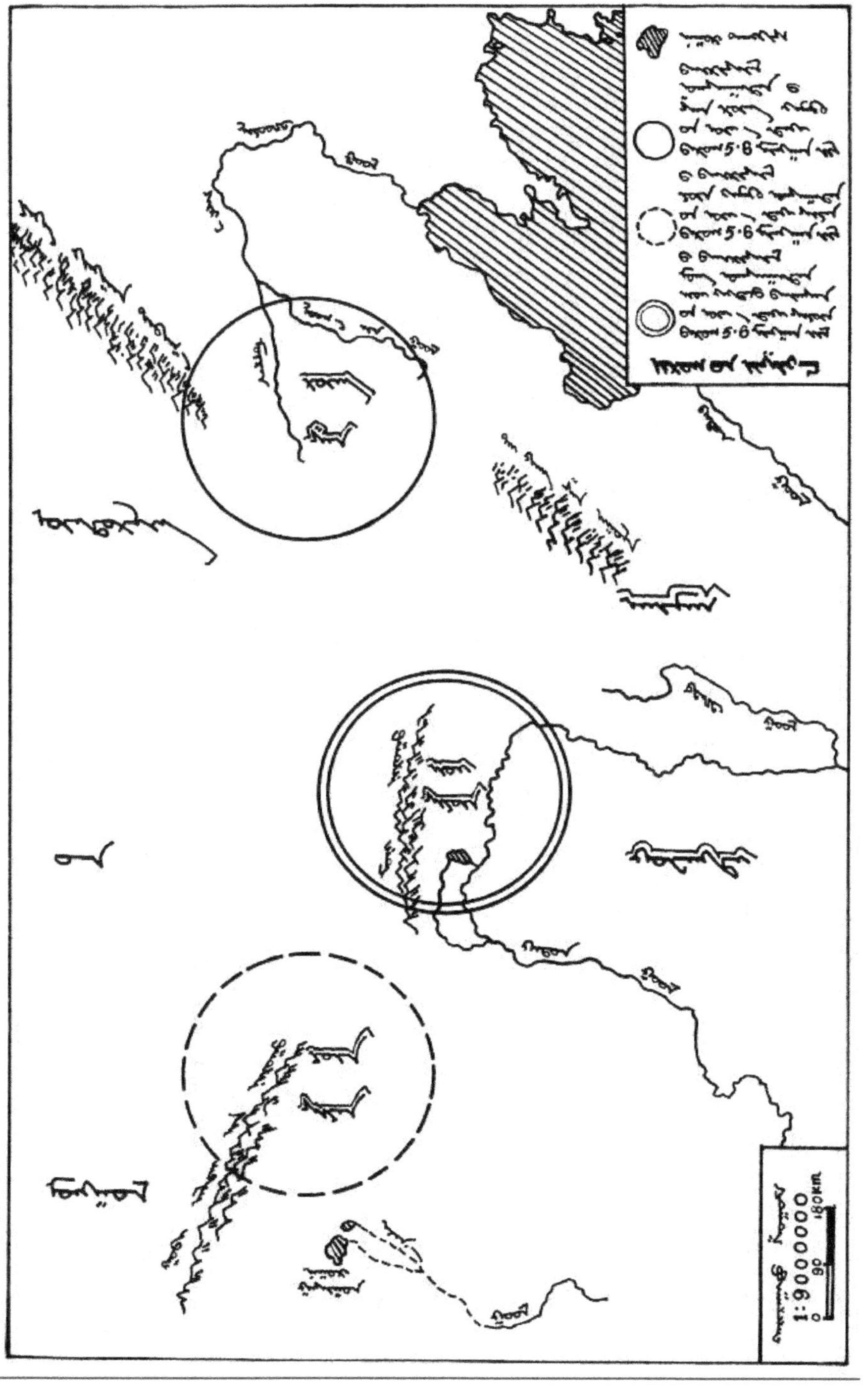

ᠪᠢᠴᠢᠭᠲᠦ《⊗》ᠭᠡᠳᠡᠭ ᠦ ᠲᠣᠪᠴᠢᠯᠠᠨ ᠬᠡᠯᠡᠬᠦ ᠰᠦᠨᠡᠰᠦ ᠶᠢᠨ ᠰᠢᠲᠦᠯᠭᠡ ᠶᠢᠨ ᠰᠠᠨᠠᠭ᠎ᠠ ᠪᠣᠯ ᠡᠷᠲᠡ ᠦᠶ᠎ᠡ ᠶᠢᠨ ᠰᠦᠨᠡᠰᠦ ᠶᠢᠨ ᠰᠢᠲᠦᠯᠭᠡ ᠶᠢᠨ ᠦᠨᠳᠦᠰᠦ ᠪᠣᠯᠤᠨ᠎ᠠ᠄《⊗》ᠭᠡᠳᠡᠭ ᠦᠰᠦᠭ ᠦᠨ ᠰᠦᠨᠡᠰᠦ ᠶᠢᠨ ᠬᠡᠯᠪᠡᠷᠢ ᠪᠣᠯᠪᠠ᠃ ᠡᠭᠦᠨ ᠦ ᠬᠡᠯᠪᠡᠷᠢ ᠶᠢᠨ ᠲᠤᠬᠠᠢ ᠪᠣᠳᠣᠯ ᠨᠢ ᠲᠡᠭᠦᠨ ᠦ ᠬᠥᠮᠦᠨ ᠦ ᠳᠦᠷᠰᠦ ᠶᠢ ᠪᠠᠷᠢᠮᠲᠠᠯᠠᠨ ᠪᠦᠲᠦᠭᠡᠭᠰᠡᠨ ᠶᠤᠮ ᠪᠠᠢᠨ᠎ᠠ ᠃ ᠡᠨᠡ ᠨᠢ ᠬᠥᠮᠦᠨ ᠦ ᠪᠡᠶ᠎ᠡ ᠶᠢᠨ ᠲᠣᠯᠣᠭᠠᠢ ᠶᠢᠨ ᠬᠡᠰᠡᠭ ᠢ ᠲᠣᠳᠣᠷᠬᠠᠢ ᠪᠠᠢᠯᠭᠠᠨ ᠲᠡᠮᠳᠡᠭᠯᠡᠭᠰᠡᠨ ᠪᠣᠯᠤᠨ ᠪᠢᠰᠢ ᠬᠥᠮᠦᠨ ᠦ ᠳᠦᠷᠰᠦ ᠶᠢ ᠦᠵᠡᠭᠦᠯᠵᠦ ᠪᠠᠢᠨ᠎ᠠ ᠃ ᠡᠨᠡ ᠨᠢ ᠬᠥᠮᠦᠨ ᠦ ᠰᠦᠨᠡᠰᠦ ᠶᠢ ᠬᠦᠮᠦᠨ ᠦ ᠳᠦᠷᠰᠦ ᠪᠡᠷ ᠲᠥᠰᠦᠭᠡᠯᠡᠭᠰᠡᠨ ᠪᠣᠯᠬᠣ ᠪᠥᠭᠡᠳ ᠪᠠᠰᠠ《⊗》ᠭᠡᠳᠡᠭ ᠦᠰᠦᠭ ᠢ ᠪᠢᠴᠢᠭᠳᠡᠬᠦ ᠳᠦ《鬼》ᠬᠡᠮᠡᠨ ᠲᠣᠮᠢᠶᠠᠯᠠᠳᠠᠭ᠃《鬼》ᠭᠡᠳᠡᠭ ᠦᠰᠦᠭ ᠦᠨ ᠶᠠᠷᠢᠨ ᠳᠤᠷ ᠰᠦᠨᠡᠰᠦ ᠶᠢᠨ ᠳᠦᠷᠰᠦ ᠨᠢ ᠬᠦᠮᠦᠨ ᠦ ᠳᠦᠷᠰᠦ ᠲᠡᠢ ᠠᠳᠠᠯᠢ ᠪᠣᠯᠬᠤ ᠶᠢ ᠲᠣᠳᠣᠷᠬᠠᠢᠯᠠᠨ ᠬᠠᠷᠠᠭᠤᠯᠵᠤ ᠪᠠᠢᠨ᠎ᠠ᠃ ᠬᠡᠷᠪᠡ《说文大字典》ᠳᠤ ᠲᠠᠢᠯᠪᠤᠷᠢᠯᠠᠬᠤ ᠳᠤ《⊗》ᠭᠡᠳᠡᠭ ᠨᠢ ᠬᠦᠮᠦᠨ ᠦ ᠦᠬᠦᠯ ᠦᠨ ᠳᠠᠷᠠᠭᠠᠬᠢ ᠰᠦᠨᠡᠰᠦ ᠶᠢᠨ ᠬᠡᠯᠪᠡᠷᠢ ᠪᠣᠯᠤᠨ᠎ᠠ᠄ ᠡᠨᠡ ᠨᠢ ᠬᠦᠮᠦᠨ ᠦ ᠰᠦᠨᠡᠰᠦ ᠶᠢ ᠬᠦᠮᠦᠨ ᠦ ᠳᠦᠷᠰᠦ ᠪᠡᠷ ᠲᠡᠮᠳᠡᠭᠯᠡᠭᠰᠡᠨ ᠪᠣᠯᠤᠨ᠎ᠠ᠃

ᠶᠢ ᠰᠢᠨᠵᠢᠯᠡᠨ ᠳᠤ ᠬᠡᠯᠡ ᠬᠡᠯᠡᠨ ᠦ ᠬᠡᠯᠡᠯᠭᠡ ᠶᠢ ᠪᠢᠴᠢᠭᠰᠡᠨ ᠪᠢᠴᠢᠭ :: ᠪᠢᠴᠢᠭ 《 ᠬᠡᠯᠡᠨ ᠦ ᠬᠡᠷᠡᠭᠯᠡᠭᠳᠡᠭᠰᠡᠨ ᠰᠢᠨᠵᠢᠯᠡᠭᠰᠡᠨ ᠳᠤ ᠪᠢᠴᠢᠭ 》 ᠪᠣ ᠰᠢᠨᠵᠢ ᠪᠢᠴᠢᠭ ᠬᠡᠯᠡ ᠰᠢᠨᠵᠢᠯᠡᠭᠰᠡᠨ ᠪᠠᠶᠢᠨ᠎ᠠ 《鬼》 ᠭᠡᠳᠡᠭ ᠪᠢᠴᠢᠭ

ᠡᠮᠡᠯ ᠢᠶᠡᠷ ᠭᠠᠵᠠᠷ ᠲᠠᠯᠠᠪᠠᠢ ᠶᠢᠨ ᠵᠢᠷᠤᠭ ᠢ ᠭᠤᠷᠪᠠᠨ ᠬᠡᠮᠵᠢᠶᠡᠰᠦ ᠳᠦ ᠰᠢᠨᠵᠢᠯᠡᠬᠦ ᠦᠭᠡᠢ᠂ ᠲᠡᠷᠡ ᠪᠣᠯ ᠪᠣᠰᠤᠭ᠎ᠠ ᠲᠣᠭ᠎ᠠ ᠶᠢᠨ ᠬᠡᠮᠵᠢᠶᠡᠨ ᠳᠦ ᠪᠢᠳᠡᠭᠦᠯᠦᠭᠰᠡᠨ ᠪᠣᠯᠤᠨ᠎ᠠ᠃ ᠲᠡᠷᠡ ᠪᠣᠯ ᠰᠠᠨᠠᠭᠠ ᠰᠡᠳᠬᠢᠯ ᠦᠨ ᠬᠡᠮᠵᠢᠶᠡᠨ ᠢ ᠬᠡᠳᠦᠢ ᠪᠡᠷ ᠲᠦᠷᠦᠯ ᠦᠨ ᠬᠠᠷᠢᠴᠠᠭ᠎ᠠ ᠶᠢ ᠰᠢᠨᠵᠢᠯᠡᠨ᠎ᠡ᠃ ᠲᠡᠷᠡ ᠪᠣᠯ ᠰᠢᠨᠵᠢᠯᠡᠬᠦ ᠦᠭᠡᠢ᠂ ᠰᠠᠨᠠᠭᠠ ᠰᠡᠳᠬᠢᠯ ᠦᠨ ᠬᠡᠮᠵᠢᠶᠡᠨ ᠳᠦ ᠲᠤᠰᠬᠠᠢ ᠪᠣᠯᠤᠨ᠎ᠠ᠃ ᠡᠨᠡᠬᠦ ᠪᠣᠯᠪᠠᠰᠤᠷᠠᠯ ᠤᠨ ᠬᠣᠭᠤᠷᠤᠨᠳᠤ ᠬᠡᠮᠵᠢᠶ᠎ᠡ ᠶᠢᠨ ᠬᠠᠷᠢᠴᠠᠭ᠎ᠠ ᠶᠢ ᠰᠢᠨᠵᠢᠯᠡᠨ᠎ᠡ᠃ ᠲᠡᠷᠡ ᠪᠣᠯ ᠬᠡᠮᠵᠢᠶᠡᠰᠦ ᠶᠢᠨ ᠪᠣᠯᠪᠠᠰᠤᠷᠠᠯ ᠬᠡᠮᠵᠢᠶᠡᠨ ᠳᠦ ᠪᠣᠯᠤᠨ᠎ᠠ 《[26]᠃ 《ᠲᠡᠭᠦᠨ ᠦ ᠬᠠᠮᠲᠤ ᠪᠣᠯ ᠰᠡᠳᠬᠢᠯ ᠦᠨ ᠬᠡᠮᠵᠢᠶᠡᠨ ᠪᠣᠯᠤᠨ᠎ᠠ᠂ ᠲᠡᠷᠡ ᠬᠡᠮᠵᠢᠶᠡᠰᠦ ᠪᠣᠯ ᠪᠣᠯᠪᠠᠰᠤᠷᠠᠯ ᠤᠨ ᠬᠡᠮᠵᠢᠶ᠎ᠡ᠂ ᠲᠣᠭ᠎ᠠ ᠶᠢᠨ ᠬᠡᠮᠵᠢᠶᠡᠨ ᠳᠦ ᠪᠣᠯᠤᠨ᠎ᠠ᠂ ᠡᠳᠡᠭᠡᠷ ᠪᠣᠯ ᠲᠡᠭᠦᠨ ᠦ ᠬᠡᠮᠵᠢᠶᠡᠨ ᠳᠦ ᠪᠢᠳᠡᠭᠦᠯᠦᠭᠰᠡᠨ 》[27] ᠭᠡᠵᠦ ᠣᠢᠯᠠᠭᠠᠭᠰᠠᠨ᠃ ᠲᠤᠯᠠ — ᠲᠤᠯᠠ — ᠲᠡᠭᠦᠨ ᠦ 《ᠠᠮᠢᠳᠤ ᠶᠢᠨ ᠰᠤᠷᠭᠠᠯ》 ᠬᠡᠮᠡᠬᠦ ᠨᠣᠮ ᠳᠤ᠄ 《ᠠᠮᠢᠳᠤ ᠶᠢᠨ ᠪᠣᠯᠪᠠᠰᠤᠷᠠᠯ ᠤᠨ ᠬᠡᠮᠵᠢᠶ᠎ᠡ ᠶᠢ ᠲᠣᠭᠲᠠᠭᠠᠬᠤ᠂ ᠲᠡᠭᠦᠨ ᠢ ᠰᠢᠨᠵᠢᠯᠡᠬᠦ ᠪᠣᠯ ᠠᠮᠢᠳᠤ ᠪᠣᠳᠠᠰ ᠤᠨ ᠪᠦᠲᠦᠴᠡ ᠶᠢᠨ ᠬᠤᠪᠢᠰᠬᠤ ᠶᠢᠨ ᠬᠠᠷᠢᠴᠠᠭ᠎ᠠ᠂ ᠲᠡᠷᠡ ᠪᠣᠯ ᠠᠮᠢᠳᠤ ᠶᠢᠨ ᠤᠳᠠᠮᠰᠢᠯ ᠤᠨ ᠬᠠᠮᠢᠭ ᠤᠨ ᠶᠡᠬᠡ ᠰᠢᠨᠵᠢ ᠲᠡᠮᠳᠡᠭ ᠪᠣᠯᠤᠨ᠎ᠠ᠃ ᠲᠡᠷᠡ ᠪᠣᠯ ᠰᠡᠳᠬᠢᠯ ᠦᠨ ᠬᠡᠮᠵᠢᠶᠡᠨ ᠪᠣᠯᠤᠨ᠎ᠠ᠂ ᠡᠳᠡᠭᠡᠷ ᠪᠣᠯ ᠪᠣᠯᠪᠠᠰᠤᠷᠠᠯ ᠤᠨ ᠬᠡᠮᠵᠢᠶᠡᠨ ᠳᠦ ᠪᠣᠯᠤᠨ᠎ᠠ᠂ ᠲᠣᠭ᠎ᠠ ᠶᠢᠨ ᠬᠡᠮᠵᠢᠶᠡᠨ ᠳᠦ ᠪᠢᠳᠡᠭᠦᠯᠦᠭᠰᠡᠨ ᠤᠳᠠᠮᠰᠢᠯ ᠤᠨ ᠨᠢᠭᠤᠴᠠ》[28] ᠭᠡᠵᠦ ᠲᠣᠳᠣᠷᠬᠠᠢᠯᠠᠭᠰᠠᠨ ᠪᠠᠢᠨ᠎ᠠ᠃ ᠬᠠᠮᠢᠭ ᠤᠨ ᠡᠬᠢᠨ ᠳᠦ ᠪᠣᠯ ᠲᠡᠭᠦᠨ ᠦ ᠬᠡᠮᠵᠢᠶᠡᠨ ᠳᠦ ᠤᠳᠠᠮᠰᠢᠯ ᠤᠨ ᠭᠡᠨ (gene) ᠪᠣᠯ ᠤᠳᠠᠮᠰᠢᠯ ᠤᠨ ᠮᠡᠳᠡᠭᠡᠯᠡᠯ ᠢ ᠠᠭᠤᠯᠤᠭᠰᠠᠨ ᠪᠣᠯᠤᠨ᠎ᠠ᠃ ᠤᠳᠠᠮᠰᠢᠯ ᠤᠨ ᠭᠡᠨ ᠪᠣᠯ ᠪᠦᠲᠦᠴᠡ ᠶᠢᠨ ᠬᠡᠰᠡᠭ ᠦᠨ ᠲᠦᠪᠰᠢᠨ ᠦ ᠬᠡᠮᠵᠢᠶ᠎ᠡ ᠪᠣᠯᠤᠨ᠎ᠠ᠃ ᠲᠡᠷᠡ ᠪᠣᠯ ᠬᠣᠶᠠᠷ ᠲᠣᠭ᠎ᠠ ᠶᠢᠨ ᠤᠳᠠᠮᠰᠢᠯ ᠤᠨ ᠭᠡᠨ ᠦ (DNA) ᠶᠢᠨ ᠬᠡᠰᠡᠭ ᠪᠣᠯᠤᠨ᠎ᠠ᠃ DNA (ᠳᠢᠣᠺᠰᠢᠷᠢᠪᠣᠨᠦᠺᠯᠧᠢᠨ ᠬᠦᠴᠢᠯ) ᠶᠢᠨ ᠪᠦᠲᠦᠴᠡ ᠶᠢᠨ ᠬᠠᠮᠢᠭ ᠤᠨ ᠬᠡᠰᠡᠭ ᠪᠣᠯ ᠤᠳᠠᠮᠰᠢᠯ ᠤᠨ ᠪᠣᠳᠠᠰ ᠤᠨ ᠬᠡᠮᠵᠢᠶᠡᠨ ᠳᠦ ᠪᠠᠢᠳᠠᠭ᠃ ᠲᠡᠭᠦᠨ ᠦ ᠬᠠᠷᠢᠴᠠᠭ᠎ᠠ ᠶᠢ ᠰᠢᠨᠵᠢᠯᠡᠬᠦ ᠪᠣᠯ ᠤᠳᠠᠮᠰᠢᠯ ᠤᠨ ᠰᠤᠷᠭᠠᠯ ᠤᠨ ᠭᠣᠤᠯ ᠠᠰᠠᠭᠤᠳᠠᠯ᠃ ᠬᠠᠮᠢᠭ ᠪᠣᠯᠤᠨ ᠠᠮᠢ ᠪᠣᠳᠠᠰ ᠤᠨ ᠪᠦᠬᠦ ᠨᠢ ᠤᠳᠠᠮᠰᠢᠯ ᠤᠨ ᠪᠣᠳᠠᠰ ᠲᠠᠢ ᠪᠣᠯᠤᠨ᠎ᠠ᠃

ᠮᠡᠳᠡᠭᠳᠡᠬᠦᠨ ᠪᠠᠶᠢᠳᠠᠭ ᠄ ᠳᠠᠷᠤᠢ ᠶᠢᠨ ᠬᠡᠯᠡᠬᠦ ᠳᠦ ᠂ ᠮᠣᠩᠭᠣᠯ ᠤᠨ ᠰᠤᠳᠤᠯᠭᠠᠨ ᠤ ᠲᠥᠪ ᠦᠨ ᠵᠢᠭᠠᠯᠲᠠ ᠶᠢᠨ ᠪᠠᠶᠢᠭᠤᠯᠤᠯᠲ᠎ᠠ ᠶᠢ ᠮᠣᠩᠭᠣᠯ ᠬᠡᠯᠡ ᠪᠢᠴᠢᠭ ᠦᠨ ᠲᠤ 《 ᠮᠣᠩᠭᠣᠯ ᠬᠡᠯᠡ 》 ᠪᠠ 《 ᠮᠣᠩᠭᠣᠯ ᠬᠡᠯᠡ ᠪᠢᠴᠢᠭ 》 ᠰᠡᠳᠬᠦᠯ ᠦᠳ ᠲᠦ ᠲᠡᠷ ᠪᠦᠬᠦᠨ ᠢ ᠂ ᠣᠯᠠᠨ ᠲᠦᠮᠡᠨ ᠦ ᠰᠠᠨᠠᠯ ᠢ ᠣᠯᠠᠨ ᠂ ᠪᠣᠯᠤᠨ ᠂ ᠲᠡᠭᠦᠨ ᠦ ᠪᠠᠶᠢᠳᠠᠯ ᠤᠨ ᠲᠤᠬᠠᠢ ᠲᠡᠮᠳᠡᠭᠯᠡᠭᠰᠡᠨ ᠪᠠᠶᠢᠨ᠎ᠠ ᠄ ᠪᠣᠯᠬᠤ ᠂ ᠬᠡᠳᠦᠢ ᠶᠢ ᠲᠣᠭᠠᠴᠠᠭᠤᠯᠬᠤ ᠂ ᠲᠤᠬᠠᠢ ᠶᠢᠨ ᠲᠣᠭ᠎ᠠ ᠶᠢ ᠪᠣᠳᠣᠬᠤ ᠂ ᠲᠣᠭᠠᠨ ᠤ ᠬᠡᠮᠵᠢᠶ᠎ᠡ ᠶᠢ ᠲᠣᠭᠲᠠᠭᠠᠬᠤ ᠪᠠᠶᠢᠳᠠᠯ ᠢ ᠲᠣᠳᠣᠷᠬᠠᠶᠢᠯᠠᠨ ᠲᠡᠮᠳᠡᠭᠯᠡᠭᠰᠡᠨ ᠪᠠᠶᠢᠨ᠎ᠠ ᠄ ᠲᠡᠮᠳᠡᠭᠯᠡᠯ ᠦᠨ ᠲᠡᠭᠦᠯᠳᠡᠷ ᠦᠨ ᠳᠦᠭᠦᠷᠭᠡ ᠶᠢᠨ ᠣᠨᠴᠠᠯᠢᠭ ᠢ ᠂ ᠲᠣᠭᠠᠨ ᠤ ᠲᠡᠮᠳᠡᠭ ᠦᠳ ᠢ ᠬᠡᠷᠡᠭᠯᠡᠭᠰᠡᠨ ᠵᠦᠢᠯ ᠢ ᠲᠣᠳᠣᠷᠬᠠᠶᠢᠯᠠᠭᠰᠠᠨ ᠪᠠᠶᠢᠨ᠎ᠠ ᠄ ᠲᠡᠭᠦᠨ ᠦ ᠬᠡᠯᠡᠬᠦ ᠳᠦ ᠂ ᠲᠡᠭᠦᠨ ᠡᠴᠡ ᠪᠠᠰᠠ ᠲᠡᠭᠦᠨ ᠦ ᠬᠡᠯᠡᠨ ᠦ ᠣᠨᠴᠠᠯᠢᠭ ᠢ ᠲᠣᠳᠣᠷᠬᠠᠶᠢᠯᠠᠬᠤ ᠳᠤ ᠴᠢᠬᠤᠯᠠ ᠬᠡᠷᠡᠭᠯᠡᠭᠳᠡᠬᠦᠨ ᠪᠠᠶᠢᠨ᠎ᠠ ᠄ ᠪᠢᠴᠢᠭ ᠦᠨ ᠲᠡᠮᠳᠡᠭ ᠦᠨ ᠬᠡᠯᠡᠨ ᠦ ᠬᠡᠷᠡᠭᠯᠡᠭᠡ ᠶᠢᠨ ᠣᠨᠴᠠᠯᠢᠭ ᠢ ᠲᠣᠳᠣᠷᠬᠠᠶᠢᠯᠠᠨ ᠬᠡᠯᠡᠪᠡᠯ ᠪᠣᠯᠤᠨ ᠤ ᠂ ᠶᠡᠬᠡ ᠪᠠᠭ᠎ᠠ ᠂ ᠵᠢᠷᠭᠤᠭᠠ ᠶᠢᠨ ᠬᠡᠮᠵᠢᠶ᠎ᠡ ᠂ ᠪᠠᠶᠢᠭᠤᠯᠤᠯᠲ᠎ᠠ ᠶᠢᠨ ᠬᠡᠯᠪᠡᠷᠢ ᠂ ᠲᠣᠭᠠᠨ ᠤ ᠬᠡᠮᠵᠢᠶ᠎ᠡ ᠂ ᠲᠡᠮᠳᠡᠭ ᠦᠨ ᠬᠡᠯᠪᠡᠷᠢ ᠲᠡᠭᠦᠨ ᠦ ᠬᠡᠯᠡᠨ ᠦ ᠣᠨᠴᠠᠯᠢᠭ ᠢ ᠲᠣᠳᠣᠷᠬᠠᠶᠢᠯᠠᠭᠰᠠᠨ ᠪᠠᠶᠢᠨ᠎ᠠ ᠄

ᠲᠡᠭᠦᠨ ᠦ ᠬᠡᠯᠡᠨ ᠦ ᠲᠥᠷᠦᠯ ᠢ 6 ᠪᠦᠯᠦᠭ ᠲᠦ ᠬᠤᠪᠢᠶᠠᠵᠤ ᠂ 14 ᠵᠦᠢᠯ ᠦᠨ ᠪᠠᠶᠢᠭᠤᠯᠤᠯᠲ᠎ᠠ ᠶᠢ ᠪᠠᠶᠢᠭᠤᠯᠵᠤ ᠂ ᠲᠡᠭᠦᠨ ᠦ ᠳᠣᠲᠣᠷ᠎ᠠ ᠬᠢ ᠬᠡᠯᠡᠨ ᠦ ᠬᠡᠷᠡᠭᠯᠡᠭᠡ ᠶᠢ ᠲᠣᠳᠣᠷᠬᠠᠶᠢᠯᠠᠨ ᠲᠠᠶᠢᠯᠪᠤᠷᠢᠯᠠᠭᠰᠠᠨ ᠪᠠᠶᠢᠨ᠎ᠠ ᠄ ᠲᠡᠭᠦᠨ ᠦ ᠪᠦᠲᠦᠭᠡᠯ ᠦᠨ ᠲᠤᠬᠠᠢ ᠳᠤ ᠬᠡᠯᠡᠬᠦ ᠳᠦ ᠂ ᠮᠣᠩᠭᠣᠯ ᠬᠡᠯᠡᠨ ᠦ ᠬᠡᠯᠡᠯᠭᠡ ᠶᠢᠨ ᠲᠠᠯ᠎ᠠ ᠪᠠᠷ ᠤᠯᠠᠮᠵᠢᠯᠠᠯᠲᠤ ᠰᠤᠳᠤᠯᠭ᠎ᠠ ᠶᠢᠨ ᠠᠷᠭ᠎ᠠ ᠶᠢ ᠬᠡᠷᠡᠭᠯᠡᠭᠰᠡᠨ ᠪᠠᠶᠢᠨ᠎ᠠ ᠄

ᠮᠣᠩᠭᠣᠯ ᠬᠡᠯᠡ ᠶᠢᠨ ᠲᠡᠮᠳᠡᠭᠯᠡᠯ ᠦᠨ ᠬᠡᠯᠪᠡᠷᠢ ᠶᠢᠨ ᠲᠤᠬᠠᠢ ᠳᠤ ᠂ ᠲᠡᠭᠦᠨ ᠦ ᠬᠡᠯᠡᠨ ᠦ ᠣᠨᠴᠠᠯᠢᠭ ᠢ ᠲᠣᠳᠣᠷᠬᠠᠶᠢᠯᠠᠭᠰᠠᠨ ᠪᠠᠶᠢᠨ᠎ᠠ ᠄ ᠬᠡᠮᠡᠨ ᠲᠡᠮᠳᠡᠭᠯᠡᠭᠰᠡᠨ ᠪᠠᠶᠢᠨ᠎ᠠ ᠄

ᠲᠡᠭᠦᠨ ᠦ ᠬᠡᠯᠡᠨ ᠦ (ᠬᠡᠯᠡᠯᠭᠡ) ᠶᠢᠨ ᠠᠷᠭ᠎ᠠ ᠶᠢ ᠲᠣᠳᠣᠷᠬᠠᠶᠢᠯᠠᠨ ᠬᠡᠯᠡᠪᠡᠯ ᠂ ᠮᠣᠩᠭᠣᠯ ᠬᠡᠯᠡᠨ ᠦ ᠪᠦᠲᠦᠴᠡ ᠶᠢᠨ ᠣᠨᠴᠠᠯᠢᠭ ᠢ ᠲᠣᠳᠣᠷᠬᠠᠶᠢᠯᠠᠨ ᠲᠡᠮᠳᠡᠭᠯᠡᠭᠰᠡᠨ ᠪᠠᠶᠢᠨ᠎ᠠ ᠄ ᠲᠡᠭᠦᠨ ᠦ ᠰᠤᠳᠤᠯᠭ᠎ᠠ ᠶᠢᠨ ᠠᠷᠭ᠎ᠠ ᠳᠤ ᠲᠥᠪᠯᠡᠷᠡᠭᠰᠡᠨ ᠪᠠᠶᠢᠨ᠎ᠠ ᠄ ᠲᠡᠷ ᠰᠢᠨᠵᠢᠯᠡᠬᠦ ᠤᠬᠠᠭᠠᠨ ᠤ ᠪᠠᠶᠢᠭᠤᠯᠤᠯᠲ᠎ᠠ ᠶᠢᠨ ᠲᠣᠭᠲᠠᠯᠴᠠᠭ᠎ᠠ ᠂ ᠮᠣᠩᠭᠣᠯ ᠬᠡᠯᠡᠨ ᠦ ᠰᠢᠨᠵᠢᠯᠡᠯ ᠦᠨ ᠪᠠᠶᠢᠳᠠᠯ ᠢ ᠲᠡᠮᠳᠡᠭᠯᠡᠭᠰᠡᠨ ᠪᠠᠶᠢᠨ᠎ᠠ ᠄ 《 ᠮᠣᠩᠭᠣᠯ ᠬᠡᠯᠡᠨ ᠦ ᠰᠢᠨᠵᠢᠯᠡᠬᠦ ᠤᠬᠠᠭᠠᠨ 》[29] ᠪᠣᠯ ᠲᠡᠭᠦᠨ ᠦ ᠬᠡᠯᠡᠨ ᠦ ᠰᠤᠳᠤᠯᠭ᠎ᠠ ᠶᠢᠨ ᠲᠤᠬᠠᠢ ᠳᠤ ᠴᠢᠬᠤᠯᠠ ᠨᠥᠯᠦᠭᠡ ᠲᠡᠶ ᠪᠦᠲᠦᠭᠡᠯ ᠪᠣᠯᠤᠨ᠎ᠠ ᠄ ᠲᠡᠭᠦᠨ ᠦ ᠰᠤᠳᠤᠯᠭ᠎ᠠ ᠶᠢᠨ ᠠᠷᠭ᠎ᠠ ᠶᠢ ᠲᠣᠳᠣᠷᠬᠠᠶᠢᠯᠠᠨ ᠬᠡᠯᠡᠪᠡᠯ ᠂ ᠲᠡᠭᠦᠨ ᠦ ᠳᠤᠳᠤᠭᠠᠷ ᠪᠦᠯᠦᠭ ᠲᠦ ᠲᠡᠭᠦᠨ ᠦ ᠬᠡᠯᠡᠨ ᠦ ᠣᠨᠴᠠᠯᠢᠭ ᠢ ᠲᠣᠳᠣᠷᠬᠠᠶᠢᠯᠠᠨ ᠬᠡᠯᠡᠭᠰᠡᠨ ᠪᠠᠶᠢᠨ᠎ᠠ ᠄ ᠪᠠᠰᠠ ᠲᠡᠭᠦᠨ ᠦ ᠬᠡᠯᠡᠨ ᠦ ᠪᠠᠶᠢᠭᠤᠯᠤᠯᠲ᠎ᠠ ᠶᠢᠨ ᠣᠨᠴᠠᠯᠢᠭ ᠂ ᠲᠡᠭᠦᠨ ᠦ ᠳᠣᠲᠣᠷ᠎ᠠ ᠬᠢ ᠬᠡᠯᠡᠨ ᠦ ᠬᠡᠷᠡᠭᠯᠡᠭᠡ ᠶᠢ ᠲᠣᠳᠣᠷᠬᠠᠶᠢᠯᠠᠭᠰᠠᠨ ᠪᠠᠶᠢᠨ᠎ᠠ ᠄ ᠲᠡᠷ ᠰᠠᠶᠢᠬᠠᠨ ᠰᠢᠨᠵᠢᠯᠡᠬᠦ ᠤᠬᠠᠭᠠᠨ ᠤ ᠰᠤᠳᠤᠯᠭ᠎ᠠ ᠶᠢᠨ ᠬᠦᠷᠢᠶᠡᠨ ᠳᠦ ᠂ ᠮᠣᠩᠭᠣᠯ ᠬᠡᠯᠡᠨ ᠦ

ᠣᠶᠢᠯᠠᠭᠠᠯ 》 ᠤ 25 ᠪᠣᠯᠣᠨ 26 ᠳᠤᠭᠠᠷ ᠬᠤᠤᠰ ᠲᠤ ᠪᠢᠴᠢᠭᠳᠡᠭᠰᠡᠨ ᠬᠠᠷᠢᠭᠤᠯᠲᠠ ᠰᠣᠳᠤᠯᠭ᠎ᠠ ᠶᠢᠨ ᠠᠭᠤᠯᠭ᠎ᠠ ᠶᠢ ᠰᠣᠳᠤᠯᠪᠠᠯ ᠬᠡᠯᠡᠨ ᠦᠭᠡ ᠶᠢᠨ ᠮᠡᠷᠭᠡᠵᠢᠯ ᠪᠠ ᠮᠡᠷᠭᠡᠵᠢᠯ ᠦᠨ ᠬᠡᠯᠡᠨ ᠦᠭᠡ ᠶᠢᠨ ᠬᠠᠷᠢᠴᠠᠭ᠎ᠠ ᠶᠢ ᠲᠣᠳᠣᠷᠬᠠᠢ ᠬᠠᠷᠠᠭᠤᠯᠵᠤ ᠪᠣᠯᠬᠤ ᠪᠣᠯᠣᠨ᠎ᠠ ᠃ ᠡᠨᠡ ᠬᠤᠤᠰ ᠲᠤ 《 ᠮᠣᠩᠭᠣᠯ ᠬᠡᠯᠡ ᠮᠡᠷᠭᠡᠵᠢᠯ ᠦᠨ ᠬᠡᠯᠡᠨ ᠦᠭᠡ ᠶᠢᠨ ᠬᠠᠷᠢᠴᠠᠭ᠎ᠠ ᠶᠢ ᠰᠣᠳᠤᠯᠬᠤ ᠶᠢᠨ ᠠᠷᠭ᠎ᠠ ᠵᠦᠢ ᠶᠢ ᠪᠠᠷ ᠬᠡᠯᠡᠨ ᠦᠭᠡ ᠶᠢᠨ ᠮᠡᠷᠭᠡᠵᠢᠯ ᠪᠠ ᠮᠡᠷᠭᠡᠵᠢᠯ ᠦᠨ ᠬᠡᠯᠡᠨ ᠦᠭᠡ ᠶᠢᠨ ᠬᠠᠷᠢᠴᠠᠭ᠎ᠠ ᠶᠢ ᠬᠠᠮᠲᠤ ᠪᠠᠷ ᠰᠢᠨᠵᠢᠯᠡᠬᠦ ᠬᠡᠷᠡᠭᠲᠡᠢ ᠃ ᠡᠨᠡ ᠨᠢ ᠮᠡᠷᠭᠡᠵᠢᠯ ᠦᠨ ᠬᠡᠯᠡᠨ ᠦᠭᠡ ᠶᠢᠨ ᠰᠣᠳᠤᠯᠭ᠎ᠠ ᠶᠢᠨ ᠨᠢᠭᠡ ᠴᠢᠬᠤᠯᠠ ᠠᠭᠤᠯᠭ᠎ᠠ ᠮᠥᠨ ᠪᠣᠯᠬᠤ ᠪᠥᠭᠡᠳ ᠮᠣᠩᠭᠣᠯ ᠬᠡᠯᠡᠨ ᠦ ᠮᠡᠷᠭᠡᠵᠢᠯ ᠦᠨ ᠬᠡᠯᠡᠨ ᠦᠭᠡ ᠶᠢᠨ ᠰᠢᠨᠵᠢᠯᠡᠬᠦ ᠤᠬᠠᠭᠠᠨ ᠤ ᠬᠥᠭᠵᠢᠯ ᠳᠦ ᠴᠢᠬᠤᠯᠠ ᠠᠴᠠ ᠬᠣᠯᠪᠣᠳᠠᠯ ᠲᠠᠢ ᠪᠠᠶᠢᠨ᠎ᠠ ᠃ ᠡᠨᠡ ᠨᠢ ᠮᠡᠷᠭᠡᠵᠢᠯ ᠦᠨ ᠬᠡᠯᠡᠨ ᠦᠭᠡ ᠶᠢᠨ ᠰᠣᠳᠤᠯᠭ᠎ᠠ ᠶᠢᠨ ᠠᠷᠭ᠎ᠠ ᠵᠦᠢ ᠶᠢ ᠪᠠᠶᠠᠵᠢᠭᠤᠯᠬᠤ ᠳᠤ ᠴᠢᠬᠤᠯᠠ ᠠᠴᠠ ᠬᠣᠯᠪᠣᠳᠠᠯ ᠲᠠᠢ ᠪᠠᠶᠢᠨ᠎ᠠ ᠃ ᠮᠡᠷᠭᠡᠵᠢᠯ ᠦᠨ ᠬᠡᠯᠡᠨ ᠦᠭᠡ ᠶᠢ ᠰᠣᠳᠤᠯᠬᠤ ᠳᠤ ᠮᠣᠩᠭᠣᠯ ᠬᠡᠯᠡ ᠪᠢᠴᠢᠭ ᠦᠨ ᠰᠣᠳᠤᠯᠭ᠎ᠠ ᠶᠢᠨ ᠲᠠᠯ᠎ᠠ ᠪᠠᠷ ᠪᠦᠬᠦ ᠲᠠᠯ᠎ᠠ ᠶᠢᠨ ᠰᠣᠳᠤᠯᠭ᠎ᠠ ᠬᠡᠷᠡᠭᠲᠡᠢ ᠪᠠᠶᠢᠨ᠎ᠠ ᠃

ᠶᠠᠭᠤ ᠬᠡᠯᠡᠪᠡᠯ ᠮᠣᠩᠭᠣᠯ ᠬᠡᠯᠡ ᠪᠢᠴᠢᠭ ᠦᠨ ᠮᠡᠷᠭᠡᠵᠢᠯ ᠦᠨ ᠬᠡᠯᠡᠨ ᠦᠭᠡ ᠶᠢᠨ ᠬᠠᠷᠢᠴᠠᠭ᠎ᠠ ᠶᠢ ᠰᠢᠨᠵᠢᠯᠡᠬᠦ ᠨᠢ ᠮᠡᠷᠭᠡᠵᠢᠯ ᠦᠨ ᠬᠡᠯᠡᠨ ᠦᠭᠡ ᠶᠢᠨ ᠪᠦᠷᠢᠯᠳᠦᠬᠦᠨ ᠢ ᠲᠣᠳᠣᠷᠬᠠᠢᠯᠠᠬᠤ ᠳᠤ ᠴᠢᠬᠤᠯᠠ ᠠᠴᠠ ᠬᠣᠯᠪᠣᠳᠠᠯ ᠲᠠᠢ ᠪᠣᠯᠬᠤ ᠪᠥᠭᠡᠳ ᠮᠣᠩᠭᠣᠯ ᠬᠡᠯᠡᠨ ᠦ ᠮᠡᠷᠭᠡᠵᠢᠯ ᠦᠨ ᠬᠡᠯᠡᠨ ᠦᠭᠡ ᠶᠢᠨ ᠰᠢᠨᠵᠢᠯᠡᠬᠦ ᠤᠬᠠᠭᠠᠨ ᠤ ᠬᠥᠭᠵᠢᠯ ᠳᠦ ᠴᠢᠬᠤᠯᠠ ᠠᠴᠠ ᠬᠣᠯᠪᠣᠳᠠᠯ ᠲᠠᠢ ᠪᠠᠶᠢᠨ᠎ᠠ ᠃ ᠮᠡᠷᠭᠡᠵᠢᠯ ᠦᠨ ᠬᠡᠯᠡᠨ ᠦᠭᠡ ᠨᠢ ᠮᠣᠩᠭᠣᠯ ᠬᠡᠯᠡᠨ ᠦ ᠦᠭᠡᠰ ᠦᠨ ᠰᠠᠩ ᠤᠨ ᠨᠢᠭᠡ ᠴᠢᠬᠤᠯᠠ ᠪᠦᠷᠢᠯᠳᠦᠬᠦᠨ ᠬᠡᠰᠡᠭ ᠪᠣᠯᠬᠤ ᠪᠥᠭᠡᠳ ᠮᠣᠩᠭᠣᠯ ᠬᠡᠯᠡᠨ ᠦ ᠦᠭᠡᠰ ᠦᠨ ᠰᠠᠩ ᠤᠨ ᠪᠦᠲᠦᠴᠡ ᠶᠢ ᠰᠣᠳᠤᠯᠬᠤ ᠳᠤ ᠴᠢᠬᠤᠯᠠ ᠠᠴᠠ ᠬᠣᠯᠪᠣᠳᠠᠯ ᠲᠠᠢ ᠪᠠᠶᠢᠨ᠎ᠠ ᠃ ᠡᠨᠡ ᠨᠢ ᠮᠡᠷᠭᠡᠵᠢᠯ ᠦᠨ ᠬᠡᠯᠡᠨ ᠦᠭᠡ ᠶᠢᠨ ᠰᠣᠳᠤᠯᠭ᠎ᠠ ᠶᠢᠨ ᠠᠷᠭ᠎ᠠ ᠵᠦᠢ ᠶᠢ ᠪᠠᠶᠠᠵᠢᠭᠤᠯᠬᠤ ᠳᠤ ᠴᠢᠬᠤᠯᠠ ᠠᠴᠠ ᠬᠣᠯᠪᠣᠳᠠᠯ ᠲᠠᠢ ᠪᠠᠶᠢᠨ᠎ᠠ ᠃ ᠮᠣᠩᠭᠣᠯ ᠬᠡᠯᠡ ᠪᠢᠴᠢᠭ ᠦᠨ ᠮᠡᠷᠭᠡᠵᠢᠯ ᠦᠨ ᠬᠡᠯᠡᠨ ᠦᠭᠡ ᠶᠢᠨ ᠬᠠᠷᠢᠴᠠᠭ᠎ᠠ ᠶᠢ ᠰᠣᠳᠤᠯᠬᠤ ᠳᠤ ᠮᠡᠷᠭᠡᠵᠢᠯ ᠦᠨ ᠬᠡᠯᠡᠨ ᠦᠭᠡ ᠶᠢᠨ ᠪᠦᠷᠢᠯᠳᠦᠬᠦᠨ ᠢ ᠲᠣᠳᠣᠷᠬᠠᠢᠯᠠᠬᠤ ᠬᠡᠷᠡᠭᠲᠡᠢ ᠪᠠᠶᠢᠨ᠎ᠠ ᠃ ᠮᠡᠷᠭᠡᠵᠢᠯ ᠦᠨ ᠬᠡᠯᠡᠨ ᠦᠭᠡ ᠶᠢᠨ ᠰᠣᠳᠤᠯᠭ᠎ᠠ ᠶᠢᠨ ᠠᠷᠭ᠎ᠠ ᠵᠦᠢ ᠨᠢ ᠮᠡᠷᠭᠡᠵᠢᠯ ᠦᠨ ᠬᠡᠯᠡᠨ ᠦᠭᠡ ᠶᠢᠨ ᠰᠣᠳᠤᠯᠭ᠎ᠠ ᠶᠢᠨ ᠬᠥᠭᠵᠢᠯ ᠳᠦ ᠴᠢᠬᠤᠯᠠ ᠠᠴᠠ ᠬᠣᠯᠪᠣᠳᠠᠯ ᠲᠠᠢ ᠪᠠᠶᠢᠨ᠎ᠠ ᠃ ᠮᠣᠩᠭᠣᠯ ᠬᠡᠯᠡ ᠪᠢᠴᠢᠭ ᠦᠨ ᠮᠡᠷᠭᠡᠵᠢᠯ ᠦᠨ ᠬᠡᠯᠡᠨ ᠦᠭᠡ ᠶᠢᠨ ᠰᠣᠳᠤᠯᠭ᠎ᠠ ᠪᠠᠷ ᠬᠢᠵᠦ ᠪᠠᠶᠢᠭ᠎ᠠ ᠣᠯᠠᠨ ᠤ ᠪᠠᠶᠠᠰᠬᠤ ᠣᠨᠴᠠᠯᠢᠭ ᠃ ᠮᠣᠩᠭᠣᠯ ᠬᠡᠯᠡᠨ ᠦ ᠮᠡᠷᠭᠡᠵᠢᠯ ᠦᠨ ᠬᠡᠯᠡᠨ ᠦᠭᠡ ᠶᠢᠨ ᠰᠣᠳᠤᠯᠭ᠎ᠠ ᠳᠤ ᠬᠣᠯᠪᠣᠭᠳᠠᠬᠤ ᠪᠣᠭᠣᠯᠴᠢ ᠲᠠᠢ ᠃

[illegible]

ᠮᠣᠩᠭᠣᠯ ᠤᠨ ᠳᠠᠭᠤᠳᠠᠯᠭ᠎ᠠ ᠶᠢ 《戎》 ᠭᠡᠳᠡᠭ ᠳᠠᠭᠤᠳᠠᠯᠭ᠎ᠠ ᠪᠠᠷ ᠲᠡᠮᠳᠡᠭᠯᠡᠵᠡᠢ ᠪᠣᠯᠤᠨ᠎ᠠ :: 《戎》 ᠭᠡᠳᠡᠭ ᠳᠠᠭᠤᠳᠠᠯᠭ᠎ᠠ ᠶᠢ 《ᠵᠢᠩ》 ᠭᠡᠵᠦ ᠳᠠᠭᠤᠳᠠᠨ᠎ᠠ :: 《戎（ᠵᠢᠩ）》

ᠪᠢᠴᠢᠭᠰᠡᠨ ᠲᠡᠭᠦᠬᠡ ᠶᠢᠨ ᠰᠤᠳᠤᠯᠭ᠎ᠠ ᠬᠡᠪᠯᠡᠯ ᠦᠨ 53 ᠳᠤᠭᠠᠷ ᠨᠢᠭᠤᠷ ᠲᠤ〔32〕::

[illegible]

[illegible] 《戈》 [illegible] 《十》 [illegible] 《十》 [illegible] 《十》 [illegible] 《戈》 [illegible]

[illegible] 《(狄)》 [illegible] 《狄》 [illegible] 《獯鬻、俨狁、猃狁、玁狁、秽貊、狄》 [illegible] [33] [illegible] 《胡》 [illegible]

[illegible] 《胡(ᠬᠤ)》 [illegible] 《(秽貊胡)》 [illegible] 《(林胡)》、《(楼烦胡)》、《(匈奴)》、《(东胡)》 [illegible] 《胡》 [illegible] 《(胡)》 [illegible]

ᠢ ᠰᠢᠭᠤᠳᠤ ᠪᠠᠢᠳᠠᠭ ᠶᠢ ᠲᠣᠮᠣ ᠬᠡᠰᠡᠭ ᠢ ᠬᠠᠮᠤᠷᠤᠭᠰᠠᠨ ᠲᠣᠭᠠᠨ ᠡᠴᠡ ᠪᠠᠢᠳᠠᠭ ᠶᠢ ᠬᠠᠷᠠᠪᠠᠯ ᠪᠣᠯᠤᠨ᠎ᠠ ::

ᠲᠡᠭᠡᠨ᠂ ᠴᠢᠭ ᠬᠣᠷᠢᠶ᠎ᠠ ᠤᠨ ᠬᠡᠮᠡᠨ ᠪᠣᠯᠤᠭᠰᠠᠨ᠂ ᠪᠢᠴᠢᠭ ᠦᠨ ᠲᠠᠶᠢᠯᠪᠤᠷᠢ ᠤᠨ ᠪᠠᠢᠳᠠᠯ ᠤᠨ ᠬᠠᠮᠢᠶ᠎ᠠ ᠲᠤ ᠣᠯᠠᠨ ᠲᠣᠭᠠᠴᠠᠭᠰᠠᠨ ᠳᠤᠷ ᠬᠠᠮᠤᠭ ᠪᠠᠷᠤᠭ ᠪᠠᠢᠳᠠᠭ ᠤᠨ ᠲᠣᠭᠠᠨ ᠦ ᠲᠡᠯᠡ ᠪᠠᠢᠳᠠᠯ ᠦᠨ ᠰᠤᠷᠪᠤᠯᠵᠢ ᠶᠢ ᠪᠣᠯᠤᠨ᠎ᠠ ᠃ ᠬᠠᠮᠤᠭ ᠤᠨ ᠪᠠᠢᠳᠠᠯ᠂ ᠲᠡᠭᠡᠨ ᠢ ᠪᠦᠬᠦᠨ ᠬᠡᠮᠡᠵᠦ ᠪᠣᠯᠤᠨ᠎ᠠ

ᠲᠡᠭᠡᠨ ᠢ ᠬᠠᠮᠤᠭ ᠪᠣᠯᠤᠨ ᠲᠡᠯᠡ ᠶᠢᠨ ᠣᠷᠤᠨ ᠤ ᠬᠡᠮᠡᠨ ᠶᠢ ᠃ «ᠭᠠᠭᠤᠷ» ᠢ «ᠲᠡᠯᠡ» ᠬᠡᠮᠡᠨ ᠲᠠᠢ ᠪᠣᠯᠤᠭᠰᠠᠨ ᠲᠠᠢ ᠰᠣᠶᠣᠯ ᠤᠨ᠂ «ᠲᠡᠯᠡ» ᠬᠡᠮᠡᠨ ᠲᠠᠢ ᠪᠣᠯᠤᠭᠰᠠᠨ ᠲᠠᠢ ᠰᠣᠶᠣᠯ ᠪᠡᠷ ᠮᠣᠩᠭᠣᠯ ᠤᠨ ᠪᠠᠢᠳᠠᠯ ᠶᠢᠨ

ᠲᠡᠭᠡᠨ ᠢ ᠪᠠᠢᠳᠠᠯ ᠤᠨ ᠬᠡᠮᠡᠨ «ᠲᠡᠯᠡ (铁勒)» ᠬᠡᠮᠡᠨ ᠲᠠᠢ ᠪᠣᠯᠤᠭᠰᠠᠨ ᠬᠡᠮᠡᠨ ᠪᠠᠢᠳᠠᠯ ᠲᠠᠢ ᠪᠠᠢᠨ᠎ᠠ ::

ᠬᠡᠮᠡᠨ᠂ ᠲᠡᠭᠡᠨ ᠦ ᠪᠠᠢᠳᠠᠯ ᠤᠨ ᠬᠡᠮᠡᠨ ᠪᠣᠯᠤᠨ᠎ᠠ᠂ ᠲᠡᠭᠡᠨ ᠦ ᠬᠢᠳᠠᠳ ᠤᠨ ᠲᠡᠯᠡ ᠶᠢᠨ ᠪᠠᠢᠳᠠᠯ ᠤᠨ ᠲᠣᠭᠠᠨ ᠲᠠᠢ ᠬᠡᠮᠡᠨ ᠪᠠᠢᠨ᠎ᠠ᠂ ᠲᠡᠭᠡᠨ ᠦ ᠲᠡᠯᠡ ᠶᠢᠨ ᠪᠠᠢᠳᠠᠯ ᠲᠠᠢ ᠪᠣᠯᠤᠨ᠎ᠠ ::

(ᠭᠤᠷᠪᠠ) ᠲᠦᠷᠦᠭ ᠦᠨ ᠬᠡᠮᠡᠨ ᠦ ᠪᠠᠢᠳᠠᠯ ᠤᠨ ᠲᠡᠯᠡ ᠶᠢᠨ ᠣᠷᠤᠨ ᠤ ᠲᠦᠷᠦᠯ ᠦᠨ ᠪᠠᠢᠳᠠᠯ

1. ᠲᠦᠷᠦᠯ ᠦᠨ ᠪᠠᠢᠳᠠᠯ

ᠪᠣᠯᠤᠨ ᠲᠡᠭᠡᠨ ᠦ ᠬᠡᠮᠡᠨ ᠦ ᠪᠠᠢᠳᠠᠯ ᠲᠠᠢ ᠬᠡᠮᠡᠨ ᠪᠣᠯᠤᠭᠰᠠᠨ ᠤᠨ ᠬᠡᠮᠡᠨ ᠦ ᠪᠠᠢᠳᠠᠯ ᠢ «ᠪᠠᠢᠳᠠᠯ ᠦᠨ ᠲᠡᠯᠡ ᠬᠡᠮᠡᠨ»᠂ «ᠬᠠᠮᠤᠭ ᠤᠨ ᠲᠡᠯᠡ ᠬᠡᠮᠡᠨ»᠂ «ᠲᠦᠷᠦᠯ ᠦᠨ ᠲᠡᠯᠡ ᠬᠡᠮᠡᠨ ᠦ ᠪᠠᠢᠳᠠᠯ ᠤᠨ ᠲᠦᠷᠦᠯ ᠦᠨ ᠪᠠᠢᠳᠠᠯ ᠲᠠᠢ ᠬᠡᠮᠡᠨ ᠪᠣᠯᠤᠨ᠎ᠠ :: ᠪᠠᠢᠳᠠᠯ ᠤᠨ ᠲᠡᠯᠡ ᠬᠡᠮᠡᠨ ᠦ «ᠲᠡᠯᠡ» ᠪᠣᠯᠤᠨ᠎ᠠ᠂ ᠬᠠᠮᠤᠭ ᠤᠨ ᠲᠡᠯᠡ ᠬᠡᠮᠡᠨ ᠢ ᠲᠦᠷᠦᠯ ᠦᠨ ᠪᠠᠢᠳᠠᠯ ᠤᠨ ᠲᠡᠯᠡ ᠬᠡᠮᠡᠨ (ᠬᠢᠭ ᠲᠠᠢ ᠪᠣ

[illegible]

[illegible]

2. [illegible]

[illegible]

ᠪᠢᠴᠢᠭᠰᠡᠨ ᠂ ᠬᠡᠮᠡᠨ ᠬᠣᠶᠠᠷ ᠵᠢᠷᠭᠤᠭᠠᠨ ᠤ ᠬᠡᠷᠡᠭᠯᠡᠭᠰᠡᠨ ᠰᠤᠳᠤᠷ ᠪᠢᠴᠢᠭ ᠤᠨ ᠣᠷᠤᠭᠤᠯᠤᠯᠲᠠ ᠡᠴᠡ ᠪᠠᠶᠢᠭᠤᠯᠤᠭᠰᠠᠨ ᠬᠠᠭᠠᠨ ᠤ ᠣᠷᠤᠭ ᠪᠣᠯᠪᠠ ᠃ ᠬᠡᠷᠡᠢ ᠣᠪᠣᠭᠲᠠᠨ ᠤ ᠰᠤᠷᠪᠤᠯᠵᠢ ᠳᠤ ᠲᠡᠮᠳᠡᠭᠯᠡᠭᠰᠡᠨ ᠪᠣᠯ ᠂ ᠬᠢᠲᠠᠳ ᠂ ᠬᠠᠭᠠᠨ ᠂ ᠲᠠᠮᠤᠷ ᠂ ᠬᠠ ᠲᠤᠭ ᠂ ᠠᠮᠤᠷ ᠂ ᠳᠠᠷᠬᠠᠨ ᠂ ᠲᠣᠪ ᠤᠨ ᠂ ᠬᠦᠷᠭᠡᠨ ᠂ ᠬᠤ ᠵᠡᠷᠭᠡ ᠬᠡᠮᠡᠨ᠎ᠡ ᠃ ᠬᠠᠷᠢᠴᠠ ᠬᠡᠯᠡᠪᠡᠯ ᠂ ᠬᠠᠮᠤᠭ ᠂ ᠬᠠᠭᠠᠨ ᠤᠷᠤᠭ ᠪᠣᠯᠪᠠᠰᠤᠷᠠᠭᠰᠠᠨ ᠪᠣᠯᠤᠨ ᠮᠣᠩᠭᠣᠯ ᠤᠨ ᠲᠡᠦᠬᠡᠨ ᠳᠦ ᠣᠷᠣᠯᠴᠠᠭᠰᠠᠨ ᠵᠢᠷᠭᠤᠭ᠎ᠠ ᠣᠪᠣᠭ ᠳᠤ ᠬᠠᠮᠢᠶᠠᠷᠠᠳᠠᠭ ᠃

ᠬᠢᠹᠦ ᠣᠪᠣᠭᠲᠠᠨ

ᠬᠢᠹᠦᠴᠦᠳ (乞伏) ᠪᠣᠯ ᠰᠢᠨ᠎ᠡ ᠶᠢᠨ ᠬᠤᠳᠠᠯᠳᠤᠭ᠎ᠠ ᠵᠢᠷᠭᠤᠭᠠᠨ ᠬᠦᠮᠦᠨ ᠦ ᠮᠡᠳᠡᠭᠰᠡᠨ ᠣᠪᠣᠭ ᠤᠳ ᠤᠨ ᠨᠢᠭᠡ ᠪᠣᠯᠤᠨ᠎ᠠ ᠃ ᠡᠨᠡ ᠨᠢ ᠰᠢᠨ ᠤᠯᠤᠰ ᠤᠨ ᠬᠤᠷᠢᠶᠠᠩᠭᠤᠢᠯᠠᠭᠰᠠᠨ ᠰᠤᠳᠤᠷ ᠤᠨ ᠰᠢᠨ᠎ᠡ ᠶᠢᠨ ᠠᠷᠠᠳ ᠤᠨ ᠲᠡᠦᠬᠡ ᠶᠢᠨ ᠪᠢᠴᠢᠭ ᠲᠦ ᠃ 《 ᠬᠢᠹᠦ ᠠᠢᠮᠠᠭ 》ᠤᠨ 《 ᠬᠢᠹᠦᠴᠦᠳ 》 ᠭᠡᠵᠦ ᠲᠡᠮᠳᠡᠭᠯᠡᠭᠰᠡᠨ ᠪᠠᠶᠢᠨ᠎ᠠ ᠃ ᠬᠢᠹᠦᠴᠦᠳ ᠤᠨ ᠰᠢᠨ᠎ᠡ ᠶᠢᠨ ᠬᠤᠳᠠᠯᠳᠤᠭ᠎ᠠ ᠪᠢᠴᠢᠭ ᠲᠦ ᠂ 《 ᠬᠢᠹᠦ 》 ᠪᠣᠯᠤᠨ 《 ᠬᠢᠹᠦᠴᠦᠳ 》 ᠭᠡᠵᠦ 《 ᠬᠢᠹᠦ ᠶᠢᠨ ᠠᠷᠠᠳ 》 ᠭᠡᠵᠦ ᠪᠢᠴᠢᠭᠰᠡᠨ ᠪᠠᠶᠢᠨ᠎ᠠ ᠃ ᠬᠢᠹᠦᠴᠦᠳ ᠨᠢ ᠰᠢᠨ᠎ᠡ ᠶᠢᠨ ᠡᠵᠡᠨ ᠦ ᠣᠷᠤᠨ ᠳᠤ ᠰᠠᠭᠤᠭᠰᠠᠨ ᠪᠣᠯᠤᠨ ᠮᠣᠩᠭᠣᠯ ᠤᠨ ᠤᠭ ᠤᠨ ᠬᠠᠮᠢᠶᠠᠷᠤᠯ ᠲᠠᠢ ᠪᠠᠶᠢᠨ᠎ᠠ ᠃ ᠬᠢᠹᠦᠴᠦᠳ ᠨᠢ ᠰᠢᠨ᠎ᠡ ᠶᠢᠨ ᠮᠡᠳᠡᠭᠰᠡᠨ ᠬᠠᠭᠠᠨ ᠤ ᠣᠷᠤᠭ ᠂ ᠬᠢᠹᠦᠴᠦᠳ ᠤᠨ ᠠᠢᠮᠠᠭ ᠤᠨ ᠬᠠᠮᠤᠭ ᠡᠴᠡ ᠪᠣᠯᠤᠨ 3 ᠵᠠᠭᠤᠨ ᠵᠢᠯ ᠤᠨ ᠡᠮᠦᠨ᠎ᠡ ᠬᠠᠮᠢᠶᠠᠷᠤᠯᠲᠠᠢ ᠪᠠᠶᠢᠨ᠎ᠠ ᠃ ᠬᠢᠹᠦ ᠶᠢᠨ ᠠᠷᠠᠳ ᠤᠨ ᠬᠠᠮᠤᠭ ᠤᠨ ᠣᠷᠤᠭ ᠂ ᠬᠢᠹᠦᠴᠦᠳ ᠤᠨ ᠵᠢᠷᠭᠤᠭ᠎ᠠ ᠣᠪᠣᠭ ᠂ ᠬᠢᠹᠦ ᠶᠢᠨ ᠬᠠᠭᠠᠨ ᠤ ᠣᠷᠤᠭ ᠂ ᠬᠢᠹᠦᠴᠦᠳ ᠤᠨ ᠣᠪᠣᠭ ᠂ ᠬᠢᠹᠦ ᠶᠢᠨ ᠠᠷᠠᠳ ᠪᠣᠯᠤᠨ᠎ᠠ ᠃ ᠬᠢᠹᠦ ᠶᠢᠨ ᠮᠣᠩᠭᠣᠯ ᠤᠨ ᠵᠢᠷᠭᠤᠭ᠎ᠠ ᠣᠪᠣᠭ ᠤᠳ ᠤᠨ ᠬᠠᠮᠢᠶᠠᠷᠤᠯᠲᠠᠢ ᠪᠠᠶᠢᠨ᠎ᠠ ᠃ ᠬᠢᠹᠦᠴᠦᠳ ᠤᠨ ᠣᠪᠣᠭ ᠢ ᠪᠠᠶᠢᠭᠤᠯᠤᠭᠰᠠᠨ ᠰᠢᠨ᠎ᠡ ᠶᠢᠨ ᠬᠠᠭᠠᠨ ᠤ ᠣᠷᠤᠭ ᠂ ᠬᠢᠹᠦ ᠶᠢᠨ ᠬᠠᠭᠠᠨ 385 ᠣᠨ ᠳᠤ ᠪᠠᠷᠠᠭᠤᠨ ᠴᠢᠨ ᠤᠯᠤᠰ ᠢ ᠪᠠᠶᠢᠭᠤᠯᠵᠤ ᠃ 《 ᠪᠠᠷᠠᠭᠤᠨ ᠴᠢᠨ 》 (385 — 431) ᠭᠡᠵᠦ ᠨᠡᠷᠡᠶᠢᠳᠦᠭᠰᠡᠨ ᠪᠠᠶᠢᠨ᠎ᠠ ᠃ ᠬᠢᠹᠦᠴᠦᠳ ᠤᠨ ᠬᠠᠭᠠᠨ ᠤ ᠣᠷᠤᠭ ᠂ ᠬᠢᠹᠦ ᠶᠢᠨ ᠠᠷᠠᠳ ᠪᠣᠯ ᠰᠢᠨ᠎ᠡ ᠶᠢᠨ ᠬᠤᠳᠠᠯᠳᠤᠭ᠎ᠠ ᠵᠢᠷᠭᠤᠭᠠᠨ ᠤ ᠬᠠᠮᠤᠭ ᠤᠨ ᠨᠢᠭᠡ ᠪᠣᠯᠤᠨ ᠂ ᠬᠢᠹᠦᠴᠦᠳ ᠨᠢ ᠮᠣᠩᠭᠣᠯ ᠤᠨ ᠤᠭ ᠢᠮᠠᠭᠳᠠ ᠪᠠᠶᠢᠭᠰᠠᠨ ᠬᠠᠮᠤᠭ ᠤᠨ ᠣᠷᠤᠭ (ᠬᠢᠹᠦ) ᠬᠡᠮᠡᠨ ᠬᠡᠷᠡᠢ ᠣᠪᠣᠭᠲᠠᠨ ᠤ ᠪᠠᠶᠢᠨ᠎ᠠ ᠃

ᠡᠷᠲᠡᠨ ᠦ ᠮᠣᠩᠭᠣᠯ ᠤᠨ ᠴᠢᠭᠤᠯᠭᠠᠨ ᠤ ᠨᠠᠭᠠᠳᠤᠮ [illegible]

[illegible]

[illegible] 《[illegible]》（397 — 414 [illegible]）[illegible] 397 [illegible] 402 [illegible]

3 [illegible]

[illegible] 《[illegible]》[illegible]〔34〕[illegible]

[illegible]（秃发）[illegible] 《[illegible]》[illegible] ::

307

(段匹磾)

(段)

1

(宇文)

[illegible] (徒何) [illegible] 284 [illegible] (涉归) [illegible]

ᠮᠦ᠋ ᠵᠦᠩ (慕容) [illegible]

ᠮᠦ᠋ ᠵᠦᠩ ᠠᠶᠢᠮᠠᠭ

[illegible] 4 [illegible] (务目尘) [illegible] (令支) [illegible]

[illegible]

ᠬᠣᠷᠢᠶᠠᠭᠳᠠᠭᠤ ::

ᠲᠠᠲᠠᠪᠢ ᠶᠠᠰᠤᠲᠠᠨ

ᠲᠦᠷᠦᠭ ᠦᠨ ᠪᠢᠴᠢᠭ ᠦᠨ ᠳᠤᠷᠰᠬᠠᠯ ᠳᠤ ᠲᠡᠮᠳᠡᠭᠯᠡᠭᠰᠡᠨ 《ᠲᠠᠲᠠᠪᠢ（tatabi）》 ᠭᠡᠳᠡᠭ ᠨᠢ ᠬᠢᠲᠠᠳ ᠤᠨ ᠲᠡᠦᠬᠡ ᠳᠦ 《ᠬᠥᠮᠥᠬᠢ（库莫奚）》（ᠬᠢ ᠭᠡᠳᠡᠭ ᠦᠨ ᠲᠣᠪᠴᠢ ᠨᠡᠷ᠎ᠡ）ᠪᠤᠶᠤ 《ᠬᠢ（奚）》（ᠬᠦᠮᠦᠬᠢ ᠭᠡᠳᠡᠭ ᠦᠨ ᠲᠣᠪᠴᠢ ᠨᠡᠷ᠎ᠡ）ᠶᠢ ᠵᠢᠭᠠᠵᠤ ᠪᠤᠢ :: [illegible]

ᠳᠢᠩᠯᠢᠩ ᠭᠡᠵᠦ 《 ᠳᠢ (狄) 》 — 《 ᠳᠢᠯᠢ (狄历) 》 — 《 ᠳᠢᠩᠯᠢᠩ (丁零) 》 ᠭᠡᠳᠡᠭ ᠬᠤᠪᠢᠷᠠᠯ ᠲᠤᠬᠠᠢ ᠪᠠᠢᠳᠠᠯ ᠲᠤᠬᠠᠢ ᠪᠠᠢᠨ᠎ᠠ ᠃ ᠲᠤᠬᠠᠢᠯᠠᠪᠠᠯ ᠲᠤᠬᠠᠢ ᠳᠤ ᠪᠠᠢᠳᠠᠯ
ᠳᠢᠩᠯᠢᠩᠴᠤᠳ (丁零) ᠤᠨ ᠲᠤᠬᠠᠢ ᠪᠠᠷ ᠭᠠᠵᠠᠷ ᠤᠨ ᠲᠤᠬᠠᠢ ᠪᠠᠢᠳᠠᠯ ᠲᠤᠬᠠᠢ ᠳᠤ 《 丁零 》·《 丁令 》·《 丁灵 》·《 钉灵 》 ᠭᠡᠳᠡᠭ ᠮᠡᠳᠡᠭᠳᠡᠭᠰᠡᠨ ᠪᠠᠢ ᠃

[illegible] 《 [illegible] 》 [illegible] ᠃

[illegible] 《 [illegible] 》 [illegible] 《 [illegible] (禺氏) 》 [illegible] 《 [illegible] (月氏) 》 [illegible] 2 [illegible] 3 [illegible] ᠃

[illegible]

[illegible] 《 [illegible] 》 [illegible] (220 — 265 [illegible]) [illegible] 《 [illegible] 》 [illegible] 2 [illegible] 《 [illegible] 》 [illegible] ᠃

ᠣᠯᠠᠨ ᠬᠡᠰᠡᠭ ᠦᠨ ᠪᠠᠢ᠌ᠳᠠᠯ ᠪᠣᠯᠪᠠ᠂ ᠶᠠᠭ ᠬᠤᠪᠢᠶᠠᠷ ᠬᠠᠮᠤᠭ ᠬᠠᠮᠤᠭ ᠤᠨ ᠬᠦᠮᠦᠨ ᠢ ᠵᠠᠬᠢᠷᠤᠭᠰᠠᠨ ᠦᠭᠡᠢ᠂ ᠦᠭᠡᠢ ᠦᠭᠡᠢ ᠲᠤᠰᠠᠭᠠᠷ ᠪᠠᠢ᠌ᠬᠤ ᠶᠢ ᠲᠤᠰᠬᠠᠢ ᠪᠡᠷ ᠵᠠᠰᠠᠬᠤ ᠬᠤᠪᠢ ᠶᠢ ᠪᠠᠲᠤᠯᠠᠬᠤ ᠶᠠᠭ ᠬᠠᠮᠤᠭ ᠤᠨ ᠲᠠᠪᠤᠨ ᠶᠠᠪᠤᠭᠤ ᠲᠠᠰᠤᠷᠠᠭᠰᠠᠨ ᠰᠢᠬᠠᠨ ᠭᠠᠵᠠᠷ ᠪᠠᠷ ᠬᠤᠪᠢᠶᠠᠷᠠᠭᠳᠠᠭᠰᠠᠨ ᠪᠠᠢ᠌ᠵᠠᠢ᠃ ᠲᠡᠷᠡ ᠲᠠᠪᠤᠨ ᠶᠠᠪᠤᠭᠤ ᠶᠢ ᠪᠠᠰᠠ ᠶᠠᠪᠤᠭᠤ (翕侯) ᠬᠡᠮᠡᠨ᠎ᠡ᠂ ᠶᠠᠭ ᠬᠤᠪᠢᠶᠠᠷ ᠤᠨ ᠲᠤᠰᠬᠠᠢ ᠵᠠᠰᠠᠭ ᠤᠨ ᠭᠠᠵᠠᠷ ᠢ ᠡᠵᠡᠯᠡᠨ ᠵᠠᠰᠠᠭᠰᠠᠨ ᠪᠠᠢ᠌ᠵᠠᠢ᠃ ᠲᠡᠷᠡ ᠪᠣᠯ ᠪᠠᠰᠠ ᠲᠠᠪᠤᠨ ᠶᠠᠪᠤᠭᠤ ᠶᠢᠨ ᠵᠠᠰᠠᠭ ᠤᠨ ᠭᠠᠵᠠᠷ ᠢ ᠲᠤᠰᠬᠠᠢ ᠪᠠᠢ᠌ᠭᠤᠯᠤᠭᠰᠠᠨ ᠪᠠᠢ᠌ᠵᠠᠢ᠃

ᠶᠡᠬᠡ ᠶᠦᠧᠵᠢ ᠶᠢᠨ ᠬᠦᠮᠦᠨ ᠦ ᠡᠷᠲᠡ ᠡᠴᠡ ᠨᠢ ᠲᠡᠨᠳᠡ ᠣᠷᠣᠰᠢᠭᠰᠠᠨ ᠲᠤᠷᠠᠢ᠌ᠵᠠ ᠶᠡᠬᠡ ᠰᠢᠢᠠ ᠶᠢᠨ ᠬᠦᠮᠦᠨ (大夏人) ᠦ ᠲᠡᠦᠬᠡ ᠶᠢ ᠲᠤᠷᠰᠢᠨ ᠦᠵᠡᠬᠦ ᠶᠣᠰᠤᠲᠠᠢ᠃ ᠲᠡᠷᠡ ᠪᠣᠯ ᠶᠡᠬᠡ ᠰᠢᠢᠠ ᠶᠢᠨ ᠬᠦᠮᠦᠨ ᠦ ᠭᠠᠵᠠᠷ ᠨᠤᠲᠤᠭ ᠪᠣᠯᠤᠨ᠎ᠠ᠃ ᠲᠡᠳᠡ ᠪᠣᠯ 《ᠭᠦᠢ ᠤᠰᠤ (妫水)》 ᠶᠢᠨ ᠡᠷᠭᠡ ᠳᠡᠭᠡᠷ᠎ᠡ ᠰᠠᠭᠤᠵᠤ ᠲᠠᠷᠢᠶᠠᠯᠠᠩ ᠡᠷᠬᠢᠯᠡᠳᠡᠭ ᠪᠠᠢ᠌ᠵᠠᠢ [37]᠃ ᠲᠡᠳᠡ ᠪᠣᠯ ᠬᠣᠲᠠ ᠬᠡᠷᠮᠡ ᠪᠠᠢ᠌ᠭᠤᠯᠵᠤ ᠰᠠᠭᠤᠳᠠᠭ᠂ ᠬᠤᠳᠠᠯᠳᠤᠭ᠎ᠠ ᠬᠢᠬᠦ ᠳᠤ ᠰᠠᠢ᠌ᠨ᠂ ᠴᠡᠷᠢᠭ ᠦᠨ ᠬᠦᠴᠦᠨ ᠰᠤᠯᠠ ᠪᠠᠢ᠌ᠵᠠᠢ᠃

ᠬᠠᠮᠤᠭ ᠵᠢ ᠬᠡᠯᠡᠬᠦ ᠦᠭᠡ ᠪᠠᠷ ᠲᠡᠮᠳᠡᠭᠯᠡᠭᠰᠡᠨ ᠪᠠᠢᠨ᠎ᠠ :: ᠮᠣᠩᠭᠣᠯ ᠤᠨ ᠨᠡᠷ᠎ᠡ ᠶᠢ 1 ᠳᠤᠭᠠᠷ ᠪᠤᠳᠤᠭᠠᠷᠠᠢ ᠬᠡᠯᠡᠬᠦ ᠳᠦ ᠮᠣᠩᠭᠣᠯ ᠴᠤᠳ ᠤᠨ ᠰᠢᠪᠡᠭᠡ ᠨᠢ ᠦᠨᠳᠦᠰᠦᠯᠡᠭᠰᠡᠨ ᠤ ᠬᠠᠮᠤᠭ ᠤᠨ ᠡᠷᠲᠡ ᠶᠢᠨ ᠬᠠᠷᠢᠶᠠᠯᠠᠯ ᠪᠣᠯᠤᠨ᠎ᠠ :: ᠲᠡᠭᠦᠨ ᠦ ᠨᠢᠭᠡ ᠨᠡᠷ᠎ᠡ ᠶᠢ ᠲᠡᠮᠳᠡᠭᠯᠡᠭᠰᠡᠨ ᠪᠣᠯ ᠂ ᠮᠣᠩᠭᠣᠯ ᠴᠤᠳ ᠤᠨ ᠭᠠᠵᠠᠷ ᠤᠨ ᠨᠡᠷ᠎ᠡ ᠨᠢ ᠮᠣᠩᠭᠣᠯ ᠬᠡᠯᠡᠨ ᠦ ᠦᠭᠡ ᠶᠢ ᠲᠡᠮᠳᠡᠭᠯᠡᠭᠰᠡᠨ ᠪᠠᠢᠳᠠᠯ :: ᠮᠣᠩᠭᠣᠯ ᠤᠨ ᠲᠡᠮᠳᠡᠭᠯᠡᠯ ᠢ ᠰᠤᠳᠤᠯᠬᠤ ᠳᠤ ᠡᠨᠡ ᠨᠢ ᠴᠢᠬᠤᠯᠠ ᠠᠴᠢ ᠬᠣᠯᠪᠣᠭᠳᠠᠯ ᠲᠠᠢ ᠪᠠᠢᠨ᠎ᠠ ::

ᠰᠤᠳᠤᠯᠬᠤ ᠳᠤ ᠲᠤᠰ ᠮᠣᠩᠭᠣᠯ ᠤᠨ 174 ᠳᠤᠭᠠᠷ ᠪᠦᠯᠦᠭ ᠦᠨ ᠵᠢᠷᠤᠭ ᠪᠣᠯᠤᠨ ᠪᠢᠴᠢᠭ ᠳᠦ ᠲᠡᠮᠳᠡᠭᠯᠡᠭᠰᠡᠨ ᠰᠢᠪᠡᠭᠡ ᠨᠢ ᠮᠣᠩᠭᠣᠯ ᠤᠨ ᠡᠷᠲᠡ ᠶᠢᠨ ᠣᠷᠣᠨ ᠨᠤᠲᠤᠭ ᠤᠨ ᠨᠡᠷ᠎ᠡ ᠪᠣᠯᠬᠤ ᠵᠢ ᠲᠣᠳᠣᠷᠬᠠᠢᠯᠠᠭᠰᠠᠨ ᠪᠠᠢᠨ᠎ᠠ :: ᠬᠡᠷᠪᠡ 《ᠮᠣᠩᠭᠣᠯ ᠤᠨ ᠨᠢᠭᠤᠴᠠ ᠲᠣᠪᠴᠢᠶᠠᠨ》 ᠳᠤ ᠲᠡᠮᠳᠡᠭᠯᠡᠭᠰᠡᠨ ᠪᠣᠯ (ᠮᠣᠩᠭᠣᠯ ᠤᠨ ᠨᠢᠭᠤᠴᠠ ᠲᠣᠪᠴᠢᠶᠠᠨ) ᠮᠣᠩᠭᠣᠯ ᠤᠨ ᠨᠡᠷ᠎ᠡ ᠨᠢ ᠰᠢᠪᠡᠭᠡ ᠶᠢᠨ ᠦᠶ᠎ᠡ ᠳᠦ ᠲᠡᠮᠳᠡᠭᠯᠡᠭᠰᠡᠨ ᠪᠠᠢᠨ᠎ᠠ :: ᠮᠣᠩᠭᠣᠯ ᠤᠨ ᠨᠡᠷ᠎ᠡ ᠨᠢ 《ᠲᠠᠩ ᠤᠯᠤᠰ ᠤᠨ ᠰᠢᠨ᠎ᠡ ᠪᠢᠴᠢᠭ》 ᠳᠦ ᠠᠩᠬ᠎ᠠ ᠲᠡᠮᠳᠡᠭᠯᠡᠭᠳᠡᠭᠰᠡᠨ ᠪᠠᠢᠨ᠎ᠠ :: ᠮᠣᠩᠭᠣᠯ ᠴᠤᠳ ᠤᠨ ᠰᠢᠪᠡᠭᠡ ᠶᠢᠨ ᠨᠡᠷ᠎ᠡ ᠶᠢ ᠮᠣᠩᠭᠣᠯ ᠬᠡᠯᠡᠨ ᠦ ᠦᠭᠡ ᠪᠠᠷ ᠲᠠᠢᠯᠪᠤᠷᠢᠯᠠᠬᠤ ᠳᠤ ᠨᠢᠭᠡᠨ ᠴᠢᠬᠤᠯᠠ ᠠᠴᠢ ᠬᠣᠯᠪᠣᠭᠳᠠᠯ ᠲᠠᠢ ᠪᠣᠯᠤᠨ᠎ᠠ :: ᠭᠠᠵᠠᠷ ᠂ ᠣᠷᠣᠨ ᠨᠤᠲᠤᠭ ᠤᠨ ᠬᠠᠮᠢᠶᠠᠷᠤᠯᠲᠠ ᠶᠢ ᠲᠣᠳᠣᠷᠬᠠᠢᠯᠠᠭᠰᠠᠨ ᠪᠠᠢᠨ᠎ᠠ ::

ᠬᠡᠯᠡᠨ ᠰᠤᠳᠤᠯᠤᠯ

ᠬᠡᠯᠡᠨ ᠤ ᠲᠡᠭᠦᠨ ᠢᠶᠡᠷ 《失韦》·《室韦》 ᠭᠡᠵᠦ ᠪᠢᠴᠢᠭᠰᠡᠨ :: ᠬᠡᠯᠡᠨ ᠦ ᠰᠤᠳᠤᠯᠤᠯ ᠲᠤ ᠮᠣᠩᠭᠣᠯ ᠤᠨ ᠨᠡᠷ᠎ᠡ ᠶᠢ 《ᠰᠢᠪᠡᠭᠡ》 ᠭᠡᠵᠦ ᠲᠡᠮᠳᠡᠭᠯᠡᠭᠰᠡᠨ ᠨᠢ 《ᠮᠣᠩᠭᠣᠯ》 ᠭᠡᠳᠡᠭ ᠦᠭᠡ ᠶᠢᠨ ᠬᠠᠮᠤᠭ ᠤᠨ ᠡᠷᠲᠡ ᠶᠢᠨ ᠲᠡᠮᠳᠡᠭᠯᠡᠯ ᠪᠣᠯᠤᠨ᠎ᠠ — 《ᠮᠣᠩᠭᠣᠯ ᠤᠨ ᠨᠢᠭᠤᠴᠠ》 ᠲᠣᠪᠴᠢᠶᠠᠨ ᠳᠤ ᠮᠣᠩᠭᠣᠯ ᠴᠤᠳ ᠤᠨ ᠰᠢᠪᠡᠭᠡ ᠶᠢᠨ ᠨᠡᠷ᠎ᠡ ᠶᠢ ᠲᠡᠮᠳᠡᠭᠯᠡᠭᠰᠡᠨ ᠪᠣᠯᠤᠨ᠎ᠠ :: ᠮᠣᠩᠭᠣᠯ ᠴᠤᠳ ᠤᠨ 《ᠰᠢᠸᠧᠢ》 ᠭᠡᠳᠡᠭ ᠨᠡᠷ᠎ᠡ ᠨᠢ ᠮᠣᠩᠭᠣᠯ 《ᠰᠢᠪᠡᠭᠡ》 ᠭᠡᠳᠡᠭ ᠦᠭᠡ ᠶᠢᠨ ᠲᠡᠮᠳᠡᠭᠯᠡᠯ ᠮᠥᠨ :: ᠲᠡᠭᠦᠨ ᠦ ᠨᠢᠭᠡ ᠨᠡᠷ᠎ᠡ ᠨᠢ 《ᠰᠢᠸᠧᠢ》 ᠭᠡᠵᠦ ᠮᠣᠩᠭᠣᠯ ᠤᠨ ᠰᠢᠪᠡᠭᠡ ᠶᠢᠨ ᠬᠣᠶᠠᠷ ᠨᠡᠷ᠎ᠡ ᠲᠠᠢ ᠪᠣᠯᠤᠨ᠎ᠠ :: ᠮᠣᠩᠭᠣᠯ ᠴᠤᠳ ᠤᠨ 《ᠰᠢᠸᠧᠢ》 ᠭᠡᠳᠡᠭ ᠨᠢ ᠮᠣᠩᠭᠣᠯ ᠤᠨ ᠬᠠᠮᠤᠭ ᠤᠨ ᠡᠷᠲᠡ ᠶᠢᠨ ᠨᠡᠷ᠎ᠡ ᠪᠣᠯᠤᠨ᠎ᠠ :: ᠲᠡᠭᠦᠨ ᠰᠤᠷᠪᠤᠯᠵᠢᠳᠤ ᠬᠠᠷᠢᠨ ᠰᠢᠨ᠎ᠡ ᠲᠡᠦᠬᠡ :: ᠲᠡᠭᠦᠨ ᠳᠤᠷ ᠰᠢᠪᠡ ᠰᠢᠪᠡᠭᠡ ᠲᠡᠭᠦᠨ ᠪᠣᠯᠤᠭᠰᠠᠨ ᠂ ᠮᠣᠩᠭᠣᠯ ᠴᠤᠳ ᠤᠨ ᠰᠢᠪᠡᠭᠡ ᠂ ᠰᠢᠪᠡᠭᠡᠷ

[illegible] 《[illegible]》[38] [illegible]

[illegible] 《[illegible]》[39] [illegible] (313 — 534 [illegible]) [illegible]

[illegible] (581 — 618 [illegible]) [illegible]

[illegible]

ᠪᠣ ᠲᠡᠮᠳᠡᠭᠯᠡᠭᠰᠡᠨ ᠃ ᠲᠡᠷᠡ ᠭᠡᠷᠡ ᠶᠢ ᠬᠡᠯᠡ ᠲᠡ ᠶᠢᠨ ᠭᠡᠷᠡ ᠳᠡᠭᠡᠷᠡ ᠪᠠᠶᠢᠭᠤᠯᠤᠭᠰᠠᠨ ᠳᠠᠩ ᠣᠶᠢᠷ᠎ᠠ ᠰᠤᠷᠲᠠᠯ ᠪᠣ ᠲᠡᠮᠳᠡᠭᠯᠡᠭᠰᠡᠨ ᠃ ᠲᠠᠩ ᠤᠯᠤᠰ ᠤᠨ ᠦᠶ᠎ᠡ ᠳᠦ (618 – 907 ᠣᠨ) ᠪᠣ ᠲᠡᠮᠳᠡᠭᠯᠡᠭᠰᠡᠨ ᠃ ᠲᠠᠩ ᠤᠯᠤᠰ ᠤᠨ ᠦᠶ᠎ᠡ ᠶᠢᠨ ᠰᠢᠷᠪᠢ ᠶᠢᠨ ᠲᠣᠭ᠎ᠠ ᠪᠣᠯ ᠪᠠᠰᠠ ᠤᠯᠠᠮ ᠨᠡᠮᠡᠭᠳᠡᠵᠡᠢ ᠃ ᠪᠢᠴᠢᠭ ᠪᠠᠷ ᠬᠠᠪᠰᠤᠷᠤᠭᠳᠠᠬᠤ ᠶᠢ《ᠲᠠᠩ ᠤᠯᠤᠰ ᠤᠨ ᠲᠡᠦᠬᠡ》ᠪᠢᠴᠢᠭ ᠰᠤᠳᠤᠯᠤᠭᠰᠠᠨ ᠳᠤ ᠂ ᠲᠠᠩ ᠤᠯᠤᠰ ᠤᠨ ᠰᠢᠷᠪᠢ ᠶᠢᠨ ᠲᠣᠭ᠎ᠠ ᠪᠣᠯ ᠮᠠᠨ ᠤ ᠰᠤᠳᠤᠯᠤᠭᠴᠢᠳ ᠤᠨ ᠲᠣᠭᠠᠴᠠᠭᠰᠠᠨ ᠪᠡᠷ ᠪᠣᠯ ᠵᠢᠷᠢᠮ ᠶᠢᠨ ᠡᠭᠦᠳᠦᠭᠡᠳ ᠪᠣᠢ : ᠰᠢᠷᠪᠢ ᠶᠢᠨ ᠳᠠᠮᠵᠢᠭᠤᠯᠤᠭᠰᠠᠨ ᠲᠡᠭᠦᠬᠡ ᠶᠢ ᠬᠡᠯᠡᠪᠡᠯ (岭西室韦)、ᠠᠭᠤᠯᠠ ᠶᠢᠨ ᠠᠷᠤ ᠰᠢᠷᠪᠢ (山北室韦)、ᠰᠢᠷ᠎ᠠ ᠲᠣᠯᠣᠭᠠᠢᠲᠤ ᠰᠢᠷᠪᠢ (黄头室韦)、ᠶᠡᠬᠡ ᠵᠤᠢᠷᠴᠢ (大如者室韦)、ᠪᠠᠭ᠎ᠠ ᠵᠤᠢᠷᠴᠢ (小如者室韦)、ᠪᠣᠸᠠᠨ ᠰᠢᠷᠪᠢ (婆萬室韦)、ᠨᠠᠪᠸᠢ (讷北室韦)、ᠲᠡᠮᠡᠭᠡᠲᠦ (骆驼室韦)、ᠤᠰᠤᠭᠤ (乌素固)、ᠶᠢᠰᠠᠮᠣ (移塞没)、ᠰᠠᠬᠠᠵᠢ (塞曷支)、ᠬᠣᠸᠠᠵᠢ (和解)、ᠤᠯᠤᠬᠤ (乌罗护)、ᠨᠠᠯᠢ (那礼)、ᠶᠡᠬᠡ ᠰᠢᠷᠪᠢ (大室韦)、ᠵᠡᠭᠦᠨ ᠰᠢᠷᠪᠢ (东室韦)、ᠪᠠᠷᠠᠭᠤᠨ ᠰᠢᠷᠪᠢ (西室韦)、ᠮᠣᠩᠭᠣᠯ ᠰᠢᠷᠪᠢ (蒙兀室韦)、ᠯᠤᠸᠠᠽᠤ (落俎室韦)、ᠰᠢᠨ ᠮᠣ ᠳᠠ ᠰᠢᠷᠪᠢ (深末怛室韦) ᠵᠡᠷᠭᠡ ᠪᠠᠢᠨ᠎ᠠ〔40〕《ᠲᠠᠩ ᠤᠯᠤᠰ ᠤᠨ ᠰᠢᠨ᠎ᠡ ᠲᠡᠦᠬᠡ》ᠪᠢᠴᠢᠭ ᠲᠦ ᠲᠡᠮᠳᠡᠭᠯᠡᠭᠰᠡᠨ ᠃ ᠲᠠᠩ ᠤᠯᠤᠰ ᠤᠨ ᠦᠶ᠎ᠡ ᠶᠢᠨ ᠰᠢᠷᠪᠢ ᠶᠢᠨ ᠠᠶᠢᠮᠠᠭ ᠤᠳ ᠤᠨ ᠨᠡᠷᠡᠢᠳᠦᠯ ᠢ ᠰᠤᠳᠤᠯᠤᠭᠴᠢᠳ ᠤᠨ ᠬᠣᠣᠷᠣᠨᠳᠣ ᠡᠯ᠎ᠡ ᠵᠦᠢᠯ ᠦᠨ ᠳᠠᠢᠯᠪᠤᠷᠢ ᠲᠠᠢ ᠪᠣᠯᠵᠠᠢ ᠃

[illegible] 11 [illegible]

[illegible] 《乌洛侯》·《乌罗护》·《乌罗浑》 [illegible]

[illegible]

1. [illegible] ᠤᠨ ᠪᠠᠶᠢᠳᠠᠯ

[illegible]

[illegible]

[illegible]

[illegible]

[illegible]

[illegible]

[illegible]

[illegible]

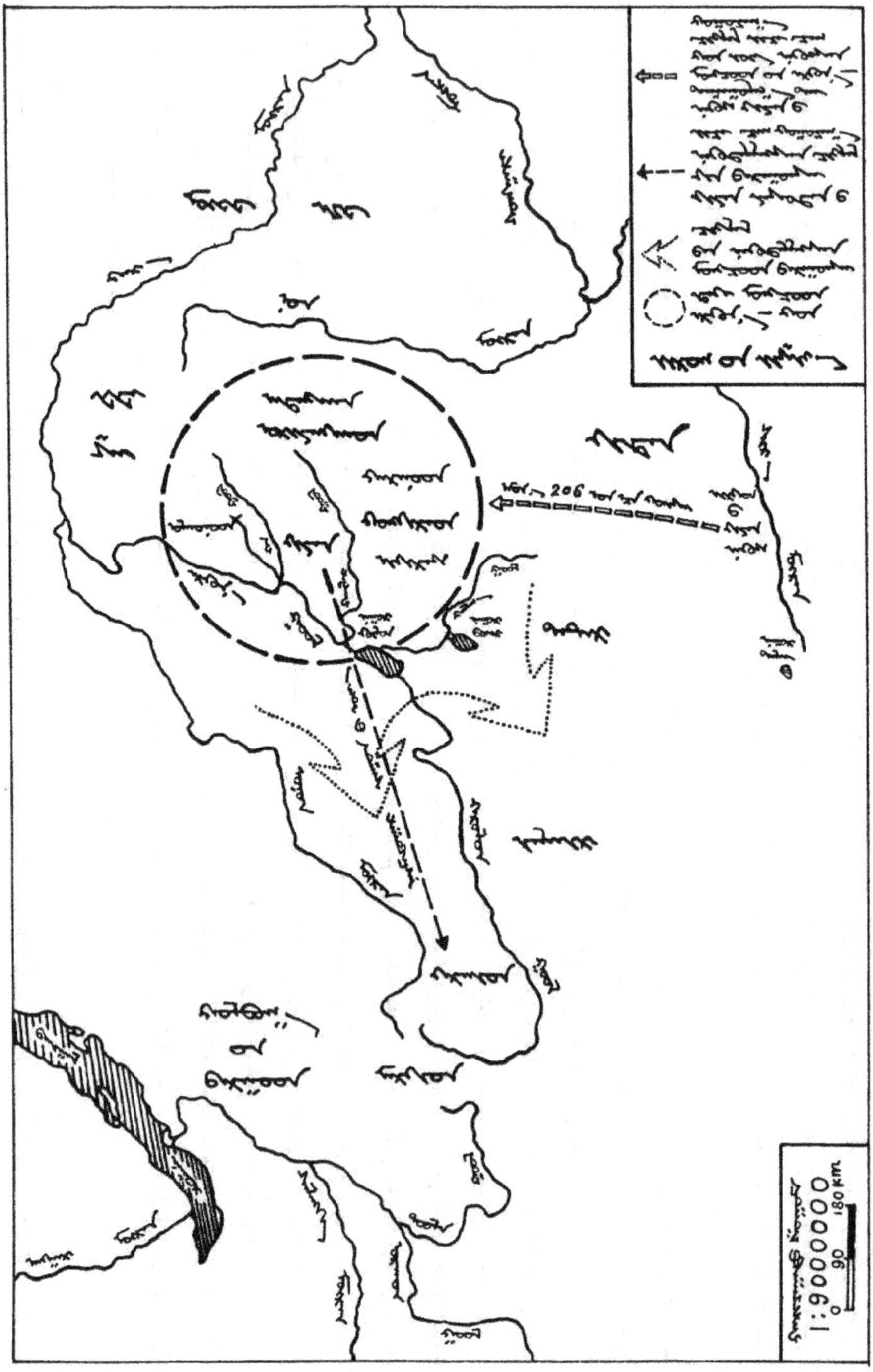
206
1:9000000
0 90 180 KM

[42]

鑾

鑾氏戎

蒙兀

鬼方

ᠪᠠᠶᠢᠭᠤᠯᠤᠭᠰᠠᠨ ᠢ 4 ᠳᠦᠭᠡᠷ ... 《 ... 》 ... 《拔也稽》、《拔也古》、《拔野古》、《巴尔虎》、《巴尔浑》 ᠭᠡᠵᠦ ᠪᠢᠴᠢᠭᠰᠡᠨ ::

... 8 ... ::

[44] ... ::

... 8 ...

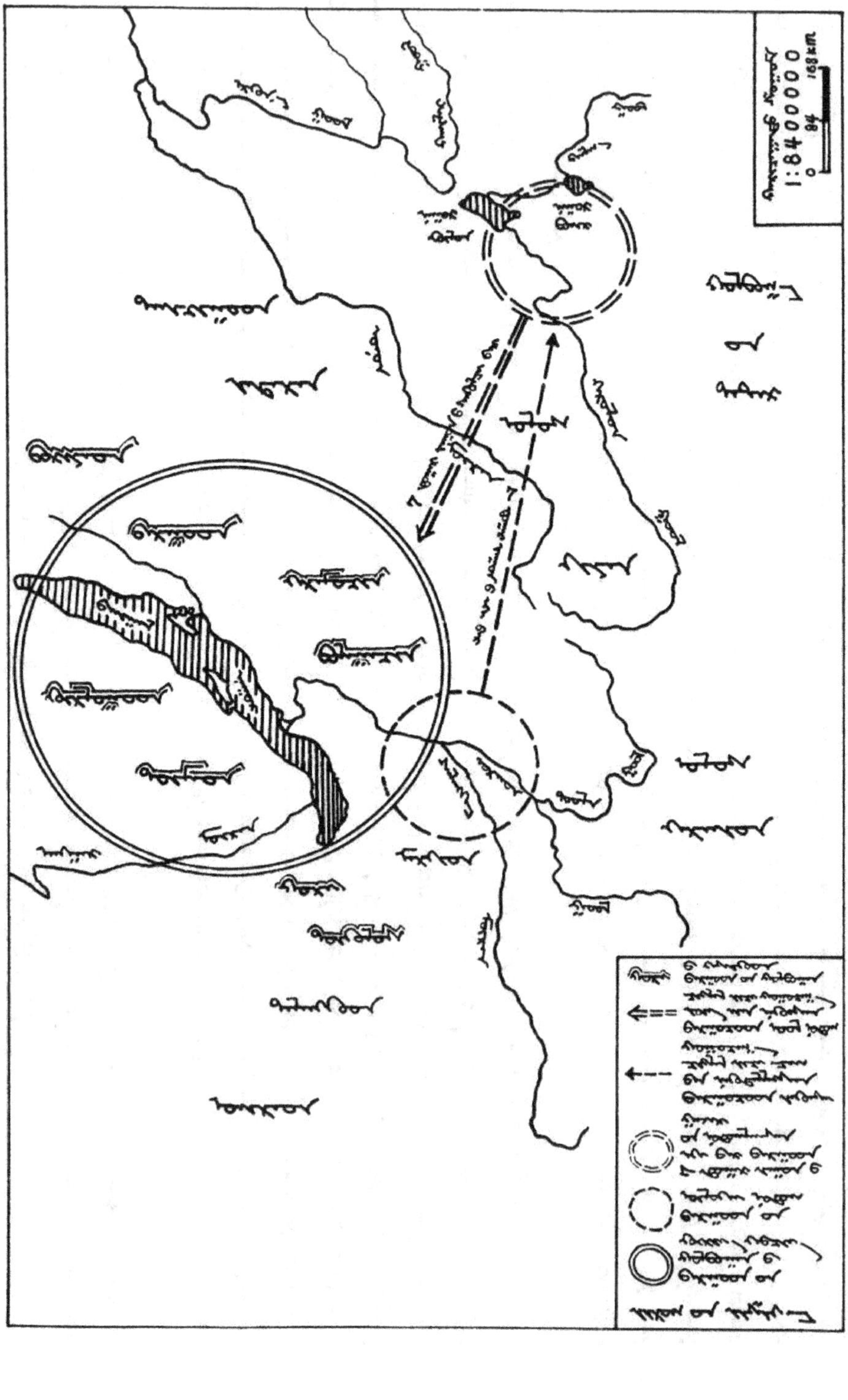

ᠲᠠᠲᠠᠷ (tatar) ᠭᠡᠳᠡᠭ ᠨᠢ ᠮᠣᠩᠭᠣᠯᠴᠤᠳ ᠤᠨ ᠡᠷᠲᠡᠨ ᠦ ᠨᠡᠷᠡᠳ ᠦᠨ ᠨᠢᠭᠡ ᠪᠣᠯᠤᠨ ᠪᠢᠴᠢᠭᠯᠡᠭᠰᠡᠨ ᠪᠢᠯᠡ ᠄ ᠲᠡᠭᠦᠨ ᠡᠴᠡ ᠮᠠᠰᠢ ᠡᠷᠲᠡ ᠡᠴᠡ ᠶᠠᠷᠢᠯᠴᠠᠭᠤᠯᠤᠭᠰᠠᠨ ᠳᠤ 《ᠲᠣᠭᠣᠷ ᠲᠠᠲᠠᠷ》 ᠭᠡᠳᠡᠭ ᠨᠡᠷ᠎ᠡ ᠲᠡᠮᠳᠡᠭ ᠨᠢ ᠮᠣᠩᠭᠣᠯ ᠬᠡᠯᠡᠨ ᠦ ᠰᠤᠷᠪᠤᠯᠵᠢ ᠪᠢᠴᠢᠭ ᠲᠦ ᠠᠩᠭᠢᠯᠠᠭᠳᠠᠭᠰᠠᠨ ᠪᠠᠶᠢᠨ᠎ᠠ ᠄

《ᠲᠠᠲᠠᠷ》 ᠭᠡᠳᠡᠭ ᠨᠡᠷ᠎ᠡ ᠶᠢᠨ ᠲᠤᠬᠠᠢ ᠬᠡᠯᠡᠭᠰᠡᠨ ᠳᠦ ᠲᠡᠭᠦᠨ ᠦ ᠬᠡᠯᠡᠨ ᠦ ᠲᠤᠬᠠᠢ ᠮᠣᠩᠭᠣᠯ ᠪᠠᠶᠢᠭᠰᠠᠨ ᠠᠩᠭᠢᠯᠠᠭᠳᠠᠭᠰᠠᠨ ᠪᠠᠶᠢᠨ᠎ᠠ ᠄ ᠭᠤᠴᠢᠨ ᠢ ᠂ 732 ᠣᠨ ᠤ ᠺᠦᠯ ᠲᠡᠭᠢᠨ ᠦ ᠪᠢᠴᠢᠭᠡᠰᠦ ᠳᠦ 《ᠲᠣᠭᠣᠷ ᠲᠠᠲᠠᠷ》 ᠭᠡᠳᠡᠭ ᠲᠡᠮᠳᠡᠭᠯᠡᠯ ᠪᠣᠯᠤᠨ 735 ᠣᠨ ᠤ ᠪᠢᠯᠭᠡ ᠬᠠᠭᠠᠨ ᠤ ᠪᠢᠴᠢᠭᠡᠰᠦ ᠳᠦ ᠲᠠᠲᠠᠷ ᠤᠨ ᠲᠤᠬᠠᠢ ᠲᠡᠮᠳᠡᠭᠯᠡᠭᠰᠡᠨ ᠪᠠᠶᠢᠨ᠎ᠠ ᠄ 840 ᠣᠨ ᠤ ᠬᠠᠷᠢᠴᠠᠭ᠎ᠠ ᠳᠤ 《达怛》 ᠭᠡᠵᠦ ᠲᠡᠮᠳᠡᠭᠯᠡᠭᠰᠡᠨ ᠪᠠᠶᠢᠨ᠎ᠠ ᠄ ᠲᠠᠲᠠᠷ ᠤᠨ ᠪᠠᠷᠠᠭᠤᠨ ᠬᠡᠰᠡᠭ ᠦᠨ ᠨᠡᠷ᠎ᠡ ᠲᠣᠭᠣᠷᠠᠢᠯᠠᠭᠰᠠᠨ ᠪᠣᠯᠤᠨ ᠂ ᠬᠡᠯᠡᠨ ᠦ ᠰᠤᠳᠤᠯᠭ᠎ᠠ ᠳᠤ 《ᠲᠠᠲᠠᠷ》 ᠭᠡᠳᠡᠭ ᠨᠡᠷ᠎ᠡ ᠶᠢᠨ ᠤᠳᠬ᠎ᠠ ᠶᠢ ᠲᠣᠳᠤᠷᠬᠠᠶᠢᠯᠠᠭᠰᠠᠨ ᠪᠠᠶᠢᠨ᠎ᠠ ᠄ ᠭᠤᠴᠢᠨ ᠢ ᠂ ᠲᠣᠭᠣᠷ ᠤᠨ ᠲᠠᠲᠠᠷ 《ᠲᠠᠲᠠᠷ》 ᠂ 《ᠲᠤᠷᠭ᠎ᠠ ᠲᠠᠲᠠᠷ》 ᠭᠡᠳᠡᠭ ᠪᠢᠴᠢᠭᠯᠡᠭᠰᠡᠨ ᠪᠠᠶᠢᠨ᠎ᠠ ᠄ 13 ᠵᠠᠭᠤᠨ ᠵᠢᠯ ᠦᠨ ᠲᠡᠮᠳᠡᠭᠯᠡᠭᠰᠡᠨ 《ᠲᠠᠲᠠᠷ》 ᠨᠢ ᠮᠣᠩᠭᠣᠯ ᠤᠨ ᠨᠢᠭᠡ ᠠᠶᠢᠮᠠᠭ ᠪᠣᠯᠤᠨ ᠂ ᠲᠡᠭᠦᠨ ᠦ ᠨᠡᠷ᠎ᠡ ᠶᠢ ᠬᠡᠳᠦᠨ ᠬᠤᠪᠢᠯᠠᠯ ᠲᠠᠶ ᠪᠢᠴᠢᠭᠯᠡᠭᠰᠡᠨ ᠪᠠᠶᠢᠨ᠎ᠠ ᠄ 8 ᠵᠠᠭᠤᠨ ᠵᠢᠯ ᠦᠨ ᠡᠬᠢᠨ ᠦ ᠲᠠᠲᠠᠷ ᠤᠨ ᠬᠡᠯᠡ ᠪᠢᠴᠢᠭ ᠦᠨ ᠲᠡᠮᠳᠡᠭᠯᠡᠯ ᠢ ᠰᠣᠳᠤᠯᠵᠤ ᠪᠣᠯᠬᠤ ᠪᠠᠶᠢᠨ᠎ᠠ ᠄

《ᠲᠠᠲᠠᠷ》 ᠨᠢ ᠬᠡᠳᠦᠨ ᠤᠯᠠᠮᠵᠢᠯᠠᠯ ᠤᠨ ᠲᠡᠮᠳᠡᠭᠯᠡᠯ ᠲᠦ ᠲᠣᠭᠣᠷᠠᠢᠯᠠᠭᠳᠠᠭᠰᠠᠨ ᠮᠣᠩᠭᠣᠯ ᠪᠢᠴᠢᠭ ᠦᠨ ᠮᠡᠳᠡᠭᠡ ᠲᠠᠢ ᠪᠠᠶᠢᠨ᠎ᠠ ᠄ ᠲᠠᠲᠠᠷ ᠬᠡᠮᠡᠬᠦ ᠨᠡᠷ᠎ᠡ ᠶᠢᠨ ᠤᠭ ᠢ ᠲᠣᠳᠤᠷᠬᠠᠶᠢᠯᠠᠬᠤ ᠳᠤ ᠲᠠᠲᠠᠷ ᠤᠨ ᠬᠡᠯᠡ ᠪᠢᠴᠢᠭ ᠦᠨ ᠲᠡᠮᠳᠡᠭᠯᠡᠯ ᠢ ᠰᠣᠳᠤᠯᠬᠤ ᠴᠢᠬᠤᠯᠠ ᠪᠣᠯᠤᠨ᠎ᠠ ᠄

[illegible]

ᠪᠠᠢᠭᠤᠯᠬᠤ ᠨᠢ ᠲᠤᠰᠠᠲᠠᠢ᠂ ᠲᠡᠭᠦᠨ ᠦ ᠬᠡᠷᠡᠭᠯᠡᠭᠡ ᠶᠢ ᠰᠢᠨᠵᠢᠯᠡᠬᠦ᠂ ᠪᠢᠴᠢᠭ ᠦᠨ ᠰᠤᠳᠤᠯᠤᠯ ᠤᠨ ᠠᠷᠭ᠎ᠠ ᠪᠠᠷ ᠪᠢᠴᠢᠭᠰᠡᠨ ᠪᠣᠯᠤᠨ᠎ᠠ ᠃

ᠪᠢᠴᠢᠭᠲᠦ ᠪᠢᠴᠢᠭᠰᠡᠨ ᠨᠢ ᠲᠤᠯᠠ ᠪᠢᠴᠢᠭᠯᠡᠯ ᠪᠢᠴᠢᠭᠳᠡᠭᠦᠨ ᠳᠦ ᠲᠤᠬᠠᠢ ᠬᠡᠯᠡᠯᠴᠡᠭᠰᠡᠨ ᠢ 《ᠪᠢᠴᠢᠭᠳᠡᠯ》 ᠭᠡᠵᠦ᠃ 《ᠪᠢᠴᠢᠭ》 ᠢ ᠰᠤᠷᠤᠭᠰᠠᠨ ᠨᠢ 《ᠰᠤᠳᠤᠯ》 ᠤᠨ ᠪᠢᠴᠢᠭ ᠪᠤᠯᠤᠨ᠎ᠠ ᠃

[illegible]

[illegible]

[illegible]

[illegible]

[illegible]

[illegible]

[illegible]

[illegible]

[illegible]

[illegible]

3. [illegible]

[illegible] (玄阙州) [illegible]

[illegible] [45] [illegible] 648 [illegible]

[illegible]

[illegible]

[illegible]

[illegible] (百合草) [illegible]

[illegible]

[illegible]

201

8 — 7

ᠣᠷᠤᠨ ᠨᠢ ᠬᠦᠮᠦᠨ ᠦ ᠭᠠᠵᠠᠷ ᠤᠨ ᠳᠡᠭᠡᠷᠡ ᠬᠦᠮᠦᠨ ᠦ ᠲᠥᠷᠦᠯ ᠤᠨ ᠪᠣᠯᠪᠠᠰᠤᠷᠠᠯ ᠤᠨ ᠡᠬᠢ ᠣᠷᠣᠨ ᠪᠣᠯᠵᠤ ᠥᠭᠬᠦ ᠶᠢᠨ ᠬᠥᠭᠵᠢᠯ ᠤᠨ ᠬᠦᠮᠦᠨ ᠦ ᠰᠠᠷᠪᠠᠴᠢ ᠡᠴᠡ ᠬᠦᠮᠦᠨ ᠳ᠋ᠦ ᠰᠢᠯᠵᠢᠬᠦ ᠶᠢᠨ ᠲᠥᠯᠦᠪ ᠢ ᠲᠣᠳᠤᠷᠬᠠᠶ ᠬᠠᠷᠠᠭᠤᠯᠵᠤ ᠪᠠᠶᠢᠨ᠎ᠠ᠃ ᠬᠦᠮᠦᠨ ᠦ ᠲᠥᠷᠦᠯ ᠤᠨ ᠡᠬᠢ ᠡᠭᠦᠰᠦᠯ ᠤᠨ ᠰᠤᠳᠤᠯᠭ᠎ᠠ ᠪᠣᠯ ᠣᠷᠣᠨ ᠴᠠᠭ ᠤᠨ ᠡᠷᠳᠡᠮ ᠰᠢᠨᠵᠢᠯᠡᠬᠦ ᠤᠬᠠᠭᠠᠨ ᠤ ᠴᠢᠬᠤᠯᠠ ᠰᠡᠳᠦᠪ ᠦᠨ ᠨᠢᠭᠡ ᠮᠥᠨ᠃ ᠬᠦᠮᠦᠨ ᠦ ᠬᠥᠳᠡᠯᠮᠦᠷᠢ ᠪᠣᠯ ᠬᠦᠮᠦᠨ ᠢ ᠪᠦᠲᠦᠭᠡᠭᠰᠡᠨ ᠬᠦᠴᠦᠨ ᠮᠥᠨ ᠪᠣᠯᠬᠣ ᠪᠢᠯᠡ᠃ ᠬᠦᠮᠦᠨ ᠪᠣᠯ ᠰᠠᠷᠪᠠᠴᠢ ᠡᠴᠡ ᠬᠥᠭᠵᠢᠨ ᠪᠣᠯᠪᠠᠰᠤᠷᠠᠭᠰᠠᠨ ᠪᠠᠶᠢᠨ᠎ᠠ᠃ ᠭᠡᠵᠦ᠂ ᠬᠦᠮᠦᠨ ᠪᠣᠯᠪᠠᠰᠤᠷᠠᠯ ᠤᠨ ᠬᠦᠮᠦᠨ ᠦ ᠰᠤᠷᠭᠠᠭᠤᠯᠢ ᠶᠢᠨ ᠲᠠᠶᠠᠭᠰᠠᠨ ᠪᠠᠶᠢᠨ᠎ᠠ᠃

ᠲᠠᠶᠢᠯᠪᠤᠷᠢ

〔1〕恩格斯：《劳动在从猿到人转变过程中的作用》，《马克思恩格斯选集》（第三卷），人民出版社，1972年，第508页。

〔2〕〔9〕〔美〕路易斯·亨利·摩尔根著：《古代社会》（上册），杨东莼等译，商务印书馆，1995年，第19页。

〔3〕〔41〕ᠪ᠂ ᠰᠤᠷᠣᠩᠭᠣ：《ᠥᠪᠥᠷ ᠮᠣᠩᠭᠣᠯ ᠤᠨ ᠡᠷᠲᠡᠨ ᠦ ᠲᠦᠤᠬᠡ》᠂ ᠥᠪᠥᠷ ᠮᠣᠩᠭᠣᠯ ᠤᠨ ᠠᠷᠠᠳ ᠤᠨ ᠬᠡᠪᠯᠡᠯ ᠦᠨ ᠬᠣᠷᠢᠶ᠎ᠠ᠂ 1976 ᠣᠨ᠂ 58᠂ 162᠂ 105–106 ᠳᠤᠭᠠᠷ ᠨᠢᠭᠤᠷ᠃

〔4〕〔德〕魏格纳著：《海陆的起源》，李旭丹译，北京大学出版社，2006年，第3-10页。

〔5〕〔ᠮᠣᠩᠭᠣᠯ〕ᠯᠢ᠂ ᠷᠦᠩ：《ᠮᠣᠩᠭᠣᠯ ᠤᠨ ᠡᠷᠲᠡᠨ ᠦ ᠠᠮᠢᠲᠠᠳ》（ᠮᠣᠩᠭᠣᠯ ᠬᠡᠯᠡᠨ ᠤ ᠣᠷᠴᠢᠭᠤᠯᠭ᠎ᠠ）᠂ ᠥᠪᠥᠷ ᠮᠣᠩᠭᠣᠯ ᠤᠨ ᠰᠤᠷᠭᠠᠨ ᠬᠦᠮᠦᠵᠢᠯ ᠦᠨ ᠪᠣᠯᠪᠠᠰᠤᠷᠠᠯ ᠤᠨ ᠬᠡᠪᠯᠡᠯ ᠦᠨ ᠬᠣᠷᠢᠶ᠎ᠠ᠂ 1993 ᠣᠨ᠂ 6-7 ᠳᠤᠭᠠᠷ ᠨᠢᠭᠤᠷ᠃

〔6〕李荣：《中国最大的猛犸象》，《内蒙过的恐龙化石》，《鄂尔多斯的恐龙足迹》，载卢明辉等编《内蒙古文物古迹散记》，内蒙古人民出版社，1988年。

〔7〕〔14〕〔16〕〔20〕《ᠪᠠᠶᠠᠨ ᠰᠤᠷᠭᠠᠭᠤᠯᠢ ᠮᠣᠩᠭᠣᠯ ᠤᠨ ᠲᠡᠦᠬᠡ ᠶᠢᠨ ᠲᠤᠶᠢᠮ》（ᠳ᠂ ᠳᠠᠷᠤᠭ᠎ᠠ ᠪᠣᠯᠪᠠᠰᠤᠷᠠᠭᠤᠯᠪᠠ）᠂ ᠰᠢᠨᠵᠢᠯᠡᠬᠦ ᠤᠬᠠᠭᠠᠨ᠂ ᠲᠡᠭᠦᠬᠡ ᠮᠣᠩᠭᠣᠯ ᠤᠨ ᠲᠡᠦᠬᠡ ᠶᠢᠨ ᠬᠡᠪᠯᠡᠯ ᠦᠨ ᠬᠣᠷᠢᠶ᠎ᠠ᠂ 1986 ᠣᠨ᠃

〔8〕施雅风等主编：《中国第四纪冰川与环境变化》，河北科学技术出版社，2006年。
〔10〕〔11〕〔ᠮᠣᠩᠭᠣᠯ〕ᠰᠠ· ᠮᠠᠨᠳᠤᠬᠤ· ᠶᠢ· ᠳᠠᠮᠳᠢᠨᠰᠦᠷᠦᠩ:《ᠮᠣᠩᠭᠣᠯ ᠰᠤᠳᠤᠷ》(ᠳᠡᠭᠡᠳᠦ· ᠳᠤᠮᠳᠠᠳᠤ ᠪᠣᠳᠢ)· ᠰᠢᠨᠵᠢᠯᠡᠬᠦ ᠤᠬᠠᠭᠠᠨ· ᠥᠪᠥᠷ ᠮᠣᠩᠭᠣᠯ ᠤᠨ ᠠᠷᠠᠳ ᠤᠨ ᠬᠡᠪᠯᠡᠯ ᠦᠨ ᠬᠣᠷᠢᠶ᠎ᠠ·
1987 ᠣᠨ·31·48 ᠳᠤᠭᠠᠷ ᠨᠢᠭᠤᠷ ᠃
〔12〕《马克思恩格斯全集》第42卷，人民出版社，1972年，第122页。
〔13〕ᠵᠠ ᠪᠠᠶᠠᠷ ᠮᠡᠨᠳᠦ ᠵᠢᠨ:《ᠨᠢᠷᠤᠨ ᠤ ᠬᠠᠭᠠᠨ ᠤ ᠲᠡᠦᠬᠡ ᠪᠢᠴᠢᠭ》(ᠪᠠᠶᠠᠷ ᠵᠢᠨ ᠮᠣᠩᠭᠣᠯᠴᠢᠯᠠᠭᠤᠯᠪᠠ)· ᠦᠨᠳᠦᠰᠦᠲᠡᠨ ᠦ ᠬᠡᠪᠯᠡᠯ ᠦᠨ ᠬᠣᠷᠢᠶ᠎ᠠ·1983 ᠣᠨ·1 ᠳᠦᠭᠡᠷ ᠨᠢᠭᠤᠷ ᠃
〔15〕〔18〕《中国北方民族关系史》，中国社会科学出版社，1987年，第一章第一节，第一章第二节。
〔17〕裴文中：《中国史前时期的研究》，商务印书馆，1948年。
〔19〕〔ᠮᠣᠩᠭᠣᠯ〕ᠴᠢ· ᠪᠠᠶᠠᠷ ᠵᠢᠨ:《ᠮᠣᠩᠭᠣᠯ ᠤᠨ ᠲᠥᠷᠥ ᠶᠢᠨ ᠪᠠᠶᠢᠭᠤᠯᠤᠯ》(ᠬᠠᠯᠬ᠎ᠠ ᠪᠢᠴᠢᠭ ᠡᠴᠡ ᠬᠥᠷᠪᠦᠭᠦᠯᠪᠡ)· ᠦᠨᠳᠦᠰᠦᠲᠡᠨ ᠦ ᠬᠡᠪᠯᠡᠯ ᠦᠨ ᠬᠣᠷᠢᠶ᠎ᠠ·2010 ᠣᠨ·4 ᠳᠦᠭᠡᠷ ᠨᠢᠭᠤᠷ ᠃
〔21〕斯大林：《马克思主义和民族问题》，《斯大林选集》，人民出版社，1979年，第64页。
〔22〕〔西汉〕司马迁撰：《史记》卷一百十，匈奴列传第五十，中华书局，1972年。
〔23〕范文澜：《中华民族的发展》，载《学习》，1950年第一期。
〔24〕王国维著：《观堂集林》（上下册），彭林整理，河北教育出版社，2001年，第369页。
〔25〕〔西汉〕刘安等撰：《淮南子》，赵宗乙译注，黑龙江人民出版社，2004年，第210页。
〔26〕〔27〕ᠭᠠᠯ ᠪᠠᠭ᠎ᠠ· ᠨᠠᠰᠤᠨ ᠪᠠᠶᠠᠷ:《ᠮᠣᠩᠭᠣᠯ ᠪᠠ ᠲᠦᠷᠦᠭᠦᠦᠳ ᠤᠯᠤᠰ》(ᠲᠤᠷᠰᠢᠯᠲᠠ ᠮᠣᠩᠭᠣᠯᠴᠢᠯᠠᠭᠤᠯᠪᠠ)· ᠥᠪᠥᠷ ᠮᠣᠩᠭᠣᠯ ᠤᠨ ᠰᠤᠷᠭᠠᠨ ᠬᠦᠮᠦᠵᠢᠯ ᠦᠨ ᠬᠡᠪᠯᠡᠯ ᠦᠨ ᠬᠣᠷᠢᠶ᠎ᠠ·
1982 ᠣᠨ·55–56·292 ᠳᠤᠭᠠᠷ ᠨᠢᠭᠤᠷ ᠃
〔28〕〔43〕〔波斯〕拉施特主编：《史集》第一卷第一分册，余大均、周建奇译，商务印书馆，1983年，第
251-252页。
〔29〕〔东汉〕班固撰：《汉书》叙传上，中华书局，1983年。
〔30〕俞伟超、李宝田：《乌兰布和沙漠北部的汉代垦区》，载《历史地理学的理论与实践》，上海人民
出版社，1984年，第92页。
〔31〕〔44〕《ᠮᠣᠩᠭᠣᠯ ᠤᠨ ᠨᠢᠭᠤᠴᠠ ᠲᠣᠪᠴᠢᠶ᠎ᠠ》(ᠳᠡᠭᠡᠳᠦ ᠳᠤᠮᠳᠠᠳᠤ ᠪᠣᠳᠢ)(ᠪᠠᠶᠠᠷ ᠰᠢᠷᠢᠨᠳᠡᠪ)· ᠥᠪᠥᠷ ᠮᠣᠩᠭᠣᠯ ᠤᠨ ᠠᠷᠠᠳ ᠤᠨ ᠬᠡᠪᠯᠡᠯ ᠦᠨ ᠬᠣᠷᠢᠶ᠎ᠠ·1981 ᠣᠨ ᠃
〔32〕林欢著：《商代地理与方国》，中国社会科学出版社，2010年，第257–258页。
〔33〕范文澜著：《中国通史简编》（第一编），人民出版社，1965年，第153页。
〔34〕〔唐〕房玄龄等撰：《晋书》卷一百二十六，秃发乌孤，中华书局，1982年。
〔35〕〔唐〕房玄龄等撰：《晋书》卷一百八，中华书局，1982年。

〔45〕〔宋〕欧阳修等撰：《新唐书》回鹘，中华书局，1982年。

〔42〕ᠬᠠᠰᠪᠠᠭᠠᠲᠤᠷ ᠤᠨ ᠨᠠᠶᠢᠷᠠᠭᠤᠯᠤᠯ᠄《ᠮᠣᠩᠭᠣᠯᠴᠤᠳ》᠂ ᠥᠪᠥᠷ ᠮᠣᠩᠭᠣᠯ ᠤᠨ ᠠᠷᠠᠳ ᠤᠨ ᠬᠡᠪᠯᠡᠯ ᠦᠨ ᠬᠣᠷᠢᠶ᠎ᠠ᠂ 1998 ᠣᠨ᠂ ᠬᠠᠭᠤᠳᠠᠰᠤ ᠪᠢᠯᠡ᠃

〔39〕〔北齐〕魏收撰：《魏书》卷一百，失韦，中华书局，1984年。

〔38〕〔40〕〔后晋〕刘昫等撰：《旧唐书》北狄，室韦，中华书局，1975年。

〔37〕〔西汉〕司马迁撰：《史记》大宛列传，中华书局，1972年。

〔36〕〔北齐〕魏收撰：《魏书》太宗纪，中华书局，1984年。

[illegible]

[illegible]

[illegible]

ᠮᠣᠩᠭᠣᠯ ᠤᠨ ᠳᠠᠭᠤᠨ ᠤ ᠰᠤᠳᠤᠯᠤᠯ ᠤᠨ ᠬᠡᠯᠡᠪᠡᠷᠢ ᠳᠦ [illegible]
[illegible]
[illegible]
《ᠮᠣᠩᠭᠣᠯ ᠤᠨ ᠨᠢᠭᠤᠴᠠ ᠲᠣᠪᠴᠢᠶᠠᠨ》 [illegible]
[illegible]
[illegible]
ᠪᠣᠯ ᠪᠢᠴᠢᠭ ᠲᠠᠢ [illegible]

ᠮᠣᠩᠭᠣᠯ ᠤᠨ ᠳᠠᠭᠤᠨ ᠤ ᠰᠤᠳᠤᠯᠤᠯ ᠤᠨ ᠰᠢᠨᠵᠢ ᠴᠢᠨᠠᠷ ᠤᠨ [illegible]
ᠮᠡᠳᠡᠭᠳᠡᠬᠦ ᠪᠠᠶᠢᠨ᠎ᠠ ::

(ᠮᠣᠩᠭᠣᠯ ᠤᠨ ᠨᠢᠭᠤᠴᠠ ᠲᠣᠪᠴᠢᠶᠠᠨ) ᠪᠣᠯ [illegible]
ᠲᠣᠪᠴᠢᠶᠠᠨ》·《ᠠᠯᠲᠠᠨ ᠲᠣᠪᠴᠢ》·《ᠪᠣᠯᠤᠷ ᠲᠣᠪᠴᠢ》 [illegible]
ᠶᠢ ᠮᠠᠰᠢ [illegible]
[illegible]
[illegible]
[illegible]
[illegible]
ᠮᠡᠳᠡᠭ ᠪᠠᠶᠢᠭ᠎ᠠ [illegible]
ᠶᠢ ᠬᠤᠪᠢᠯᠭᠠᠭᠰᠠᠨ ᠪᠣᠯ 《ᠬᠠᠷ ᠰᠠᠷ》·《ᠳᠡᠭᠡᠳᠦ ᠲᠡᠩᠭᠡᠷᠢ》·《ᠬᠠᠭᠠᠨ》 [illegible] ᠳᠤ

[illegible]

[illegible] ::

[illegible] :: [illegible] « [illegible] » [illegible] :: [illegible] ::

([illegible]) [illegible]

[illegible] （早期国家） [illegible] :: [illegible] ::

1. [illegible]

[illegible]

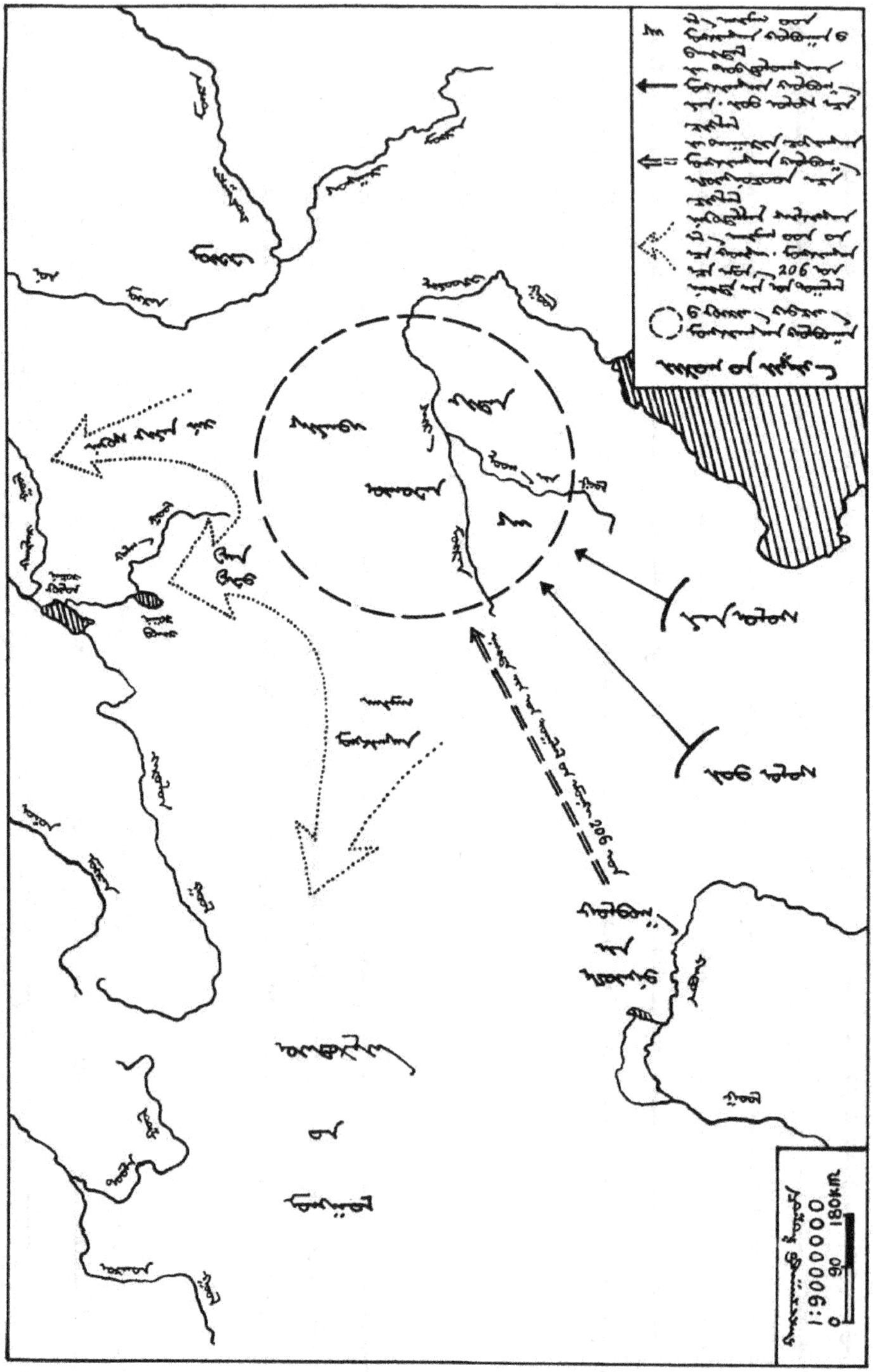

(ᠳᠣᠷᠤᠨᠠ ᠶᠢᠨ ᠬᠤ ᠪᠤᠶᠤ ᠮᠣᠩᠭᠣᠯ ᠤᠨ ᠡᠷᠲᠡᠨ ᠦ ᠡᠪᠦᠭᠡ ᠳᠣᠷᠤᠨᠠ ᠬᠤ ᠶᠢᠨ ᠲᠤᠬᠠᠢ 《东胡》 ᠭᠡᠳᠡᠭ) ᠨᠤᠮ ᠪᠢᠴᠢᠵᠡᠢ ᠃ ᠲᠡᠷᠡ ᠪᠡᠷ ᠡᠷᠲᠡ ᠶᠢᠨ ᠮᠣᠩᠭᠣᠯᠴᠤᠳ ᠤᠨ ᠲᠤᠬᠠᠢ ᠳᠤ ᠲᠠᠢᠯᠪᠤᠷᠢᠯᠠᠵᠤ ᠪᠠᠢᠨ᠎ᠠ ᠃ ᠡᠨᠡ ᠮᠡᠲᠦ ᠰᠤᠳᠤᠯᠤᠯ ᠳᠤ ᠮᠣᠩᠭᠣᠯᠴᠤᠳ ᠤᠨ ᠡᠷᠲᠡᠨ ᠦ ᠡᠪᠦᠭᠡ ᠶᠢᠨ ᠲᠤᠬᠠᠢ ᠳᠤ ᠬᠠᠷᠢᠴᠠᠩᠭᠤᠢ ᠳᠡᠯᠭᠡᠷᠡᠩᠭᠦᠢ ᠲᠡᠮᠳᠡᠭᠯᠡᠵᠡᠢ ᠃ ᠮᠣᠩᠭᠣᠯᠴᠤᠳ ᠤᠨ ᠡᠷᠲᠡᠨ ᠦ ᠡᠪᠦᠭᠡ ᠶᠢ ᠳᠣᠷᠤᠨᠠ ᠬᠤ ᠭᠡᠵᠦ ᠦᠵᠡᠬᠦ ᠦᠵᠡᠯ ᠨᠢ ᠲᠤᠬᠠᠢ ᠶᠢᠨ ᠰᠤᠳᠤᠯᠤᠯ ᠤᠨ ᠭᠠᠷᠤᠯ ᠢ ᠬᠠᠶᠢᠭᠤᠯᠵᠤ ᠮᠣᠩᠭᠣᠯᠴᠤᠳ ᠤᠨ ᠡᠷᠲᠡᠨ ᠦ ᠡᠪᠦᠭᠡ ᠶᠢ ᠲᠣᠭᠲᠠᠭᠠᠬᠤ ᠳᠤ ᠴᠢᠬᠤᠯᠠ ᠠᠴᠢ ᠬᠤᠯᠪᠤᠭᠳᠠᠯ ᠲᠠᠢ ᠃ ᠮᠣᠩᠭᠣᠯᠴᠤᠳ ᠤᠨ ᠡᠷᠲᠡᠨ ᠦ ᠡᠪᠦᠭᠡ ᠳᠣᠷᠤᠨᠠ ᠬᠤ ᠶᠢᠨ ᠲᠤᠬᠠᠢ ᠳᠤ ᠲᠤᠬᠠᠢᠯᠠᠪᠠᠯ ᠮᠣᠩᠭᠣᠯᠴᠤᠳ ᠤᠨ ᠡᠷᠲᠡᠨ ᠦ ᠡᠪᠦᠭᠡ ᠶᠢᠨ ᠭᠠᠷᠤᠯ ᠢ ᠲᠣᠳᠤᠷᠬᠠᠢᠯᠠᠬᠤ ᠳᠤ ᠴᠢᠬᠤᠯᠠ ᠃

᠐᠒ ᠮᠣᠩᠭᠣᠯᠴᠤᠳ ᠤᠨ ᠡᠷᠲᠡᠨ ᠦ ᠡᠪᠦᠭᠡ ᠳᠤ ᠬᠠᠮᠢᠶᠠᠷᠠᠬᠤ ᠳᠣᠷᠤᠨᠠ ᠬᠤ ᠶᠢᠨ ᠤᠯᠤᠰ ᠢ ᠮᠡᠳᠡ ᠨᠢ ᠮᠥᠨ 206 ᠣᠨ ᠳᠤ ᠰᠢᠶᠩᠨᠦ ᠶᠢᠨ ᠮᠣᠳᠤ ᠰᠢᠨᠢᠶᠦ ᠳᠤ ᠡᠪᠳᠡᠷᠡᠭᠳᠡᠵᠦ ᠃ ᠮᠣᠩᠭᠣᠯᠴᠤᠳ ᠤᠨ ᠡᠷᠲᠡᠨ ᠦ ᠡᠪᠦᠭᠡ ᠶᠢᠨ ᠤᠯᠤᠰ ᠪᠣᠯᠤᠨ᠎ᠠ ᠃

ᠮᠣᠩᠭᠣᠯᠴᠤᠳ ᠤᠨ ᠡᠷᠲᠡᠨ ᠦ ᠡᠪᠦᠭᠡ ᠳᠣᠷᠤᠨᠠ ᠬᠤ ᠶᠢᠨ ᠤᠯᠤᠰ ᠤᠨ ᠲᠤᠬᠠᠢ ᠳᠤ ᠲᠤᠬᠠᠢᠯᠠᠪᠠᠯ ᠃ ᠬᠠᠨ ᠤ ᠦᠶ᠎ᠡ ᠶᠢᠨ ᠲᠡᠦᠬᠡ ᠪᠢᠴᠢᠭ ᠲᠦ ᠮᠣᠩᠭᠣᠯᠴᠤᠳ ᠤᠨ ᠡᠷᠲᠡᠨ ᠦ ᠡᠪᠦᠭᠡ ᠶᠢᠨ ᠤᠯᠤᠰ ᠤᠨ ᠲᠤᠬᠠᠢ ᠳᠤ ᠲᠡᠮᠳᠡᠭᠯᠡᠵᠡᠢ ᠃

ᠮᠣᠩᠭᠣᠯᠴᠤᠳ ᠤᠨ ᠡᠷᠲᠡᠨ ᠦ ᠡᠪᠦᠭᠡ ᠳᠣᠷᠤᠨᠠ ᠬᠤ ᠶᠢᠨ ᠤᠯᠤᠰ ᠤᠨ ᠲᠤᠬᠠᠢ ᠳᠤ ᠲᠡᠮᠳᠡᠭᠯᠡᠭᠰᠡᠨ ᠠᠷᠪᠠᠨ ᠳᠣᠯᠣᠭᠠᠨ ᠲᠡᠦᠬᠡ ᠪᠢᠴᠢᠭ ᠲᠦ 《ᠰᠢᠵᠢ》 ᠶᠢᠨ 《ᠰᠢᠶᠩᠨᠦ ᠶᠢᠨ ᠲᠤᠬᠠᠢ》 ᠳᠤ ᠮᠣᠩᠭᠣᠯᠴᠤᠳ ᠤᠨ ᠡᠷᠲᠡᠨ ᠦ ᠡᠪᠦᠭᠡ ᠶᠢᠨ ᠲᠤᠬᠠᠢ ᠳᠤ ᠲᠡᠮᠳᠡᠭᠯᠡᠵᠡᠢ ᠃ ᠮᠣᠩᠭᠣᠯᠴᠤᠳ ᠤᠨ ᠡᠷᠲᠡᠨ ᠦ ᠡᠪᠦᠭᠡ ᠶᠢᠨ ᠲᠤᠬᠠᠢ ᠲᠡᠮᠳᠡᠭᠯᠡᠯ ᠃ …… ᠮᠣᠩᠭᠣᠯᠴᠤᠳ ᠤᠨ ᠡᠷᠲᠡᠨ ᠦ ᠡᠪᠦᠭᠡ (ᠳᠣᠷᠤᠨᠠ ᠬᠤ) ᠶᠢᠨ ᠤᠯᠤᠰ ᠤᠨ ᠲᠤᠬᠠᠢ ᠳᠤ ᠲᠡᠮᠳᠡᠭᠯᠡᠭᠰᠡᠨ ᠪᠠᠢᠨ᠎ᠠ ᠃ ᠮᠣᠩᠭᠣᠯᠴᠤᠳ ᠤᠨ ᠡᠷᠲᠡᠨ ᠦ ᠡᠪᠦᠭᠡ ᠶᠢᠨ ᠲᠤᠬᠠᠢ ᠳᠤ ᠲᠡᠮᠳᠡᠭᠯᠡᠵᠡᠢ ᠃

[illegible]

[illegible] ᠪᠣᠯᠤᠨ᠎ᠠ ᠃

[illegible] 《 [illegible] 》(猃狁) [illegible] ᠃

[illegible] 》〔6〕 [illegible] 》〔5〕 [illegible] 305 [illegible] 《 [illegible] 》 [illegible] 《 [illegible] 》 [illegible] 《 [illegible] 》 844 [illegible] 《 [illegible] 〔4〕 [illegible] ([illegible] 265 [illegible]) [illegible] 273 [illegible] ([illegible]) [illegible] ([illegible] 279 — [illegible] 311 [illegible]) [illegible] ([illegible]) [illegible]

ᠬᠤᠪᠢᠳᠠᠭ ᠪᠣᠯᠵᠤ ᠬᠥᠭᠵᠢᠭᠰᠡᠨ ᠦᠶ᠎ᠡ ᠃ ᠶᠡᠷᠦᠩᠬᠡᠢ ᠳᠡᠭᠡᠨ ᠲᠡᠶᠢᠨ ᠦ ᠰᠤᠷᠭᠠᠭᠤᠯᠢ ᠳᠤ 《 ᠶᠡᠬᠡ ᠰᠤᠷᠭᠠᠭᠤᠯᠢ 》 ᠭᠡᠵᠦ ᠂ ᠬᠠᠲᠠᠭᠤ ᠪᠠᠷ 《大人》 ᠭᠡᠵᠦ ᠂ ᠬᠥᠮᠦᠨ ᠦ ᠰᠤᠷᠭᠠᠭᠤᠯᠢ ᠶᠢ ᠨᠡᠷᠡᠢᠳᠦᠭᠰᠡᠨ ᠪᠣᠯᠤᠨ ᠠ ᠃ ᠡᠨᠡ ᠨᠢ ᠲᠡᠷᠡ ᠴᠠᠭ ᠤᠨ ᠤ ᠪᠢᠴᠢᠭ ᠦᠨ ᠦ ᠬᠥᠮᠦᠵᠢᠯ ᠦᠨ ᠰᠤᠷᠭᠠᠯᠢ ᠶᠢᠨ ᠠᠭᠤᠯᠭ᠎ᠠ ᠪᠠᠷ ᠳᠠᠮᠵᠢᠭᠤᠯᠤᠨ ᠂ ᠰᠤᠷᠭᠠᠭᠤᠯᠢ ᠶᠢᠨ ᠵᠣᠷᠢᠯᠭ᠎ᠠ ᠶᠢ ᠲᠣᠳᠤᠷᠬᠠᠢᠯᠠᠭᠰᠠᠨ ᠠᠴᠠ ᠰᠤᠷᠭᠠᠭᠤᠯᠢ ᠳᠤ ᠪᠠᠨ ᠬᠠᠮᠢᠶ᠎ᠠ ᠲᠠᠢ ᠦᠵᠡᠯ ᠰᠠᠨᠠᠭ᠎ᠠ ᠶᠢ ᠲᠣᠳᠤᠷᠬᠠᠢᠯᠠᠨ ᠳᠡᠯᠭᠡᠷᠡᠩᠭᠦᠢ ᠬᠡᠯᠡᠯᠴᠡᠭᠰᠡᠨ ᠪᠠᠶᠢᠨ᠎ᠠ ᠃ ᠡᠨᠡ ᠨᠢ ᠶᠡᠷᠦᠩᠬᠡᠢ ᠳᠡᠭᠡᠨ ᠲᠡᠶᠢᠨ ᠦ ᠰᠤᠷᠭᠠᠭᠤᠯᠢ ᠶᠢᠨ ᠬᠥᠮᠦᠵᠢᠯ ᠦᠨ ᠪᠣᠳᠤᠯ ᠤᠨ ᠰᠢᠨᠵᠢ ᠴᠢᠨᠠᠷ ᠢ ᠳᠦᠷᠰᠦᠯᠡᠨ ᠬᠠᠷᠠᠭᠤᠯᠵᠤ ᠪᠠᠶᠢᠨ᠎ᠠ ᠃

ᠪᠢᠯᠡ ᠬᠡᠮᠡᠨ ᠡᠭᠦᠳᠡᠭᠰᠡᠨ ᠪᠠᠢ᠌ᠨ᠎ᠠ ᠬᠡᠮᠡᠨ ᠤ ᠶᠠᠰᠤᠨ ᠲᠤᠷᠤᠯ ᠢ ᠲᠡᠮᠳᠡᠭᠯᠡᠭᠰᠡᠨ ᠪᠠᠢ᠌ᠨ᠎ᠠ ᠃ ᠡᠭᠦᠨ ᠦ ᠬᠡᠷᠡᠭᠯᠡᠭᠰᠡᠨ ᠶᠢᠨ ᠭᠠᠷᠤᠯ ᠢ ᠮᠡᠳᠡᠬᠦ ᠦᠭᠡᠢ ᠂ ᠶᠠᠭᠤ ᠪᠢᠯᠡ ᠲᠡᠶ᠋ᠢᠨ ᠬᠡᠮᠡᠨ 81 ᠣᠨ ᠤ ᠡᠨᠡ ᠲᠡᠮᠳᠡᠭᠯᠡᠯ ᠢ ᠰᠢᠨᠵᠢᠯᠡᠭᠰᠡᠨ ᠤ ᠬᠠᠮᠲᠤ ᠂ ᠡᠭᠦᠨ ᠦ ᠭᠠᠷᠤᠯ ᠢ ᠲᠣᠳᠤᠷᠬᠠᠢ ᠪᠣᠯᠭᠠᠪᠠ ᠃ ᠲᠡᠭᠦᠨ ᠢ ᠂ ᠮᠣᠩᠭᠣᠯ ᠬᠡᠯᠡᠨ ᠤ ᠬᠡᠯᠡᠬᠦ ᠦᠭᠡ ᠶᠢᠨ ᠳᠦᠷᠢᠮ ᠪᠡᠷ ᠤᠩᠰᠢᠪᠠᠯ ᠂ ᠲᠡᠭᠦᠨ ᠦ ᠳᠤᠭᠤᠳᠠᠯᠭ᠎ᠠ ᠨᠢ ᠮᠣᠩᠭᠣᠯ ᠬᠡᠯᠡᠨ ᠦ ᠦᠭᠡ ᠶᠢᠨ ᠳᠤᠭᠤᠳᠠᠯᠭ᠎ᠠ ᠲᠠᠢ ᠠᠳᠠᠯᠢ ᠪᠣᠯᠤᠨ᠎ᠠ ᠂ ᠮᠣᠩᠭᠣᠯ ᠬᠡᠯᠡ ᠶᠢᠨ ᠣᠨᠴᠠᠯᠢᠭ ᠢ ᠬᠠᠳᠠᠭᠠᠯᠠᠭᠰᠠᠨ ᠪᠠᠢ᠌ᠨ᠎ᠠ ᠃

ᠮᠣᠩᠭᠣᠯᠴᠤᠳ ᠤᠨ ᠡᠷᠲᠡᠨ ᠦ ᠦᠪᠡᠭ ᠡᠴᠢᠭᠡ ᠶᠢᠨ ᠬᠡᠯᠡ ᠨᠢ ᠂ ᠮᠣᠩᠭᠣᠯ ᠬᠡᠯᠡ ᠶᠢᠨ ᠭᠠᠷᠤᠯ ᠲᠠᠢ ᠨᠢᠭᠡᠨ ᠶᠢᠷᠦ ᠳᠡᠭᠡᠨ ᠬᠠᠷᠢᠴᠠᠬᠤ ᠪᠡᠷ ᠬᠠᠮᠢᠶ᠎ᠠ ᠪᠣᠯᠤᠨ᠎ᠠ ᠃

〔14〕ᠬᠠᠨ ᠤ ᠰᠤᠳᠤᠷ ᠤᠨ 《ᠮᠣᠩᠭᠣᠯ ᠤᠨ ᠲᠦᠭᠦᠬᠡ》 ᠳᠤ ᠂ ᠮᠣᠩᠭᠣᠯ ᠤ ᠪᠤᠭᠤᠯ ᠤᠨ ᠲᠡᠮᠳᠡᠭ ᠢ ᠢᠯᠡᠷᠬᠡᠶ᠋ᠢᠯᠡᠭᠰᠡᠨ ᠬᠠᠷᠠᠭᠠᠯ 《ᠮᠣᠩᠭᠣᠯ ᠤᠨ ᠲᠦᠭᠦᠬᠡ》 ᠳᠤ 《ᠬᠡᠯᠡ ᠶᠢᠨ ᠪᠤᠭᠤᠯ》 ᠪᠣᠯᠤᠨ 《ᠮᠣᠷᠢᠲᠤ ᠪᠤᠭᠤᠯ》（突骑）》 ᠭᠡᠵᠦ ᠪᠠᠢ᠌ᠨ᠎ᠠ ᠃ ᠡᠨᠡ ᠨᠢ 《ᠮᠣᠩᠭᠣᠯ ᠬᠡᠯᠡ ᠪᠡᠷ ᠪᠣᠯ ᠮᠣᠷᠢᠲᠤ ᠪᠤᠭᠤᠯ ᠪᠣᠯᠤᠨ᠎ᠠ ᠂ ᠮᠣᠩᠭᠣᠯ ᠬᠡᠯᠡᠨ ᠦ ᠦᠭᠡ ᠶᠢᠨ ᠳᠠᠭᠤᠳᠠᠯᠭ᠎ᠠ ᠲᠠᠢ ᠠᠳᠠᠯᠢ ᠪᠣᠯᠤᠨ᠎ᠠ 〔13〕᠃ ᠮᠣᠩᠭᠣᠯ ᠬᠡᠯᠡ ᠪᠡᠷ ᠂ ᠢᠯᠠᠭᠤ（挹娄）ᠶᠢᠨ ᠬᠡᠯᠡᠨ ᠳᠦ 《ᠪᠤᠭᠤᠯ》 ᠭᠡᠵᠦ ᠪᠠᠢ᠌ᠨ᠎ᠠ ᠃ ᠮᠣᠩᠭᠣᠯ ᠬᠡᠯᠡᠨ ᠦ ᠦᠭᠡ ᠶᠢᠨ ᠪᠤᠭᠤᠯ ᠬᠡᠮᠡᠬᠦ ᠨᠢ ᠡᠨᠡ ᠲᠡᠮᠳᠡᠭ ᠲᠡᠢ ᠳᠦᠭᠦᠮ ᠪᠣᠯᠤᠨ᠎ᠠ ᠃ ᠲᠡᠭᠦᠨ ᠢ ᠂ ᠨᠣᠶᠠᠨ ᠪᠤᠶᠤ ᠡᠵᠡᠨ（ᠡᠵᠡᠨ ᠨᠣᠶᠠᠨ ᠦ ᠲᠣᠯᠤᠭᠠᠢ）ᠪᠣᠯᠤᠨ᠎ᠠ ᠃ ᠡᠨᠡ ᠬᠡᠯᠡᠨ ᠳᠦ 《ᠨᠣᠶᠠᠨ（侯）》·《ᠡᠵᠡᠨ（长）》ᠬᠡᠮᠡᠬᠦ ᠦᠭᠡ ᠪᠠᠢ᠌ᠨ᠎ᠠ ᠃ ᠮᠣᠩᠭᠣᠯ ᠬᠡᠯᠡᠨ ᠦ ᠦᠭᠡ ᠶᠢᠨ ᠪᠤᠭᠤᠯ ᠪᠣᠯᠤᠨ ᠨᠣᠶᠠᠨ ᠢ ᠶᠠᠯᠭᠠᠪᠠᠷ ᠢᠯᠡᠷᠬᠡᠶ᠋ᠢᠯᠡᠭᠰᠡᠨ ᠪᠠᠢ᠌ᠨ᠎ᠠ ᠃ ᠮᠣᠩᠭᠣᠯ ᠬᠡᠯᠡᠨ ᠦ ᠦᠭᠡ ᠶᠢᠨ 《ᠬᠠᠨ》ᠭᠡᠳᠡᠭ ᠃ ᠡᠨᠡ ᠨᠢ ᠣᠨ ᠤ ᠡᠮᠦᠨ᠎ᠡ 49 ᠣᠨ ᠳᠤ ᠪᠢᠴᠢᠭᠰᠡᠨ ᠮᠣᠩᠭᠣᠯ ᠤᠨ ᠲᠡᠮᠳᠡᠭᠯᠡᠯ ᠳᠦ 《ᠬᠠᠨ（王）》·《ᠨᠣᠶᠠᠨ ᠪᠠ ᠲᠦᠷᠦ ᠶᠢᠨ ᠡᠵᠡᠳ ᠤᠨ ᠮᠣᠩᠭᠣᠯ ᠬᠡᠯᠡᠨ ᠦ ᠤᠬᠠᠭᠠᠨ ᠨᠢ — ᠨᠣᠶᠠᠨ ᠤ 《ᠨᠣᠶᠠᠨ ᠬᠠᠨ（侯王）》ᠬᠡᠮᠡᠬᠦ ᠦᠭᠡ ᠪᠣᠯᠤᠨ ᠮᠣᠩᠭᠣᠯ ᠬᠡᠯᠡᠨ ᠦ ᠦᠭᠡ ᠶᠢᠨ ᠲᠡᠮᠳᠡᠭ〔12〕ᠦᠨ ᠢᠯᠡᠷᠬᠡᠶ᠋ᠢᠯᠡᠯ ᠪᠣᠯᠤᠨ᠎ᠠ ᠃ ᠪᠠᠰᠠ ᠨᠢ ᠮᠣᠩᠭᠣᠯ ᠤᠨ 《ᠬᠠᠨ》ᠬᠡᠮᠡᠬᠦ ᠦᠭᠡ ᠪᠣᠯ ᠪᠤᠯᠢᠶ᠎ᠠ ᠃ ᠡᠨᠡ ᠨᠢ ᠮᠣᠩᠭᠣᠯ ᠬᠡᠯᠡᠨ ᠦ 《ᠨᠣᠶᠠᠨ ᠬᠠᠨ》ᠬᠡᠮᠡᠬᠦ ᠦᠭᠡ ᠲᠡᠢ ᠲᠣᠬᠢᠷᠠᠯᠴᠠᠨ᠎ᠠ ᠃ ᠡᠭᠦᠨ ᠡᠴᠡ ᠦᠵᠡᠪᠡᠯ ᠂ ᠮᠣᠩᠭᠣᠯ ᠬᠡᠯᠡᠨ ᠦ ᠦᠭᠡ ᠶᠢᠨ ᠲᠡᠮᠳᠡᠭ ᠢ ᠰᠢᠨᠵᠢᠯᠡᠭᠰᠡᠨ ᠪᠠᠢ᠌ᠨ᠎ᠠ ᠃ ᠡᠨᠡ ᠨᠢ 《ᠮᠣᠩᠭᠣᠯ ᠤᠨ ᠲᠦᠭᠦᠬᠡ》 ᠳᠤ ᠂ ᠮᠣᠩᠭᠣᠯ ᠤᠨ 《小帅》 ᠭᠡᠵᠦ ᠃ ᠮᠣᠩᠭᠣᠯ ᠬᠡᠯᠡᠨ ᠦ ᠦᠭᠡ ᠶᠢᠨ ᠲᠡᠮᠳᠡᠭ ᠢ ᠶᠠᠯᠭᠠᠪᠠᠷ ᠢᠯᠡᠷᠬᠡᠶ᠋ᠢᠯᠡᠭᠰᠡᠨ ᠪᠠᠢ᠌ᠨ᠎ᠠ ᠃ ᠡᠨᠡ ᠨᠢ ᠂

[illegible]

[illegible]

3. [illegible]

[illegible] 《[illegible]》[13] [illegible]

[illegible] 207 [illegible] 190 [illegible]

ᠶᠢ ᠶᠡᠬᠡ ᠭᠠᠵᠠᠷ ᠣᠷᠣᠨ (ᠬᠠᠭᠠᠨ ᠤ ᠬᠤᠷᠠᠯ ᠤᠨ ᠬᠣᠷᠢᠶ᠎ᠠ) ᠳᠤ ᠵᠠᠷᠯᠢᠭ ᠪᠣᠯᠭᠠᠨ ᠲᠤᠯᠭᠠᠭᠰᠠᠨ ᠬᠠᠭᠠᠨ) ᠤ ᠰᠠᠭᠤᠷᠢᠰᠢᠭᠤᠯᠵᠤ ᠪᠠᠶᠢᠷᠢᠰᠢᠭᠤᠯᠤᠨ ᠬᠦᠢᠰᠦ ᠶᠢ ᠬᠠᠮᠢᠶᠠᠷᠤᠯᠵᠤ ᠲᠠᠷ ᠬᠠᠭᠠᠨ ᠪᠠ ᠬᠡᠮᠡᠨ ᠪᠠᠶᠢᠭᠤᠯᠤᠭᠰᠠᠨ ᠶᠢ ᠲᠡᠮᠳᠡᠭᠯᠡᠭᠰᠡᠨ ᠪᠠᠶᠢᠳᠠᠭ (ᠬᠠᠭᠠᠨ ᠤ ᠬᠤᠷᠠᠯ) ᠤ ᠰᠣᠶᠤᠯ ᠤᠨ ᠶᠡᠬᠡ ᠲᠠᠶᠢᠯᠪᠤᠷᠢ ᠨᠡᠷᠡ ᠶᠢᠨ ᠣᠶᠢᠷᠠᠬᠠᠨ ::

4. ᠲᠦ ᠶᠦᠢ ᠬᠤᠨ ᠤᠯᠤᠰ

ᠪᠣᠯ ᠲᠦᠷ ᠬᠠᠭᠠᠨ (吐谷浑) ᠪᠣᠯᠤᠨ ᠰᠢᠶᠠᠨᠪᠢ ᠶᠢᠨ ᠮᠤᠵᠢᠯᠠᠬᠤ ᠶᠢᠨ ᠳᠡᠭᠡᠳᠦᠰ ᠤᠨ ᠮᠠᠲᠠᠯᠢᠯᠭᠠᠨ ᠪᠣᠯᠪᠠ :: ᠪᠣᠯ ᠶᠡᠬᠡ ᠬᠠᠭᠠᠨ ᠤ ᠬᠤᠲᠠᠯᠳᠤᠬᠤᠨ ᠤᠯᠤᠰ ᠤᠨ ᠨᠢᠭᠡ ᠬᠡᠰᠡᠭ ᠪᠣᠯᠤᠨ᠎ᠠ :: ᠲᠡᠳᠡ 《 ᠵᠢᠨ ᠰᠤᠳᠤᠷ 》 ᠤᠨ ᠲᠡᠮᠳᠡᠭᠯᠡᠯ ᠳᠦ 《 ᠸᠧᠢ ᠰᠤᠳᠤᠷ 》 ᠡᠴᠡ ᠡᠬᠢᠯᠡᠭᠰᠡᠨ ᠪᠣᠯᠵᠠᠢ :: 329 ᠣᠨ ᠳᠤ ᠲᠠᠯᠠᠪᠠᠷ ᠪᠠᠶᠢᠳᠠᠯ ᠤᠨ ᠰᠢᠰᠢᠩ ᠳᠤ ᠬᠦᠷᠴᠦ ᠪᠠᠶᠢᠭᠰᠠᠨ ᠪᠣᠯᠤᠨ᠎ᠠ :: ᠪᠡᠶᠡᠯᠡᠨ ᠪᠠᠶᠢᠭᠤ ᠶᠢ ᠪᠠᠶᠢᠭᠤᠯᠤᠭᠰᠠᠨ ᠶᠡᠬᠡ ᠬᠠᠭᠠᠨ ᠤ ᠬᠤᠲᠠᠯᠳᠤᠬᠤᠨ ᠢ ᠮᠡᠳᠡᠭᠳᠡᠭᠦᠯᠵᠦ ᠪᠣᠯ ᠲᠦᠷ ᠬᠠᠭᠠᠨ ᠤ ᠮᠠᠲᠠᠬᠠᠢ ᠲᠤᠭ ᠲᠤ ᠲᠡᠭᠦᠨ ᠦ ᠡᠴᠢᠭᠡ ᠲᠤᠭᠤᠢ ᠪᠣᠯᠤᠨ ᠬᠤᠪᠢᠯᠠᠭ᠎ᠠ · ᠬᠡᠮᠡᠨ ᠪᠣᠯᠵᠤ ᠪᠠᠶᠢᠭᠰᠠᠨ :: ᠲᠡᠭᠦᠨ ᠦ 《 ᠪᠣᠯ ᠲᠦᠷ ᠬᠠᠭᠠᠨ ᠤ ᠲᠠᠶᠢᠯᠪᠤᠷᠢ 》 [16] ᠳᠤ ᠪᠢᠴᠢᠭᠰᠡᠨ ᠨᠢ :: ᠪᠠᠶᠢᠭᠤᠯᠤᠭᠰᠠᠨ ᠶᠢ ᠮᠡᠳᠡᠭᠳᠡᠭᠦᠯᠵᠦ ᠪᠠᠶᠢᠭ᠎ᠠ ᠬᠣᠶᠠᠷ ᠤᠨ ᠠᠷᠪᠠ · ᠵᠢᠷᠭᠤ · ᠲᠠᠪᠤ (ᠬᠣᠷᠢᠨ ᠬᠢᠯᠠᠭᠠᠨ) · ᠬᠦᠮᠦᠨ ᠲᠣᠭ᠎ᠠ (ᠲᠦᠮᠡᠨ ᠢᠷᠭᠡᠨ) · ᠵᠢᠭᠠᠳ ᠤ ᠪᠠᠷᠤᠭ ᠤᠨ ᠰᠠᠬᠢᠯ ᠤᠨ ᠰᠣᠶᠤᠯ ᠤᠨ ᠨᠢᠭᠡ ᠵᠦᠢᠯ 《 ᠰᠢᠨᠵᠢᠯᠡᠭᠰᠡᠨ ᠪᠢᠴᠢᠭ ᠤᠨ ᠬᠤᠷᠢᠶᠠᠩᠭᠤᠢ 》 ᠶᠢ ᠳᠤᠷᠠᠳᠬᠠᠭᠰᠠᠨ 》 :: ᠲᠡᠭᠦᠨ ᠦ ᠬᠠᠭᠠᠨ ᠤ ᠬᠤᠷᠠᠯ ᠤᠨ ᠪᠠᠶᠢᠭᠤᠯᠤᠯᠲᠠ ᠳᠤ ᠬᠢᠵᠦ ᠪᠠᠶᠢᠭᠰᠠᠨ ᠲᠠᠪᠤ ᠪᠣᠯ ᠬᠠᠷᠢᠶᠠᠯᠠᠭᠳᠠᠨ᠎ᠠ ::

ᠪᠣᠯ ᠲᠦᠷ ᠬᠠᠭᠠᠨ ᠤ ᠬᠠᠷᠠᠯ ᠪᠣᠯᠤᠨ ᠶᠡᠬᠡ ᠬᠣᠷᠢᠶᠠᠨ ᠪᠣᠯᠤᠨ ᠬᠠᠭᠠᠨ ᠤ ᠪᠠᠶᠢᠭᠤᠯᠤᠯᠲᠠ ᠶᠢᠨ ᠬᠡᠰᠡᠭ ᠳᠦ ᠪᠠᠶᠢᠭᠤᠯᠤᠭᠰᠠᠨ ᠶᠢᠨ ᠪᠠᠶᠢᠭᠤᠯᠬᠤ ᠶᠢ ᠬᠠᠮᠢᠶᠠᠷᠤᠭᠰᠠᠨ (ᠬᠠᠷᠢᠶᠠᠲᠤ ᠶᠢᠨ) ᠪᠠᠷ ᠮᠠᠲᠠᠬᠠᠢ ᠪᠣᠯᠤᠨ · ᠬᠠᠭᠠᠨ ᠤ ᠶᠡᠬᠡ ᠭᠠᠵᠠᠷ ᠤᠨ ᠬᠣᠷᠢᠶ᠎ᠠ ᠶᠢᠨ ᠪᠠᠶᠢᠭᠤᠯᠤᠯᠲᠠ ᠪᠣᠯᠤᠭᠰᠠᠨ · ᠪᠣᠯᠤᠨ ᠬᠣᠷᠢᠶᠠᠯᠠᠭᠳᠠᠭᠰᠠᠨ ᠪᠣᠯᠤᠨ ᠬᠠᠭᠠᠨ ᠤ ᠶᠡᠬᠡ ᠬᠣᠷᠢᠶ᠎ᠠ ᠶᠢᠨ ᠪᠠᠶᠢᠭᠤᠯᠤᠯᠲᠠ ᠪᠣᠯᠤᠨ ᠬᠠᠷᠢᠶᠠᠯᠠᠭᠳᠠᠭᠰᠠᠨ ᠶᠢ ᠪᠠᠷ ᠬᠠᠷᠢᠶᠠᠯᠠᠭᠳᠠᠭᠰᠠᠨ ᠪᠠᠶᠢᠳᠠᠯ ᠪᠣᠯᠤᠨ ᠬᠠᠭᠠᠨ ᠤ ᠮᠠᠲᠠᠬᠠᠢ ᠲᠠᠶᠢᠯ ᠢ · ᠪᠠᠶᠢᠭᠤᠯᠤᠯᠲᠠ ᠶᠢᠨ ᠬᠡᠰᠡᠭ ::

5.

(乌孙)

《行国》 [illegible]

《[illegible]》 [illegible]

[illegible] (昆莫) [illegible]

(昆弥) [illegible]

[illegible] 〔17〕 [illegible] 《[illegible] (靡)》 [illegible]

[illegible] (岑陬、[illegible]) [illegible] (翖侯、[illegible]) [illegible] (大禄、[illegible] (大将)、[illegible] (都尉)、[illegible] (大监)、[illegible] (大吏)、[illegible] (骑君) [illegible] 〔65〕

[illegible]

[illegible] (难兜靡) [illegible] (猎桥靡) [illegible] (翖侯) [illegible] (布就) [illegible]

ᠨᠡᠢᠯᠡᠭᠦᠯᠦᠭᠰᠡᠨ ᠃ ᠡᠨᠡᠬᠦ ᠬᠠᠷᠢᠯᠴᠠᠭ᠎ᠠ ᠶᠢ ᠬᠠᠨ ᠤᠯᠤᠰ ᠤᠨ ᠬᠠᠭᠠᠨ ᠪᠠᠷ ᠳᠠᠮᠵᠢᠭᠤᠯᠤᠨ ᠦᠰᠦᠨ ᠤᠯᠤᠰ ᠲᠤ ᠬᠦᠷᠭᠡᠭᠰᠡᠨ ᠶᠤᠮ ᠃ ᠡᠨᠡ ᠨᠢ ᠬᠠᠨ ᠤᠯᠤᠰ ᠤᠨ ᠬᠠᠷᠢᠯᠴᠠᠭ᠎ᠠ ᠳᠤ ᠴᠢᠬᠤᠯᠠ ᠤᠴᠢᠷ ᠲᠠᠢ ᠶᠤᠮ ᠃

ᠬᠠᠷᠢᠨ ᠳᠤ ᠨᠡᠢᠲᠡ ᠶᠢᠨ ᠲᠣᠭᠠᠯᠠᠯ ᠤᠨ ᠡᠮᠦᠨᠡᠬᠢ 161 ᠣᠨ ᠳᠤ ᠬᠠᠨ ᠤᠯᠤᠰ ᠤᠨ ᠬᠠᠭᠠᠨ ᠤ ᠵᠠᠷᠯᠢᠭ ᠢᠶᠠᠷ ᠦᠰᠦᠨ ᠤᠯᠤᠰ ᠲᠤ ᠬᠦᠷᠭᠡᠭᠳᠡᠭᠰᠡᠨ ᠶᠤᠮ ᠃

ᠨᠡᠢᠲᠡ ᠶᠢᠨ ᠲᠣᠭᠠᠯᠠᠯ ᠤᠨ ᠡᠮᠦᠨᠡᠬᠢ 133 ᠣᠨ ᠳᠤ ᠬᠠᠨ ᠤᠯᠤᠰ ᠬᠢᠷᠢᠶᠠᠨ ᠤ ᠭᠠᠳᠠᠨ᠎ᠠ ᠬᠦᠨ ᠤ ᠤᠯᠤᠰ ᠲᠠᠢ ᠬᠠᠷᠢᠯᠴᠠᠭ᠎ᠠ ᠪᠠᠨ ᠡᠷᠬᠢᠯᠡᠨ ᠨᠡᠢᠯᠡᠭᠦᠯᠦᠭᠰᠡᠨ ᠶᠤᠮ ᠃ ᠨᠡᠢᠲᠡ ᠶᠢᠨ ᠲᠣᠭᠠᠯᠠᠯ ᠤᠨ ᠡᠮᠦᠨᠡᠬᠢ 115 ᠣᠨ ᠳᠤ « ᠦᠰᠦᠨ ᠤᠯᠤᠰ » ᠤᠨ ᠬᠠᠭᠠᠨ ᠬᠠᠨ ᠤᠯᠤᠰ ᠲᠤ ᠡᠯᠴᠢ ᠵᠠᠷᠠᠵᠤ ᠬᠠᠷᠢᠯᠴᠠᠭ᠎ᠠ ᠪᠠᠨ ᠪᠠᠶᠢᠭᠤᠯᠤᠭᠰᠠᠨ ᠶᠤᠮ ᠃ ᠬᠠᠨ ᠤ ᠬᠠᠭᠠᠨ ᠰᠢ ᠵᠢᠶᠦᠨ ᠭᠦᠩᠵᠦ (细君公主) ᠶᠢ « ᠦᠰᠦᠨ ᠤᠯᠤᠰ » ᠲᠤ ᠮᠠᠷᠭᠠᠨ ᠪᠣᠯᠭᠠᠨ ᠬᠠᠷᠢᠯᠠᠭᠤᠯᠵᠤ ᠂ « ᠦᠰᠦᠨ ᠤᠯᠤᠰ » ᠤᠨ ᠬᠠᠭᠠᠨ ᠲᠠᠢ ᠬᠠᠷᠢᠯᠴᠠᠭ᠎ᠠ ᠪᠠᠨ ᠪᠡᠬᠡᠵᠢᠭᠦᠯᠦᠭᠰᠡᠨ ᠶᠤᠮ ᠃

ᠬᠣᠶᠢᠨ᠎ᠠ ᠨᠢ ᠬᠠᠨ ᠤᠯᠤᠰ ᠵᠢᠶᠧ ᠶᠣᠤ ᠭᠦᠩᠵᠦ（解忧公主）ᠶᠢ ᠮᠥᠨ ᠦᠰᠦᠨ ᠤᠯᠤᠰ ᠲᠤ ᠬᠦᠷᠭᠡᠭᠰᠡᠨ ᠪᠡᠷ ᠬᠣᠶᠠᠷ ᠤᠯᠤᠰ ᠤᠨ ᠬᠠᠷᠢᠯᠴᠠᠭ᠎ᠠ ᠤᠯᠠᠮ ᠪᠡᠬᠡᠵᠢᠵᠦ ᠂ ᠡᠩᠬᠡ ᠲᠠᠢᠪᠤᠩ ᠠᠮᠤᠷ ᠲᠦᠪᠰᠢᠨ ᠢ ᠬᠠᠷᠢᠶᠠᠯᠠᠭᠳᠠᠭᠰᠠᠨ ᠶᠤᠮ ᠃

ᠴᠢᠷᠢᠭ (敕勒) ᠭᠡᠳᠡᠭ ᠪᠡᠷ ᠭᠠᠵᠠᠷ ᠤᠨ ᠣᠷᠣᠨ ᠨᠡᠷᠡᠢᠳᠦᠭᠰᠡᠨ 《ᠲᠡᠯᠡᠭᠡ》 ᠭᠡᠵᠦ ᠲᠡᠮᠳᠡᠭᠯᠡᠭᠰᠡᠨ ᠬᠠᠷᠢ᠂ ᠴᠢᠷᠢᠭ᠂ ᠭᠠᠵᠠᠷ ᠬᠡᠮᠡᠨ ᠦ ᠨᠡᠷ᠎ᠡ ᠶᠢᠨ 《ᠲᠡᠯᠡᠭᠡ》 ᠭᠡᠳᠡᠭ ᠨᠡᠷᠡᠢᠳᠦᠯ ᠢ ᠣᠯᠪᠠ᠃ ᠲᠡᠳᠡ ᠬᠦᠮᠦᠰ᠂ ᠲᠡᠷᠡ ᠴᠠᠭ ᠲᠤ ᠬᠦᠮᠦᠰ ᠦᠨ ᠪᠠᠶᠢᠷᠢᠰᠢᠭᠰᠠᠨ ᠣᠷᠣᠨ ᠨᠤᠲᠤᠭ ᠢ 《ᠴᠢᠷᠢᠭ》 ᠦᠨ ᠨᠤᠲᠤᠭ ᠭᠡᠳᠡᠭ᠃ ᠲᠡᠷᠡ ᠴᠠᠭ ᠤᠨ 《高车》 ᠭᠡᠳᠡᠭ᠂ ᠭᠣᠣᠯ ᠲᠠᠢ 《高车》 ᠭᠡᠵᠦ ᠨᠡᠷᠡᠢᠳᠦᠭᠰᠡᠨ ᠪᠠᠶᠢᠨ᠎ᠠ᠃ 2 ᠳᠤᠭᠠᠷ ᠵᠠᠭᠤᠨ ᠡᠴᠡ 5 ᠳᠤᠭᠠᠷ ᠵᠠᠭᠤᠨ ᠪᠣᠯᠲᠠᠯᠠ ᠮᠣᠩᠭᠣᠯ ᠤᠨ ᠨᠤᠲᠤᠭ ᠲᠤ ᠣᠷᠣᠰᠢᠵᠤ ᠪᠠᠶᠢᠭᠰᠠᠨ ᠴᠢᠷᠢᠭ ᠦᠨ 《ᠴᠢᠷᠢᠭ》 ᠭᠡᠳᠡᠭ ᠨᠡᠷᠡᠢᠳᠦᠯ ᠢ ᠮᠠᠨ ᠤ ᠤᠯᠤᠰ ᠤᠨ ᠸᠸᠢ᠂ ᠵᠢᠨ᠂ ᠤᠮᠠᠷᠠᠳᠤ ᠳᠣᠷᠣᠭᠠᠳᠤ ᠤᠯᠤᠰ ᠤᠨ ᠦᠶ᠎ᠡ ᠶᠢᠨ (220 — 581 ᠤᠨ) ᠲᠡᠦᠬᠡ ᠳᠦ ᠪᠢᠴᠢᠭᠰᠡᠨ ᠲᠡᠮᠳᠡᠭᠯᠡᠯ ᠳᠦ ᠴᠢᠷᠢᠭ (敕勒) ᠭᠡᠳᠡᠭ ᠪᠡᠷ ᠭᠠᠵᠠᠷ ᠤᠨ ᠨᠡᠷ᠎ᠡ ᠶᠢᠨ 《ᠲᠡᠯᠡᠭᠡ》 ᠬᠡᠮᠡᠨ ᠲᠡᠮᠳᠡᠭᠯᠡᠭᠰᠡᠨ ᠨᠢ᠂ ᠬᠠᠷᠢ᠂ ᠴᠢᠷᠢᠭ᠂ ᠭᠠᠵᠠᠷ ᠤᠨ ᠨᠡᠷ᠎ᠡ ᠶᠢᠨ ᠬᠡᠮᠵᠢᠶ᠎ᠡ ᠪᠡᠷ 《ᠲᠡᠯᠡᠭᠡ》

ᠲᠡᠭᠦᠨ ᠦ ᠠᠶᠢᠮᠠᠭ ᠣᠪᠣᠭ ᠨᠢ ᠳᠢ ᠣᠪᠣᠭ (狄氏)᠂ ᠶᠤᠸᠠᠨ ᠾᠧ ᠣᠪᠣᠭ (袁纥氏)᠂ ᠬᠦ ᠯᠦᠢ ᠣᠪᠣᠭ (斛律氏)᠂ ᠵᠢᠶᠸᠧ ᠪᠢ ᠣᠪᠣᠭ (解批氏)᠂ ᠬᠦ ᠭᠦ ᠣᠪᠣᠭ (护骨氏)᠂ ᠢ ᠴᠢ ᠣᠪᠣᠭ (异奇斤氏) ᠵᠡᠷᠭᠡ ᠠᠶᠢᠮᠠᠭ ᠣᠪᠣᠭ ᠲᠠᠢ ᠪᠠᠶᠢᠨ᠎ᠠ᠃ ᠬᠣᠶᠢᠨ᠎ᠠ ᠨᠢ ᠨᠡᠮᠡᠭᠳᠡᠵᠦ ᠴᠢ ᠶᠤᠸᠠᠨ ᠣᠪᠣᠭ (乞袁氏)᠂ ᠶᠤ ᠱᠦ ᠹᠧᠢ ᠣᠪᠣᠭ (右叔沛氏)᠂ ᠬᠣᠳᠤ ᠹᠧᠨ ᠣᠪᠣᠭ (俟分氏)᠂ ᠹᠦ ᠹᠦ ᠯᠣ ᠣᠪᠣᠭ (副伏罗氏)᠂ ᠢ ᠬᠤᠸᠠᠨ ᠣᠪᠣᠭ (乙旃氏)᠂ ᠳᠠ ᠯᠢᠶᠠᠨ ᠣᠪᠣᠭ (大连氏)᠂ ᠺᠦ ᠾᠧ ᠣᠪᠣᠭ (窟贺氏)᠂ ᠳᠠ ᠪᠦ ᠭᠠᠨ ᠣᠪᠣᠭ (达簿干氏)᠂ ᠠ ᠴᠠᠩ ᠣᠪᠣᠭ (阿仑氏)᠂ ᠮᠣ ᠶᠦᠨ ᠣᠪᠣᠭ (莫允氏)᠂ ᠴᠢ ᠹᠦ ᠯᠢ ᠣᠪᠣᠭ (泣伏利氏)᠂ ᠲᠦ ᠯᠦ ᠣᠪᠣᠭ (吐卢氏) ᠵᠡᠷᠭᠡ ᠠᠶᠢᠮᠠᠭ ᠣᠪᠣᠭ ᠨᠡᠮᠡᠭᠳᠡᠵᠦ ᠪᠠᠶᠢᠨ᠎ᠠ᠃ ᠴᠢᠷᠢᠭ ᠦᠨ ᠠᠶᠢᠮᠠᠭ ᠤᠳ ᠤᠨ ᠳᠣᠲᠤᠷ᠎ᠠ ᠠᠨᠠᠭ᠎ᠠ ᠶᠢᠨ ᠲᠡᠮᠳᠡᠭᠯᠡᠯ ᠳᠦ 《ᠬᠠᠷᠢᠶᠠᠲᠤ》 ᠭᠡᠵᠦ ᠪᠢᠴᠢᠵᠡᠢ᠃

ᠮᠥᠨ ᠲᠡᠷᠡ ᠨᠢ ᠰᠤᠷᠪᠤᠯᠵᠢ ᠳᠤ 4 ᠲᠣᠪᠴᠢ ᠵᠠᠭᠤᠨ ᠤ ᠡᠬᠢᠨ ᠡᠴᠡ ᠬᠣᠶᠢᠰᠢ ᠬᠡᠢ ᠳᠦ ᠲᠡᠭᠦᠨ ᠦ ᠠᠷᠠᠳ ᠤᠨ ᠪᠠᠢᠷᠢᠰᠢᠯ ᠤᠨ ᠣᠷᠣᠨ ᠨᠤᠲᠤᠭ ᠢ ᠪᠢᠴᠢᠭᠰᠡᠨ ᠲᠡᠮᠳᠡᠭᠯᠡᠯ ᠦᠨ ᠦᠭᠡ᠂ ᠲᠡᠷᠡ ᠴᠠᠭ ᠤᠨ ᠴᠢᠷᠢᠭ ᠦᠨ ᠠᠶᠢᠮᠠᠭ ᠤᠳ ᠤᠨ 《ᠬᠠᠷᠢᠶᠠᠲᠤ ᠶᠢᠨ ᠲᠡᠮᠳᠡᠭᠯᠡᠯ》 ᠪᠠᠶᠢᠨ᠎ᠠ᠃ ᠲᠡᠷᠡ ᠴᠠᠭ ᠲᠤ ᠴᠢᠷᠢᠭ ᠦᠨ ᠠᠶᠢᠮᠠᠭ ᠤᠳ ᠤᠨ ᠪᠠᠷᠠᠭᠤᠨ ᠬᠡᠰᠡᠭ ᠤᠨ ᠨᠤᠲᠤᠭ ᠲᠤ ᠣᠷᠣᠰᠢᠵᠤ ᠪᠠᠶᠢᠭᠰᠠᠨ᠂ ᠲᠡᠭᠦᠨ ᠦ ᠠᠷᠠᠳ ᠤᠨ ᠮᠠᠯᠵᠢᠯ ᠤᠨ ᠠᠵᠤ ᠠᠬᠤᠢ ᠶᠢ 《ᠴᠢᠷᠢᠭ》 ᠭᠡᠳᠡᠭ᠃ ᠪᠣᠯᠤᠭᠰᠠᠨ ᠪᠠᠶᠢᠨ᠎ᠠ ᠲᠡᠭᠦᠨ ᠦ ᠲᠤᠯᠠ ᠶᠢᠨ ᠬᠤᠭᠤᠴᠠᠭ᠎ᠠ ᠳᠤ ᠴᠢᠷᠢᠭ ᠦᠨ ᠠᠷᠠᠳ ᠨᠢ ᠬᠠᠩᠭᠠᠢ ᠶᠢᠨ ᠣᠷᠣᠨ ᠨᠤᠲᠤᠭ ᠤᠨ ᠪᠠᠷᠠᠭᠤᠨ ᠬᠣᠶᠢᠲᠤ ᠶᠢᠨ ᠴᠢᠨᠠᠲᠤ ᠨᠤᠲᠤᠭ ᠢ 《ᠴᠢᠷᠢᠭ》 ᠦᠨ ᠨᠤᠲᠤᠭ ᠭᠡᠳᠡᠭ᠃ ᠲᠡᠭᠦᠨ ᠦ ᠬᠡᠮᠵᠢᠶ᠎ᠡ ᠶᠢ ᠪᠢᠴᠢᠵᠦ ᠪᠠᠶᠢᠨ᠎ᠠ᠃ ᠲᠡᠭᠦᠨ ᠦ ᠳᠡᠭᠡᠷ᠎ᠡ ᠣᠷᠣᠨ ᠨᠤᠲᠤᠭ ᠳᠤ ᠵᠢᠶᠣ ᠰᠢᠦ ᠰᠤᠢ (駮髯水) ᠭᠣᠣᠯ ᠤᠨ ᠪᠠᠷᠠᠭᠤᠨ ᠬᠣᠶᠢᠲᠤ ᠠᠭᠤᠯᠠ ᠶᠢᠨ ᠯᠠᠩ ᠱᠠᠨ (狼山) ᠳᠤ ᠬᠦᠷᠲᠡᠯ᠎ᠡ ᠲᠡᠮᠳᠡᠭᠯᠡᠭᠰᠡᠨ᠃ ᠮᠥᠨ ᠸᠧᠢ ᠸᠠᠩ ᠢ (卫王仪) ᠨᠢ ᠴᠡᠷᠢᠭ ᠳᠠᠭᠠᠭᠤᠯᠤᠨ ᠮᠣᠷᠳᠠᠵᠤ ᠴᠢᠷᠢᠭ ᠦᠨ ᠠᠶᠢᠮᠠᠭ ᠤᠳ ᠢ ᠲᠠᠯᠠᠯᠠᠪᠠ᠂ ᠴᠢᠷᠢᠭ ᠦᠨ ᠬᠦᠮᠦᠰ ᠦᠨ ᠬᠡᠮᠡᠨ ᠪᠣᠯᠤᠭᠰᠠᠨ ᠪᠡᠶᠢ ᠬᠣᠤ ᠯᠢ (倍侯利) ᠬᠡᠮᠡᠨ

ᠳᠣᠷᠠ ᠶᠢᠨ ᠪᠣᠯᠪᠠᠰᠤᠷᠠᠯ ᠬᠠᠷᠢᠶᠠᠯᠠᠭᠰᠠᠨ ᠪᠠᠶᠢᠭᠤᠯᠤᠭᠰᠠᠨ ᠪᠠ ᠬᠠᠭᠠᠨ ᠤ ᠪᠠᠶᠢᠭᠰᠠᠨ ᠄᠄ ᠬᠠᠭᠠᠨ ᠬᠠᠭᠠᠨ ᠤ ᠬᠠᠭᠠᠨ ᠬᠠᠭᠠᠨ ᠤ ᠬᠠᠭᠠᠨ ᠬᠠᠭᠠᠨ ᠪᠠᠶᠢᠨ᠎ᠠ（豆仑伏古

敦可汗）ᠶᠢᠨ ᠬᠠᠭᠠᠨ（485 – 492 ᠣᠨ）ᠳᠤ᠂ ᠲᠡᠷᠡ ᠶᠢᠨ ᠳᠡᠭᠡᠳᠦ ᠶᠢᠨ ᠦᠶ᠎ᠡ ᠶᠢᠨ ᠮᠡᠳᠡᠯ ᠳᠦ ᠭᠡᠳᠡᠭ ᠬᠦᠮᠦᠨ ᠪᠠᠢᠭᠠᠯᠢ᠂ ᠠᠪᠤᠷ ᠤᠨ ᠬᠠᠭᠠᠨ ᠤ ᠬᠡᠷᠡᠭ ᠢ ᠡᠷᠬᠢᠯᠡᠭᠰᠡᠨ ᠠᠪᠤᠵᠢᠯᠤᠣ（阿伏至罗）ᠪᠣᠯᠤᠨ ᠡᠭᠡᠴᠢ ᠶᠢᠨ ᠬᠦᠪᠡᠭᠦᠨ ᠴᠢᠦᠩᠴᠢ（穷奇）ᠬᠣᠶᠠᠷ ᠤᠨ ᠳᠣᠭᠤᠯᠠᠭᠠ ᠪᠡᠷ ᠰᠢᠯᠵᠢᠨ《ᠲᠡᠭᠡᠳᠦ ᠲᠠᠯ ᠤᠨ ᠬᠦᠮᠦᠰ《ᠲᠡᠭᠦᠨ ᠦ ᠲᠦᠮᠡᠨ ᠡᠷᠬᠦ ᠶᠢ ᠠᠪᠴᠤ ᠰᠢᠯᠵᠢᠨ ᠬᠦᠷᠴᠦ ᠢᠷᠡᠭᠡᠳ》᠃ 487 ᠣᠨ ᠳᠤ ᠰᠢᠨ᠎ᠡ ᠤᠯᠤᠰ ᠢ ᠪᠠᠢᠭᠤᠯᠤᠨ᠂ ᠲᠡᠷᠡ ᠶᠢᠨ ᠨᠡᠷ᠎ᠡ ᠶᠢ ᠬᠣᠢ ᠫᠧᠢ（侯倍）》 ᠭᠡᠵᠦ ᠨᠡᠷᠡᠯᠡᠭᠰᠡᠨ ᠪᠠᠢᠨ᠎ᠠ᠃ ᠬᠦᠮᠦᠰ ᠢ《ᠬᠣᠢ ᠯᠧᠦ ᠹᠦ ᠯᠧ（侯娄匐勒）ᠭᠡᠵᠦ》᠂《ᠲᠡᠩᠭᠡᠷ ᠦᠨ ᠬᠦᠪᠡᠭᠦᠨ》 ᠭᠡᠳᠡᠭ ᠤᠴᠢᠷ ᠲᠠᠢ᠃ ᠲᠡᠷᠡ ᠨᠢ《ᠶᠡᠬᠡ ᠬᠠᠭᠠᠨ》᠂《ᠳᠡᠭᠡᠳᠦ ᠬᠠᠭᠠᠨ》 ᠭᠡᠵᠦ ᠨᠡᠷᠡᠯᠡᠭᠳᠡᠭ᠃ ᠠᠪᠤᠵᠢᠯᠤᠣ ᠶᠢ ᠣᠷᠣᠨ ᠳᠤ ᠬᠦᠪᠡᠭᠦᠨ ᠨᠢ ᠰᠠᠭᠤᠭᠰᠠᠨ ᠤ ᠳᠠᠷᠠᠭ᠎ᠠ᠂ ᠰᠠᠭᠤᠭᠰᠠᠨ ᠬᠠᠭᠠᠨ ᠢ ᠢᠷᠭᠡᠳ ᠢᠶᠡᠨ ᠬᠦᠷᠭᠡᠵᠦ ᠲᠡᠷᠡ ᠶᠢᠨ ᠠᠬ᠎ᠠ ᠶᠢᠨ ᠬᠦᠪᠡᠭᠦᠨ ᠢ ᠰᠠᠭᠤᠯᠭᠠᠭᠰᠠᠨ ᠪᠠᠢᠨ᠎ᠠ᠃

ᠲᠡᠷᠡ ᠶᠢᠨ ᠪᠣᠯᠤᠨ ᠨᠠᠢᠮᠠᠨ（ᠮᠢ ᠭᠧ ᠲᠦ）ᠤᠨ ᠰᠢᠳᠦᠯᠭᠡ ᠳᠦ ᠲᠡᠷᠢᠭᠦᠨ ᠪᠣᠯᠪᠠᠰᠤ ᠰᠢᠯᠵᠢᠭᠰᠡᠨ ᠬᠦᠮᠦᠨ ᠪᠠᠢᠵᠤ᠂ ᠬᠢᠷᠭᠢᠰ ᠤᠨ ᠠᠷᠠᠳ ᠨᠢ ᠬᠠᠷᠢᠶᠠᠯᠠᠭᠳᠠᠵᠤ ᠪᠠᠢᠭᠰᠠᠨ ᠦᠶ᠎ᠡ᠃

ᠲᠡᠷᠡ ᠶᠢᠨ ᠦᠶ᠎ᠡ ᠶᠢᠨ ᠬᠠᠭᠠᠨ ᠢ ᠳᠠᠭᠠᠭᠰᠠᠨ ᠪᠣᠯᠵᠤ᠂ ᠥᠷᠭᠡᠨ ᠦ ᠲᠠᠯ ᠤᠨ ᠨᠢᠭᠡ ᠬᠡᠰᠡᠭ ᠪᠡᠷ ᠶᠠᠪᠤᠭᠰᠠᠨ ᠪᠣᠯᠤᠨ ᠬᠣᠶᠠᠷ ᠬᠡᠰᠡᠭ ᠪᠣᠯᠵᠤ ᠬᠤᠪᠢᠶᠠᠭᠳᠠᠭᠰᠠᠨ ᠪᠠᠢᠨ᠎ᠠ᠃ ᠲᠡᠷᠡ ᠶᠢᠨ ᠮᠡᠳᠡᠭᠡ ᠶᠢᠨ ᠬᠢᠯᠢ ᠡᠨᠡ ᠦᠶ᠎ᠡ ᠶᠢᠨ ᠲᠡᠦᠬᠡ ᠳᠦ《ᠵᠧᠨ ᠰᠢ ᠵᠢᠶᠠᠩ ᠵᠢᠶᠦᠨ（镇西将军）᠂ ᠰᠢ ᠬᠠᠢ ᠵᠢᠶᠦᠨ（西海郡）ᠤ ᠺᠠᠢ ᠭᠦᠸᠧ ᠭᠦᠩ（开国公）᠂ ᠭᠠᠵᠠᠷ ᠤᠨ ᠡᠵᠡᠨ ᠪᠣᠯᠭᠠᠪᠠ》᠃ ᠭᠦ ᠺᠠᠢ（谷楷）ᠶᠢᠨ ᠲᠡᠷᠡ ᠨᠢ ᠮᠡᠳᠡᠭᠳᠡᠭᠰᠡᠨ ᠪᠠᠢᠨ᠎ᠠ᠃ ᠲᠡᠷᠡ ᠶᠢᠨ ᠦᠶ᠎ᠡ ᠳᠦ ᠬᠢᠷᠭᠢᠰ ᠤᠨ ᠬᠠᠭᠠᠨ ᠢᠶᠡᠷ ᠰᠠᠭᠤᠵᠤ᠂ ᠬᠠᠭᠠᠨ ᠤ ᠣᠷᠣᠨ ᠢ《ᠪᠠᠢᠭᠤᠯᠬᠤ》 ᠪᠣᠯᠤᠭᠰᠠᠨ᠃ ᠲᠡᠭᠦᠨ ᠦ ᠬᠦᠪᠡᠭᠦᠨ ᠨᠢ ᠬᠠᠭᠠᠨ ᠤ ᠣᠷᠣᠨ ᠢ ᠤᠯᠠᠮᠵᠢᠯᠠᠨ ᠰᠠᠭᠤᠭᠰᠠᠨ᠂ ᠲᠡᠷᠡ ᠨᠢ ᠳᠤᠷᠠᠰᠬᠠᠯ ᠤᠨ ᠣᠷᠣᠨ ᠢ ᠪᠠᠢᠭᠤᠯᠤᠨ《ᠬᠠᠭᠠᠨ ᠤ ᠣᠷᠣᠨ ᠢ ᠬᠠᠮᠠᠭᠠᠯᠠᠭᠰᠠᠨ》᠂ ᠡᠨᠡ ᠬᠦ（516 – 528 ᠣᠨ）ᠤ ᠦᠶ᠎ᠡ ᠳᠦ ᠬᠢᠷᠭᠢᠰ ᠤᠨ ᠬᠠᠭᠠᠨ ᠤ ᠣᠷᠣᠨ ᠢ ᠪᠠᠷᠢᠭᠰᠠᠨ ᠪᠠᠢᠨ᠎ᠠ᠃

7. ᠬᠢᠷᠭᠢᠰ ᠤᠨ ᠲᠦᠦᠬᠡ

ᠬᠢᠷᠭᠢᠰ（黠戛斯）ᠪᠣᠯ ᠡᠷᠲᠡᠨ ᠦ ᠲᠦᠷᠦᠭ ᠤᠨ ᠨᠢᠭᠡ ᠠᠶᠢᠮᠠᠭ᠃ ᠲᠡᠷᠡ ᠨᠢ ᠪᠣᠯ ᠬᠢᠷᠭᠢᠰ ᠤᠨ ᠦᠶ᠎ᠡ ᠳᠦ ᠮᠡᠳᠡᠭᠳᠡᠭᠰᠡᠨ᠂ ᠲᠡᠷᠡ ᠪᠣᠯ ᠤᠯᠤᠰ ᠤᠨ ᠨᠡᠷ᠎ᠡ ᠶᠢᠨ ᠲᠡᠦᠬᠡ ᠳᠦ《ᠬᠢᠶᠠᠭᠠ ᠭᠦ（结骨）》 ᠭᠡᠵᠦ᠂ ᠲᠡᠷᠡ ᠨᠢ ᠲᠠᠩ ᠤᠯᠤᠰ ᠤᠨ ᠲᠡᠦᠬᠡ ᠳᠦ《ᠬᠧ ᠭᠦ（纥骨）》 ᠭᠡᠵᠦ᠂ ᠲᠡᠷᠡ ᠶᠢᠨ ᠦᠶ᠎ᠡ ᠳᠦ《ᠭᠡᠩᠬᠦᠨ（坚昆）》 ᠭᠡᠵᠦ᠂ ᠲᠠᠩ ᠤᠯᠤᠰ ᠤᠨ ᠲᠡᠦᠬᠡ ᠳᠦ《ᠬᠢᠷᠭᠢᠰ（黠戛斯）》 ᠭᠡᠵᠦ ᠲᠡᠮᠳᠡᠭᠯᠡᠭᠰᠡᠨ ᠪᠠᠢᠨ᠎ᠠ᠃ ᠬᠢᠷᠭᠢᠰ（黠戛斯）ᠪᠣᠯ ᠬᠢᠷᠭᠢᠰ ᠤᠨ ᠬᠡᠯᠡ ᠶᠢᠨ ᠳᠠᠭᠤᠳᠠᠯᠭ᠎ᠠ ᠪᠣᠯᠤᠨ᠂ ᠲᠡᠷᠡ ᠨᠢ ᠬᠡᠯᠡ ᠶᠢᠨ ᠳᠣᠷᠣᠭᠰᠢ ᠶᠢᠨ ᠳᠠᠭᠤᠳᠠᠯᠭ᠎ᠠ ᠶᠢᠨ ᠬᠦᠮᠦᠨ ᠦ ᠨᠡᠷ᠎ᠡ ᠶᠢ ᠲᠡᠮᠳᠡᠭᠯᠡᠭᠰᠡᠨ ᠪᠠᠢᠨ᠎ᠠ᠃

[illegible]《[illegible] 阿热》[illegible]（辛相）、[illegible]（都督）、[illegible]（职使）、[illegible]（长史）、[illegible]（将军）、[illegible]（达干）[illegible] ::

[illegible]（都波、[illegible]（骨利干、[illegible] 648 [illegible]（失钵屈阿栈）《[illegible]》[illegible]《[illegible]》[illegible] 7 [illegible] 8 [illegible] 758 [illegible] 9 [illegible] 840 [illegible] 10 [illegible] 12 [illegible]

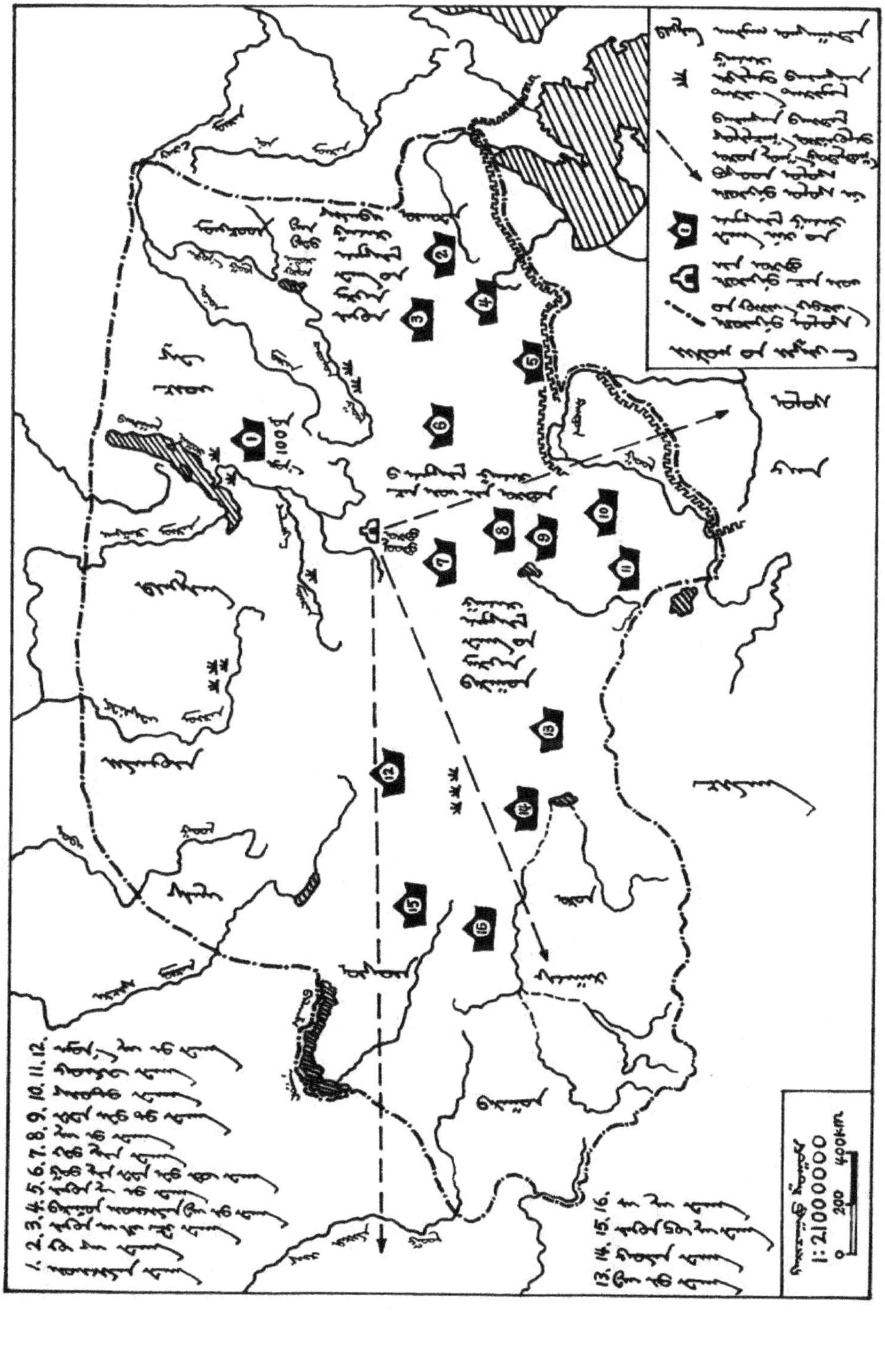
1. 2. 3. 4. 5. 6. 7. 8. 9. 10. 11. 12.
13. 14. 15. 16.
1:21000000
0 200 400km

[illegible]

36

1

48

91

91 — 160

悦般国 · 160 — 490

ᠨᠡᠢᠲᠡ ᠶᠢᠨ ᠣᠨ ᠲᠣᠭᠠᠯᠠᠯ ᠤᠨ ᠡᠮᠦᠨᠡᠬᠢ 206 ᠣᠨ ᠳᠤ ᠬᠠᠨ ᠤᠯᠤᠰ ᠤᠨ ᠬᠠᠭᠠᠨ ᠨᠢᠭᠡᠳᠦᠭᠰᠡᠨ ᠬᠡᠯᠡᠯᠴᠡᠭᠡᠨ ᠬᠤᠷᠢᠶᠠᠭᠰᠠᠨ ᠲᠡᠳᠡᠨ ᠭᠡᠳᠡᠭ ᠮᠡᠳᠡᠭᠳᠡᠵᠡᠢ ᠄ 《

2. ᠬᠦᠨᠨᠦ ᠶᠢᠨ ᠣᠪᠣᠭ

ᠬᠦᠨᠨᠦ ᠴᠤᠭᠯᠠᠷᠠᠯ ᠤᠨ ᠣᠪᠣᠭ ᠤᠳᠤᠮ ᠤᠨ ᠲᠤᠬᠠᠢ ᠲᠡᠮᠳᠡᠭᠯᠡᠭᠰᠡᠨ ᠨᠢ ᠶᠤᠮ ᠄ … ᠣᠨ ᠤ ᠡᠮᠦᠨᠡᠬᠢ ᠬᠠᠨ ᠤᠯᠤᠰ ᠤᠨ … 《 ᠰᠢ ᠵᠢ 》 ᠭᠡᠳᠡᠭ ᠲᠦ ᠪᠢᠴᠢᠭᠰᠡᠨ ᠄ … ᠤᠨ ᠦᠶ᠎ᠡ ᠳᠦ ᠬᠦᠨᠨᠦ ᠶᠢᠨ ᠲᠡᠮᠡᠴᠡᠯ ᠢ ᠲᠢᠡ ᠹᠦ ᠬᠦᠨᠨᠦ （铁弗匈奴）ᠭᠡᠵᠦ ᠨᠡᠷᠡᠯᠡᠭᠰᠡᠨ … ᠨᠡᠢᠲᠡ ᠶᠢᠨ ᠣᠨ ᠲᠣᠭᠠᠯᠠᠯ ᠤᠨ 5 ᠳᠤᠭᠠᠷ ᠵᠠᠭᠤᠨ ᠤ ᠡᠬᠢᠨ ᠦ ᠦᠶ᠎ᠡ ᠳᠦ 《 ᠸᠧᠢ ᠰᠤ 》 ᠭᠡᠳᠡᠭ ᠲᠦ ᠪᠢᠴᠢᠭᠰᠡᠨ ᠄ ᠬᠦᠨᠨᠦ ᠴᠤᠭᠯᠠᠷᠠᠯ ᠤᠨ … ᠨᠡᠢᠲᠡ ᠶᠢᠨ ᠣᠨ ᠲᠣᠭᠠᠯᠠᠯ ᠤᠨ 5 ᠳᠤᠭᠠᠷ ᠵᠠᠭᠤᠨ ᠤ ᠡᠬᠢᠨ ᠦ … ᠶᠢᠨ ᠬᠠᠭᠠᠨ ᠤ … ᠭᠡᠳᠡᠭ ᠨᠢ 《 ᠰᠢᠨ — ᠲᠡᠮᠳᠡᠭ ᠦᠨ ᠪᠢᠴᠢᠭ 》 ᠲᠦ ᠪᠢᠴᠢᠭᠰᠡᠨ ᠄ ᠬᠦᠨᠨᠦ ᠴᠤᠭᠯᠠᠷᠠᠯ ᠤᠨ … ᠨᠡᠢᠲᠡ ᠶᠢᠨ ᠣᠨ ᠲᠣᠭᠠᠯᠠᠯ ᠤᠨ 4 ᠳᠤᠭᠠᠷ ᠵᠠᠭᠤᠨ ᠤ ᠡᠬᠢᠨ ᠦ ᠦᠶ᠎ᠡ ᠳᠦ … ᠄ ᠪᠦᠬᠦ ᠬᠦᠨᠨᠦ ᠶᠢᠨ ᠲᠡᠮᠡᠴᠡᠯ ᠄ ᠲᠦᠭᠦ ᠬᠦ （屠各胡）… ᠄ 《 ᠬᠤ ᠲᠦ ᠭᠦ （屠各）》（ … ）ᠭᠡᠵᠦ ᠲᠡᠮᠳᠡᠭᠯᠡᠭᠰᠡᠨ ᠪᠠᠢᠨ᠎ᠠ ᠄ ᠲᠡᠳᠡᠨ ᠦ ᠬᠦᠨᠨᠦ ᠴᠤᠭᠯᠠᠷᠠᠯ ᠳᠤ ᠬᠠᠮᠢᠶᠠᠷᠠᠬᠤ 《 ᠲᠦᠭᠦ （屠各）ᠬᠦ ᠄ ᠲᠦ ᠄ ᠲᠡᠳᠡᠨ ᠦ … ᠲᠡᠮᠡᠴᠡᠯ ᠦᠨ … ᠄ ᠬᠦᠨᠨᠦ ᠴᠤᠭᠯᠠᠷᠠᠯ ᠤᠨ … ᠶᠤᠮ ᠄

ᠲᠡᠳᠡᠨ ᠦ ᠣᠪᠣᠭ ᠦᠨ ᠬᠦᠨᠨᠦ ᠴᠤᠭᠯᠠᠷᠠᠯ ᠤᠨ ᠭᠠᠷᠤᠯ ᠤᠨ ᠲᠤᠬᠠᠢ ᠲᠡᠮᠳᠡᠭᠯᠡᠭᠰᠡᠨ ᠪᠠᠢᠨ᠎ᠠ ᠄ ᠲᠡᠳᠡᠨ ᠦ ᠬᠦᠨᠨᠦ ᠴᠤᠭᠯᠠᠷᠠᠯ ᠤᠨ ᠣᠪᠣᠭ ᠤᠳᠤᠮ ᠤᠨ ᠲᠤᠬᠠᠢ ᠶᠤᠮ ᠄

ᠪᠠᠷᠠᠭᠤᠨ ᠬᠦᠨᠨᠦ ᠴᠤᠭᠯᠠᠷᠠᠯ ᠤᠨ ᠨᠡᠭᠦᠳᠡᠯ ᠦᠨ ᠲᠦᠦᠬᠡ ᠶᠢᠨ ᠲᠤᠬᠠᠢ ᠶᠢ ᠲᠡᠮᠳᠡᠭᠯᠡᠭᠰᠡᠨ ᠄ ᠣᠷᠣᠨ ᠨᠤᠲᠤᠭ ᠤᠨ ᠲᠡᠮᠡᠴᠡᠯ ᠦᠨ ᠪᠠᠢᠳᠠᠯ ᠲᠠᠢ ᠪᠠᠷᠠᠭᠤᠨ ᠡᠵᠡᠨ ᠬᠤᠭᠤᠷᠤᠨᠳᠤ ᠨᠡᠭᠦᠳᠡᠯᠴᠢᠨ ᠤᠯᠤᠰ ᠤᠨ … 《 ᠬᠣᠢᠢᠳᠤ ᠬᠠᠨ ᠤ ᠪᠢᠴᠢᠭ 》 ᠲᠦ ᠲᠡᠮᠳᠡᠭᠯᠡᠭᠰᠡᠨ ᠄ ᠨᠡᠢᠲᠡ ᠶᠢᠨ ᠬᠣᠢᠢᠳᠤ ᠬᠠᠨ ᠤᠯᠤᠰ ᠤᠨ ᠦᠶ᠎ᠡ ᠳᠦ ᠠᠯᠠᠨ ᠬᠦᠮᠦᠨ（阿兰人）ᠤ ᠨᠤᠲᠤᠭ ᠢ ᠡᠵᠡᠯᠡᠭᠰᠡᠨ ᠪᠠᠢᠨ᠎ᠠ ᠄ 5 ᠳᠤᠭᠠᠷ ᠵᠠᠭᠤᠨ ᠤ ᠡᠬᠢᠨ ᠦ ᠦᠶ᠎ᠡ ᠳᠦ ᠨᠡᠭᠦᠳᠡᠯᠴᠢᠨ ᠪᠣᠯᠵᠠᠢ ᠄ 260 — 350 ᠣᠨ ᠪᠠᠷᠠᠭᠤᠨ ᠬᠦᠨᠨᠦ ᠨᠢ ᠰᠤᠲᠧ ᠤᠯᠤᠰ（粟特国）ᠢ ᠡᠵᠡᠯᠡᠭᠰᠡᠨ ᠄ 350 — 374 ᠣᠨ ᠬᠦᠨᠨᠦ ᠴᠤᠭᠯᠠᠷᠠᠯ ᠤᠨ ᠨᠢᠭᠡ ᠬᠡᠰᠡᠭ ᠨᠢ ᠺᠠᠩ ᠵᠢᠦ ᠤᠯᠤᠰ ᠢ ᠡᠵᠡᠯᠡᠭᠰᠡᠨ ᠄ 160 — 260 ᠣᠨ ᠪᠠᠷᠠᠭᠤᠨ ᠬᠦᠨᠨᠦ ᠺᠠᠩ ᠵᠢᠦ ᠤᠯᠤᠰ（康居国）ᠲᠤ

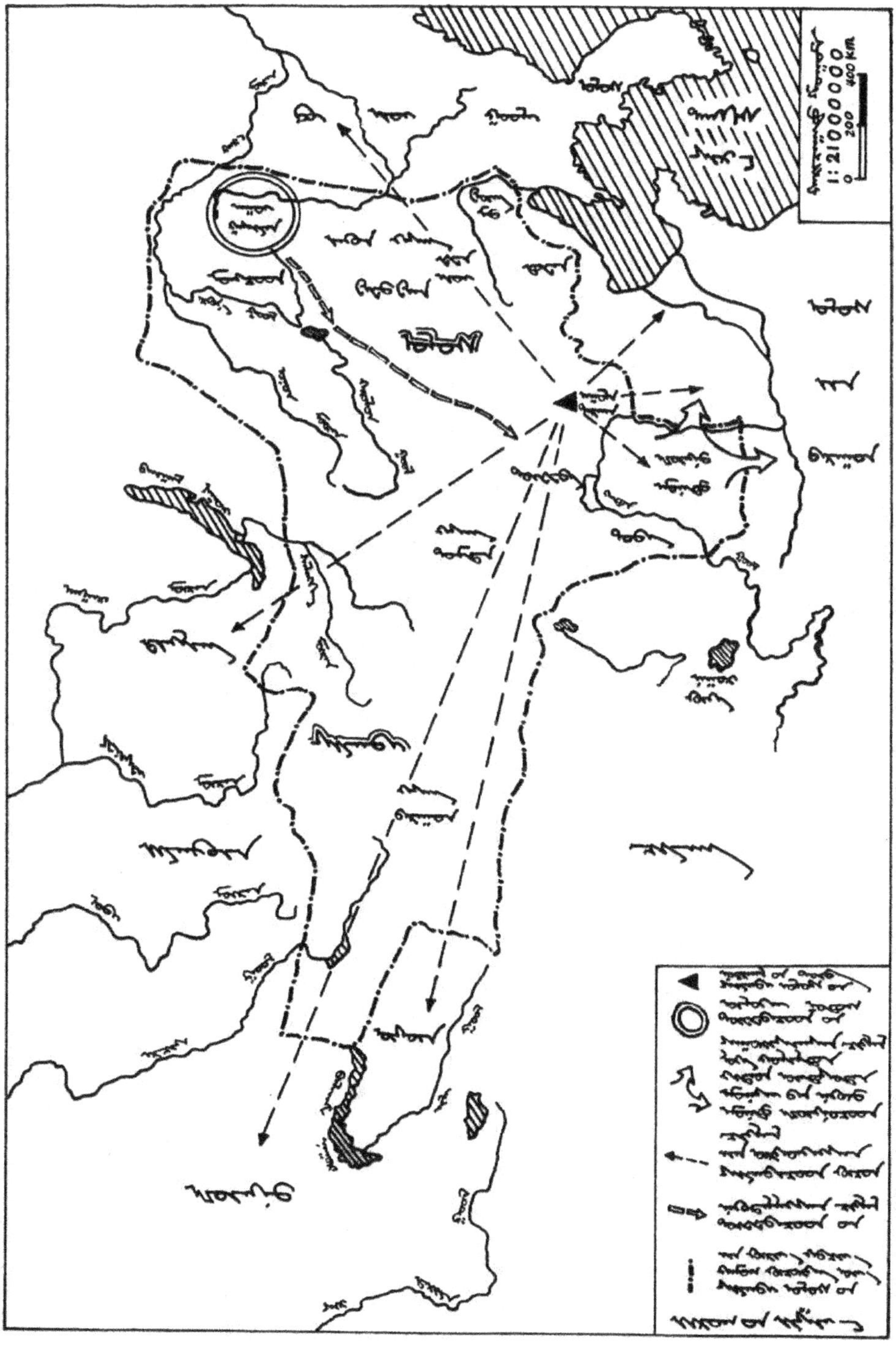

[illegible]

（秃发）·ᠬᠢᠳᠠᠨ（乞伏）ᠰᠢᠷᠠ ᠲᠠᠯ᠎ᠠ ᠶᠢᠨ ᠪᠣᠯᠣᠨ᠎ᠠ᠃ ᠲᠡᠳᠡᠨ ᠦ ᠨᠢᠭᠤᠳᠠᠯ ᠤᠨ ᠬᠡᠯᠡ ᠶᠢ ᠰᠤᠳᠤᠯᠵᠤ ᠂ ᠭᠠᠷᠤᠯ ᠂ ᠰᠢᠨᠵᠢᠯᠡᠬᠦ ᠶᠢᠨ

ᠬᠡᠯᠡ（契丹）·ᠬᠦᠮᠦᠰ（库莫奚）·ᠬᠤᠪᠤ（秃发）·ᠬᠢᠳᠠᠨ（乞伏）ᠰᠢᠷᠠ ᠶᠢᠨ ᠨᠢᠭᠤᠳᠠᠯ ᠤᠨ ᠪᠠᠶᠢᠳᠠᠯ ᠢ ᠪᠠᠷᠢᠮᠲᠠᠯᠠᠨ᠎ᠠ᠃

ᠰᠤᠳᠤᠯᠤᠯ ᠤᠨ ᠲᠥᠯᠥᠭᠡᠯᠡᠯ ᠳᠦ ᠂ ᠡᠳᠡᠭᠡᠷ ᠦᠨ ᠬᠡᠯᠡ ᠶᠢᠨ ᠨᠢᠭᠤᠳᠠᠯ ᠢ ᠲᠣᠳᠤᠷᠬᠠᠢᠯᠠᠬᠤ ᠳᠤ ᠂ ᠶᠦᠸᠧᠨ（宇文）·ᠳᠤᠸᠠᠨ（段）·ᠮᠦ ᠷᠦᠩ（慕容）·ᠪᠠᠶᠢ（白）·

[illegible] 206 [illegible]

[illegible]

3. [illegible]

[illegible]

[25] [illegible]

[illegible] (高氏) [illegible]

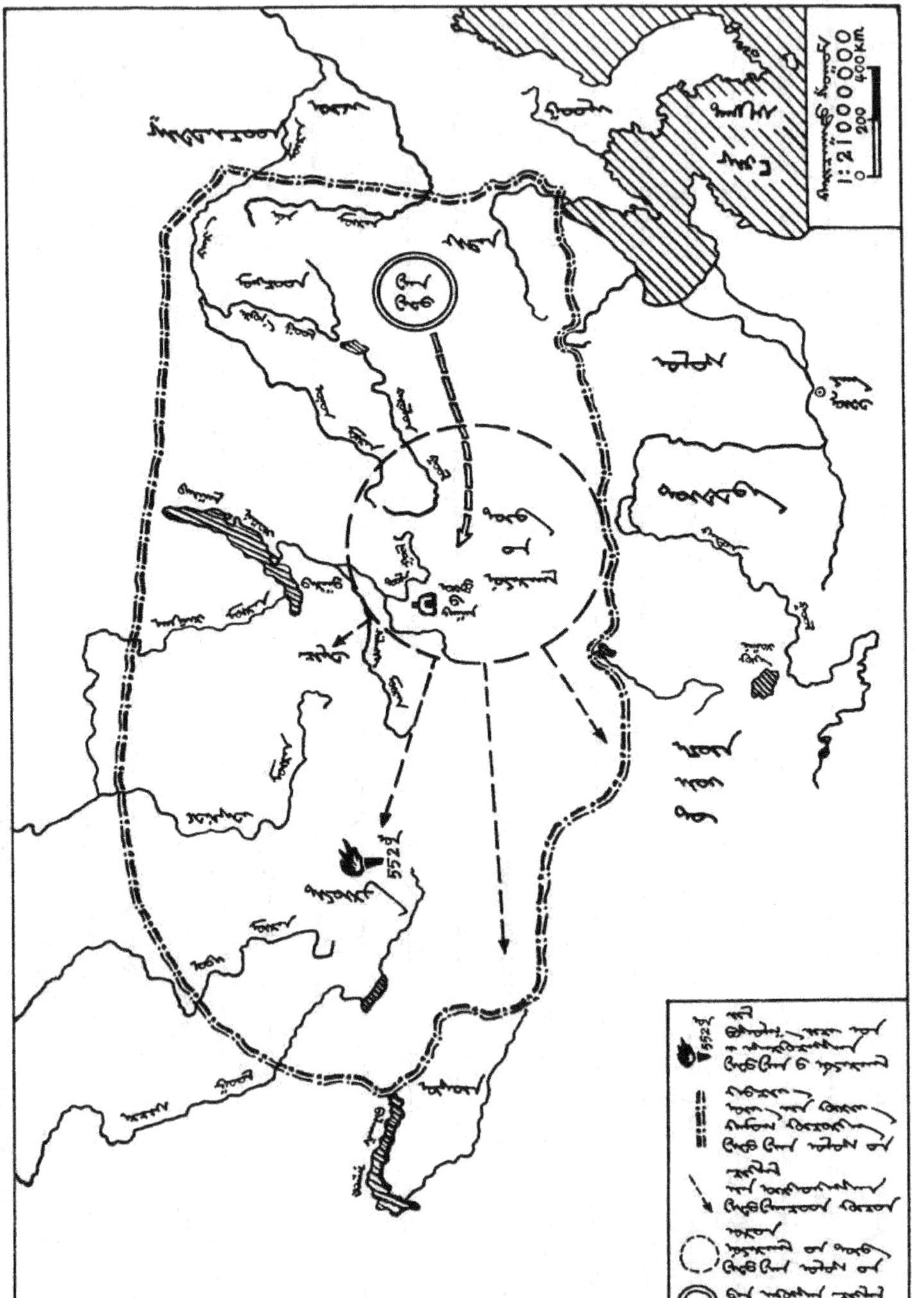
1:21000000
0 200 400KM
5521

[illegible] ::

[illegible] 5 ᠳᠤᠭᠠᠷ ᠵᠠᠭᠤᠨ ᠤ [illegible] 6 ᠳᠤᠭᠠᠷ ᠵᠠᠭᠤᠨ ᠤ [illegible] 555 ᠣᠨ ᠳᠤ [illegible] ::
[illegible] 《 [illegible] 》 [illegible]) [illegible] :: [illegible] ([illegible]) [illegible] 552 ᠣᠨ ᠳᠤ [illegible] :: [illegible]

[illegible] ::

[illegible] :: [illegible] :: [illegible] (520 — 552 ᠣᠨ) [illegible] 492 ᠣᠨ ᠳᠤ [illegible] :: [illegible] 5 ᠳᠤᠭᠠᠷ ᠵᠠᠭᠤᠨ ᠤ [illegible] :: [illegible] :: [illegible] 《 [illegible] 》 [illegible] ([illegible]) [illegible] 427 ᠣᠨ [illegible] :: [illegible] ([illegible]) [illegible]

ᠪᠢᠰᠢ ᠬᠡᠮᠡᠨ ᠬᠡᠯᠡᠨ ᠦ ᠵᠠᠭᠤᠨ ᠳᠤ ᠰᠠᠭᠤᠷᠢᠰᠢᠭᠰᠠᠨ ᠲᠠᠷᠠ ᠥᠨᠳᠥᠷ ᠲᠡᠷᠭᠡᠲᠡᠨ ᠪᠣᠯᠤᠨ ᠰᠢᠩᠭᠡᠭᠡᠭᠰᠡᠨ ᠬᠡᠮᠡᠨ ᠭᠡᠵᠦ ᠪᠠᠢᠨ᠎ᠠ ᠄ 6 ᠳᠤᠭᠠᠷ ᠵᠠᠭᠤᠨ ᠤ ᠡᠬᠢᠨ ᠡᠴᠡ ᠪᠢᠯᠡ ᠪᠣᠯᠵᠠᠢ ᠄ ᠲᠡᠭᠦᠨ ᠪᠢᠰᠢ ᠲᠡᠭᠦᠨ ᠦ ᠲᠡᠦᠬᠡ ᠳᠦ ᠰᠠᠭᠤᠷᠢᠰᠢᠭᠰᠠᠨ ᠦᠨᠳᠦᠰᠦᠨ ᠢ ᠲᠣᠭᠠᠴᠠᠭᠰᠠᠨ ᠪᠣᠯᠪᠠᠴᠤ ᠂ ᠲᠡᠭᠦᠨ ᠦ ᠨᠡᠷ᠎ᠡ ᠲᠡᠮᠳᠡᠭ ᠨᠢ ᠦᠭᠡᠶ ᠄ ᠲᠡᠷᠡ ᠪᠣᠯ ᠥᠨᠳᠥᠷ ᠲᠡᠷᠭᠡᠲᠡᠨ ᠦ ᠰᠠᠭᠤᠷᠢᠰᠢᠭᠰᠠᠨ ᠤᠷᠤᠭ ᠮᠢᠨᠢ ᠰᠤᠷᠪᠤᠯᠵᠢᠯᠠᠭᠰᠠᠨ ᠵᠢᠭᠠᠮᠠᠯ ᠦᠨ 《ᠲᠡᠦᠬᠡ》 ᠳᠦ ᠪᠢᠴᠢᠭᠰᠡᠨ ᠠᠷᠪᠠᠨ ᠵᠢᠷᠭᠤᠭᠠᠨ ᠣᠪᠣᠭ ᠢ ᠲᠣᠭᠠᠴᠠᠭᠰᠠᠨ ᠦᠭᠡᠶ ᠂ ᠲᠡᠷᠡ ᠪᠢᠯᠡ ᠶᠠᠭᠤ ᠪᠠᠢᠬᠤ ᠶᠢ ᠮᠡᠳᠡᠬᠦ ᠦᠭᠡᠶ ᠪᠣᠯᠤᠨ᠎ᠠ ᠄

ᠥᠨᠳᠥᠷ ᠲᠡᠷᠭᠡᠲᠡᠨ ᠦ ᠬᠡᠯᠡᠨ ᠤ ᠰᠠᠭᠤᠷᠢᠰᠢᠭᠰᠠᠨ ᠤ ᠲᠥᠷᠥᠯ ᠪᠢᠯᠡ ᠄ ᠥᠨᠳᠥᠷ ᠲᠡᠷᠭᠡᠲᠡᠨ ᠦ ᠠᠷᠪᠠᠨ ᠵᠢᠷᠭᠤᠭᠠᠨ ᠣᠪᠣᠭ ᠪᠣᠯᠤᠭᠰᠠᠨ ᠢ ᠲᠡᠭᠦᠨ ᠦ ᠲᠡᠦᠬᠡ ᠳᠦ ᠪᠢᠴᠢᠭᠰᠡᠨ ᠨᠢ ᠲᠡᠷᠡ ᠪᠠᠢᠨ᠎ᠠ ᠄ ᠲᠡᠷᠡ ᠪᠣᠯ ᠥᠨᠳᠥᠷ ᠲᠡᠷᠭᠡᠲᠡᠨ ᠦ ᠨᠡᠷ᠎ᠡ ᠲᠡᠮᠳᠡᠭ ᠦᠨ ᠣᠷᠣᠨ ᠪᠣᠯᠤᠨ ᠬᠣᠶᠠᠷ ᠲᠠᠷᠠ ᠪᠠᠢᠵᠠᠢ ᠄ ᠥᠨᠳᠥᠷ ᠲᠡᠷᠭᠡᠲᠡᠨ ᠦ ᠬᠠᠭᠠᠨ ᠦ ᠣᠪᠣᠭ ᠢ 《ᠸᠧᠢ ᠤᠯᠤᠰ ᠤᠨ ᠲᠡᠦᠬᠡ》 ᠳᠦ ᠪᠢᠴᠢᠭᠰᠡᠨ ᠠᠶᠢᠮᠠᠭ ᠤᠨ ᠨᠡᠷ᠎ᠡ ᠪᠣᠯᠤᠨ᠎ᠠ ᠄ ᠲᠡᠭᠦᠨ ᠦ ᠶᠢᠰᠦᠨ ᠠᠶᠢᠮᠠᠭ ᠤᠨ ᠨᠡᠷ᠎ᠡ ᠵᠢ ᠰᠢᠨᠵᠢᠯᠡᠪᠡᠯ ᠂ ᠫᠢ ᠯᠢ ᠴᠧᠨ ᠠᠶᠢᠮᠠᠭ（譬历辰部）ᠪᠠ ᠢᠯᠠᠭᠤ ᠠᠶᠢᠮᠠᠭ ᠢ ᠬᠠᠮᠲᠤ ᠳᠤ ᠬᠤᠪᠢᠶᠠᠭᠳᠠᠭᠰᠠᠨ ᠪᠣᠯᠤᠨ᠎ᠠ ᠄ ᠲᠦᠷᠦᠭ ᠣᠪᠣᠭ（429 ᠣᠨ ᠤ ᠡᠮᠦᠨ᠎ᠡ ᠬᠦᠷᠲᠡᠯ）ᠤ ᠬᠠᠷᠢᠶᠠᠲᠤ ᠠᠶᠢᠮᠠᠭ（副伏罗部）᠂ ᠲᠠ ᠮᠣ ᠭᠦ ᠠᠶᠢᠮᠠᠭ（他莫孤部）᠂ ᠴᠢ ᠵᠢᠨ ᠠᠶᠢᠮᠠᠭ（奇斤部）᠂ ᠬᠧ ᠱᠦ ᠶᠧ ᠭᠦ ᠠᠶᠢᠮᠠᠭ（贺述也骨部）᠂ ᠬᠣᠶᠠᠷ ᠣᠪᠣᠭ ᠲᠤ ᠬᠤᠪᠢᠶᠠᠭᠳᠠᠭᠰᠠᠨ ᠠᠶᠢᠮᠠᠭ ᠨᠤᠭᠤᠳ（斛律部、ᠬᠦ ᠯᠢᠦ ᠣᠪᠣᠭ ᠲᠤ ᠬᠤᠪᠢᠶᠠᠭᠳᠠᠭᠰᠠᠨ）᠂ ᠪᠠ ᠶᠧ ᠵᠢ ᠠᠶᠢᠮᠠᠭ（拔也稽部、ᠬᠠᠮᠲᠤ ᠰᠢ ᠪᠠᠢᠵᠠᠢ — ᠲᠡᠭᠦᠨ ᠦ ᠳᠠᠷᠠᠭ᠎ᠠ ᠳᠤ ᠬᠦᠷᠦᠭᠰᠡᠨ ᠤ ᠬᠣᠶᠢᠨ᠎ᠠ ᠬᠤᠪᠢᠶᠠᠭᠳᠠᠭᠰᠠᠨ ᠠᠶᠢᠮᠠᠭ（乌朱贺颓部）᠂ ᠺᠦ ᠱᠢ ᠲᠦᠢ ᠠᠶᠢᠮᠠᠭ（库士颓部）᠂ ᠫᠢ ᠯᠦᠢ ᠠᠶᠢᠮᠠᠭ（匹娄部）᠂ ᠮᠧᠢ ᠸᠧᠢ ᠠᠶᠢᠮᠠᠭ（胇渥部、ᠠᠯᠢ ᠨᠢᠭᠡᠨ ᠳᠤ ᠡᠳᠡᠭᠡᠷ ᠲᠦᠷᠦᠯ ᠬᠤᠪᠢᠶᠠᠭᠳᠠᠭᠰᠠᠨ）᠂ ᠸᠦ ᠯᠦ ᠵᠧᠨ ᠠᠶᠢᠮᠠᠭ（无卢真部）᠂ ᠾᠧ ᠰᠢ ᠠᠶᠢᠮᠠᠭ（纥奚部、ᠠᠯᠢ ᠨᠢᠭᠡᠨ ᠳᠤ ᠡᠳᠡᠭᠡᠷ ᠲᠦᠷᠦᠯ ᠬᠤᠪᠢᠶᠠᠭᠳᠠᠭᠰᠠᠨ）᠂ ᠠ ᠹᠦ ᠭᠠᠨ ᠠᠶᠢᠮᠠᠭ（阿伏干部、ᠬᠠᠮᠲᠤ ᠰᠢ — ᠲᠡᠭᠦᠨ ᠦ ᠡᠳᠡᠭᠡᠷ ᠬᠤᠪᠢᠶᠠᠭᠳᠠᠭᠰᠠᠨ）᠂ ᠰᠢ ᠯᠢᠦ ᠯᠢᠨ ᠠᠶᠢᠮᠠᠭ（俟吕邻部 ᠪᠠ ᠡᠷ ᠮᠢᠶᠠᠨ ᠠᠶᠢᠮᠠᠭ（尔绵部、ᠬᠣᠶᠠᠷ ᠣᠪᠣᠭ — ᠲᠡᠭᠦᠨ ᠦ ᠡᠳᠡᠭᠡᠷ ᠪᠣᠯᠤᠨ ᠡᠯᠡᠭᠡ ᠶᠢᠨ ᠴᠦ ᠹᠦ ᠠᠶᠢᠮᠠᠭ（黜弗部）᠂ ᠰᠦ ᠭᠦ ᠶᠠᠨ ᠠᠶᠢᠮᠠᠭ（素古延部）᠂ ᠶᠦ ᠵᠢᠦ ᠯᠦᠢ ᠠᠶᠢᠮᠠᠭ（郁久闾部、ᠶᠦ ᠵᠢᠦ ᠯᠦᠢ ᠳᠤ ᠬᠤᠪᠢᠶᠠᠭᠳᠠᠭᠰᠠᠨ ᠠᠶᠢᠮᠠᠭ ᠪᠣᠯ）᠂ ᠾᠧ ᠲᠦ ᠯᠢᠨ ᠠᠶᠢᠮᠠᠭ（纥突邻部）᠂ ᠴᠦ ᠹᠦ ᠠᠶᠢᠮᠠᠭ（黜
ᠥᠨᠳᠥᠷ ᠲᠡᠷᠭᠡᠲᠡᠨ ᠦ ᠬᠡᠯᠡᠨ ᠪᠢᠰᠢ ᠡᠳᠡᠭᠡᠷ ᠠᠶᠢᠮᠠᠭ ᠤᠳ ᠪᠣᠯ ᠪᠦᠷᠢᠯᠳᠦᠭᠰᠡᠨ ᠨᠢᠭᠡ ᠲᠣᠮᠣ ᠲᠠᠢ ᠄ ᠵᠠᠭᠤᠨ ᠳᠤ ᠰᠠᠭᠤᠷᠢᠰᠢᠭᠰᠠᠨ ᠦᠨᠳᠦᠰᠦᠯᠡᠯ ᠂ ᠥᠨᠳᠥᠷ ᠲᠡᠷᠭᠡᠲᠡᠨ

ᠲᠣᠪᠣᠭ᠎ᠠ (拓跋) ᠭᠡᠳᠡᠭ ᠨᠡᠷᠡᠢᠳᠦᠯ ᠦᠨ ᠤᠭ ᠤᠳᠬ᠎ᠠ ᠶᠢ 《 ᠲᠣᠭᠣᠯᠠ 》 ᠭᠡᠳᠡᠭ ᠦᠭᠡ ᠲᠡᠢ ᠬᠠᠷᠢᠴᠠᠭᠤᠯᠵᠤ ᠪᠠᠶᠢᠭᠰᠠᠨ ᠤ ᠲᠤᠬᠠᠢ ᠳᠤ ᠪᠣᠯ 《 ᠲᠦᠷᠦ 》 ᠶᠢᠨ

ᠲᠣᠭᠣᠯᠠᠬᠤ ᠪᠣᠯᠪᠠᠰᠤ (ᠲᠦᠷᠦ ᠶᠢᠨ ᠲᠣᠭᠣᠯᠠᠬᠤ) ᠶᠢᠨ ᠲᠣᠭᠣᠯᠠᠭᠰᠠᠨ ᠬᠡᠯᠡᠨ ᠦ ᠲᠡᠮᠳᠡᠭ ᠶᠢᠨ 《 tu:ru 》 ᠶᠢᠨ ᠲᠣᠭᠣᠯᠠᠭᠰᠠᠨ ᠲᠦᠷᠦ ᠶᠢᠨ ᠲᠣᠭᠣᠯᠠᠬᠤ ᠲᠡᠮᠳᠡᠭ ᠶᠢᠨ ᠲᠣᠭᠣᠯᠠᠬᠤ ᠃ ᠲᠦᠷᠦ ᠶᠢᠨ ᠲᠣᠭᠣᠯᠠᠭᠰᠠᠨ

ᠲᠣᠭᠣᠯᠠᠬᠤ ᠶᠢᠨ 《 tokala 》 ᠶᠢᠨ ᠲᠣᠭᠣᠯᠠᠭᠰᠠᠨ ᠃ ᠲᠦᠷᠦ ᠶᠢᠨ ᠲᠣᠭᠣᠯᠠᠬᠤ ᠪᠢᠴᠢᠭ ᠦᠨ 《 ᠲᠦᠷᠦ 》 ᠶᠢᠨ ᠲᠣᠭᠣᠯᠠᠭᠰᠠᠨ ᠲᠦᠷᠦ ᠶᠢᠨ ᠲᠣᠭᠣᠯᠠᠬᠤ ᠲᠠᠯ᠎ᠠ 《 ᠲᠦᠷᠦ 》 ᠶᠢᠨ ᠲᠣᠭᠣᠯᠠᠬᠤ

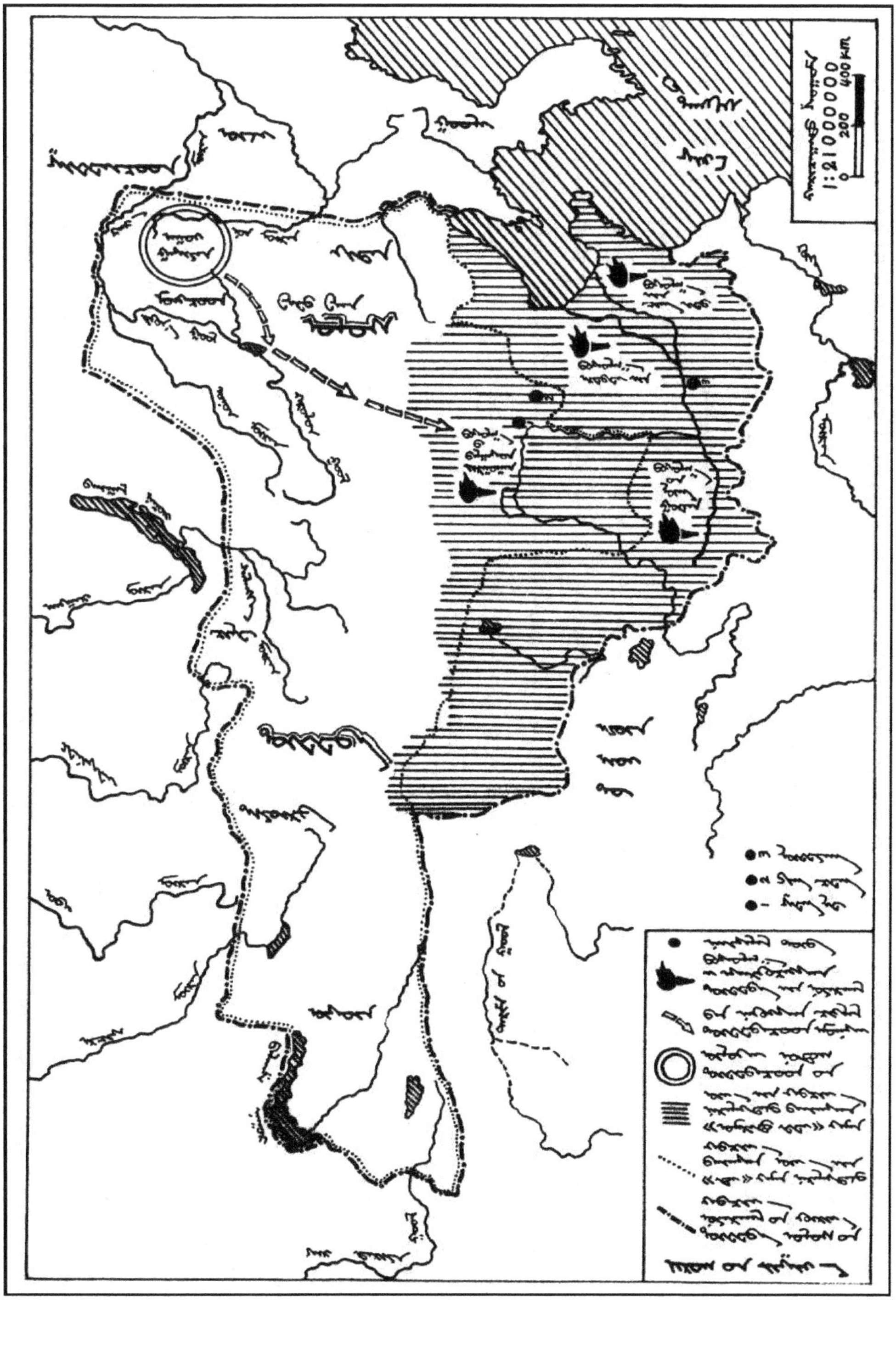

[illegible]

[illegible]

[illegible] ᠃ [illegible]
[illegible] ᠃ [illegible] (295 — 308 ᠣᠨ) [illegible]
[illegible] ᠃ [illegible] ([illegible]) [illegible] ([illegible]) [illegible]
([illegible]) [illegible] ([illegible]) [illegible] ᠃ [illegible]
[illegible] ᠃ [illegible] ᠃

308 ᠣᠨ ᠳᠤ [illegible] ᠃ [illegible]
[illegible] ([illegible]) [illegible] 313 ᠣᠨ ᠳᠤ [illegible] ᠃ [illegible]
[illegible] ([illegible]) [illegible] 《 [illegible] 》 [illegible] 315 ᠣᠨ ᠳᠤ [illegible]
[illegible] 《 [illegible] 》 [illegible] 《 [illegible] 》 [illegible] ᠃
[illegible]
[illegible] 《 [illegible] 》 [illegible] ᠃ [illegible]
[illegible] ᠃ [illegible]
338 ᠃ [illegible] 《 [illegible] 》 [illegible] 《 [illegible] 》 [illegible] ᠃ [illegible] 《 [illegible] 》
[illegible] ᠃ [illegible]
[illegible] 380 — 386 ᠣᠨ [illegible]
[illegible] 《 [illegible] 》 (350 —394 ᠣᠨ) [illegible] ᠃

[illegible]
[illegible] 386 ᠣᠨ ᠳᠤ [illegible] ([illegible]) [illegible]
[illegible] 386 ᠣᠨ ᠳᠤ [illegible] ᠃ [illegible]
[illegible] 《 [illegible] 》 [illegible] ᠃ [illegible]
[illegible] ([illegible]) [illegible] ([illegible]) [illegible] ([illegible]) [illegible]

ᠬᠢᠲᠠᠨ (契丹) ᠪᠣᠯ ᠮᠣᠩᠭᠣᠯᠴᠤᠳ ᠤᠨ ᠡᠴᠢᠭᠡ ᠶᠢᠨ ᠣᠶᠢᠷᠠᠳᠠᠭᠤᠯ ᠬᠣᠯᠪᠣᠭᠳᠠᠭᠰᠠᠨ ᠳᠤ ᠨᠢᠭᠡ ᠰᠢᠬᠤᠯ ᠤᠨ ᠪᠣᠯᠤᠨ ᠲᠦᠮᠡᠨ ᠦ ᠶᠠᠭᠤᠨ ᠬᠡᠮᠡᠬᠦ ᠳᠦ ᠨᠢ

ᠳᠤᠷᠠᠳᠬᠠᠯ ᠳᠤᠷᠠᠳᠬᠠᠯ ᠤᠨ ᠪᠢᠴᠢᠭ ᠲᠦ ᠨᠢ ᠲᠦᠷᠦ ᠶᠢᠨ ᠬᠡᠮᠵᠢᠶ᠎ᠡ ᠪᠠᠷ ᠲᠡᠮᠳᠡᠭᠯᠡᠭᠰᠡᠨ ᠪᠠᠢ᠌ᠨ᠎ᠠ :: 901 ᠣᠨ ᠳᠤ ᠳᠤᠷᠠᠳᠬᠠᠯ ᠤᠨ ᠬᠡᠯᠡᠯᠴᠡᠭᠡ ᠨᠢᠭᠡ ᠪᠢᠴᠢᠭ ᠪᠣᠯᠤᠨ ᠳᠤᠷᠠᠳᠬᠠᠯ ᠤᠨ ᠪᠢᠴᠢᠭ ᠦᠨ ᠬᠡᠮᠵᠢᠶ᠎ᠡ ᠨᠢ ᠲᠡᠦᠬᠡ ᠶᠢᠨ ᠬᠡᠯᠡ ᠪᠢᠴᠢᠭ ᠦᠨ ᠴᠢᠬᠤᠯᠠ ᠮᠡᠳᠡᠭᠡ ᠳᠤ ᠬᠠᠮᠢᠶ᠎ᠠ ᠲᠠᠢ ᠪᠣᠯᠤᠨ᠎ᠠ᠂ ᠪᠠᠢᠭᠠ ᠶᠠᠭᠤᠮ 《 ᠲᠦᠷᠦᠭ ᠦᠨ 》 ᠬᠠᠭᠠᠨ ᠤ ᠨᠡᠷᠡ ᠶᠢ ᠵᠢᠷᠤᠮ ᠪᠠᠷ ᠪᠠᠢᠭᠤᠯᠤᠭᠰᠠᠨ ᠪᠣᠯᠤᠨ᠎ᠠ :: ᠳᠤᠷᠠᠳᠬᠠᠯ ᠳᠤᠷᠠᠳᠬᠠᠯ ᠢ ᠪᠢᠴᠢᠭᠰᠡᠨ ᠪᠠᠢᠳᠠᠯ ᠤᠨ ᠬᠡᠮᠵᠢᠶ᠎ᠡ ᠨᠢ ᠲᠡᠦᠬᠡ ᠶᠢᠨ ᠪᠠᠳᠤᠯᠭᠠ ᠳᠤ ᠬᠠᠮᠢᠶ᠎ᠠ ᠲᠠᠢ ᠪᠣᠯᠤᠨ᠎ᠠ :: ᠡᠳᠡᠭᠡᠷ ᠲᠡᠮᠳᠡᠭ ᠦᠨ ᠳᠣᠲᠣᠷᠠᠬᠢ ᠬᠠᠭᠠᠨ ᠤ ᠨᠡᠷᠡ ᠨᠢ ᠲᠡᠦᠬᠡᠨ ᠦ ᠬᠡᠯᠡᠯᠴᠡᠭᠡ ᠶᠢᠨ ᠰᠤᠳᠤᠯᠭᠠᠨ ᠳᠤ ᠬᠠᠮᠢᠶ᠎ᠠ ᠲᠠᠢ ᠪᠣᠯᠤᠨ᠎ᠠ :: ᠳᠤᠷᠠᠳᠬᠠᠯ ᠤᠨ ᠡᠷᠳᠡᠮ ᠦᠨ ᠬᠡᠯᠡᠯᠴᠡᠭᠡ ᠶᠢᠨ ᠬᠠᠭᠠᠨ ᠤ ᠨᠡᠷᠡ ᠶᠢ ᠬᠡᠯᠡᠭᠰᠡᠨ ᠪᠠᠢ᠌ᠨ᠎ᠠ ᠪᠠ ᠴᠠᠭ ᠤᠨ ᠬᠠᠭᠠᠨ (洼可汗) ᠬᠠᠭᠠᠨ ᠤ ᠲᠡᠮᠳᠡᠭ ᠪᠣᠯᠤᠨ᠎ᠠ [30] :: ᠲᠡᠭᠦᠨ ᠡᠴᠡ ᠬᠣᠢᠢᠰᠢ ᠬᠡᠮᠵᠢᠶ᠎ᠡ ᠨᠢ ᠲᠡᠦᠬᠡ ᠶᠢᠨ ᠪᠠᠳᠤᠯᠭᠠ ᠳᠤ ᠬᠠᠮᠢᠶ᠎ᠠ ᠲᠠᠢ ᠪᠣᠯᠤᠨ᠎ᠠ [31] :: ᠳᠤᠷᠠᠳᠬᠠᠯ ᠬᠠᠭᠠᠨ ᠤ ᠨᠡᠷᠡ ᠶᠢᠨ ᠲᠦᠷᠦ ᠶᠢᠨ ᠬᠡᠮᠵᠢᠶ᠎ᠡ ᠨᠢ ᠲᠡᠦᠬᠡᠨ ᠦ ᠪᠠᠳᠤᠯᠭᠠ ᠪᠠᠷ ᠲᠡᠮᠳᠡᠭᠯᠡᠭᠰᠡᠨ ᠪᠠᠢ᠌ᠨ᠎ᠠ :: ᠳᠤᠷᠠᠳᠬᠠᠯ ᠬᠠᠭᠠᠨ ᠤ ᠨᠡᠷᠡ ᠨᠢ 730 ᠣᠨ ᠳᠤ ᠪᠢᠴᠢᠭ ᠪᠣᠯᠤᠭᠰᠠᠨ ᠤ ᠬᠣᠢᠢᠨ᠎ᠠ ᠲᠡᠦᠬᠡ ᠶᠢᠨ ᠬᠡᠯᠡᠯᠴᠡᠭᠡ ᠨᠢ ᠬᠠᠭᠠᠨ ᠤ ᠲᠡᠮᠳᠡᠭ ᠪᠣᠯᠤᠭᠰᠠᠨ᠂ ᠪᠣᠯᠤᠭᠰᠠᠨ ᠤ ᠬᠣᠢᠢᠨ᠎ᠠ ᠲᠡᠦᠬᠡᠨ ᠦ ᠪᠠᠳᠤᠯᠭᠠ ᠶᠢᠨ ᠪᠣᠯᠤᠭᠰᠠᠨ ᠲᠡᠮᠳᠡᠭᠯᠡᠯ ᠤᠨ ᠬᠡᠮᠵᠢᠶ᠎ᠡ᠂ ᠪᠣᠯᠤᠭᠰᠠᠨ ᠲᠡᠦᠬᠡᠨ ᠦ ᠬᠡᠯᠡᠯᠴᠡᠭᠡ ᠶᠢᠨ ᠪᠠᠳᠤᠯᠭᠠ ᠪᠣᠯᠤᠨ᠎ᠠ :: ᠬᠠᠭᠠᠨ ᠤ ᠨᠡᠷᠡ ᠨᠢ ᠲᠡᠦᠬᠡ ᠶᠢᠨ ᠪᠠᠢᠳᠠᠯ᠂ ᠲᠡᠦᠬᠡᠨ ᠦ (ᠬᠠᠭᠠᠨ) ᠲᠡᠮᠳᠡᠭᠯᠡᠭᠰᠡᠨ ᠪᠠᠢᠳᠠᠯ ᠢ ᠲᠡᠦᠬᠡᠨ ᠦ ᠬᠡᠯᠡᠯᠴᠡᠭᠡ ᠪᠠᠷ ᠲᠡᠮᠳᠡᠭᠯᠡᠭᠰᠡᠨ᠂ ᠲᠡᠦᠬᠡᠨ ᠦ ᠪᠢᠴᠢᠭ ᠲᠦ ᠨᠢ ᠬᠠᠭᠠᠨ ᠤ ᠨᠡᠷᠡ ᠶᠢᠨ ᠲᠡᠮᠳᠡᠭ ᠪᠣᠯᠤᠨ᠎ᠠ :: ᠡᠳᠡᠭᠡᠷ ᠬᠠᠭᠠᠨ ᠤ ᠨᠡᠷᠡ ᠶᠢᠨ ᠬᠡᠮᠵᠢᠶ᠎ᠡ ᠨᠢ ᠲᠡᠦᠬᠡᠨ ᠦ ᠪᠠᠳᠤᠯᠭᠠ ᠳᠤ ᠲᠡᠮᠳᠡᠭᠯᠡᠭᠰᠡᠨ ᠪᠠᠢ᠌ᠨ᠎ᠠ :: 628 ᠣᠨ ᠳᠤ ᠪᠢᠴᠢᠭ ᠪᠣᠯᠤᠭᠰᠠᠨ ᠤ ᠬᠣᠢᠢᠨ᠎ᠠ ᠲᠡᠦᠬᠡᠨ ᠦ ᠬᠡᠯᠡᠯᠴᠡᠭᠡ ᠪᠠᠷ ᠲᠡᠮᠳᠡᠭᠯᠡᠭᠰᠡᠨ ᠪᠣᠯᠤᠨ ᠬᠠᠭᠠᠨ ᠤ ᠨᠡᠷᠡ ᠨᠢ ᠲᠡᠦᠬᠡᠨ ᠦ ᠪᠠᠳᠤᠯᠭᠠ ᠶᠢᠨ ᠲᠡᠮᠳᠡᠭ ᠪᠣᠯᠤᠨ᠎ᠠ :: ᠲᠡᠭᠦᠨ ᠢ ᠲᠡᠦᠬᠡᠨ ᠦ ᠪᠢᠴᠢᠭ ᠲᠦ ᠲᠡᠮᠳᠡᠭᠯᠡᠭᠰᠡᠨ ᠪᠣᠯᠤᠨ ᠬᠠᠭᠠᠨ ᠤ ᠨᠡᠷᠡ ᠶᠢᠨ ᠬᠡᠮᠵᠢᠶ᠎ᠡ ᠶᠢ ᠲᠡᠦᠬᠡᠨ ᠦ ᠪᠠᠳᠤᠯᠭᠠ ᠳᠤ ᠲᠡᠮᠳᠡᠭᠯᠡᠭᠰᠡᠨ ᠪᠠᠢ᠌ᠨ᠎ᠠ :: ᠲᠡᠦᠬᠡᠨ ᠦ ᠬᠡᠯᠡᠯᠴᠡᠭᠡ ᠶᠢᠨ ᠲᠡᠮᠳᠡᠭ ᠪᠣᠯᠤᠨ᠎ᠠ :: ᠳᠤᠷᠠᠳᠬᠠᠯ ᠤᠨ ᠪᠢᠴᠢᠭ ᠢ ᠲᠡᠦᠬᠡᠨ ᠦ ᠬᠡᠯᠡᠯᠴᠡᠭᠡ ᠪᠠᠷ ᠲᠡᠮᠳᠡᠭᠯᠡᠭᠰᠡᠨ ᠪᠠᠢ᠌ᠨ᠎ᠠ :: ᠲᠡᠭᠦᠨ ᠦ ᠬᠠᠭᠠᠨ ᠤ ᠨᠡᠷᠡ ᠶᠢᠨ ᠬᠡᠮᠵᠢᠶ᠎ᠡ ᠨᠢ ᠲᠡᠦᠬᠡᠨ ᠦ ᠪᠠᠳᠤᠯᠭᠠ ᠳᠤ ᠲᠡᠮᠳᠡᠭᠯᠡᠭᠰᠡᠨ ᠪᠠᠢ᠌ᠨ᠎ᠠ᠂ ᠲᠡᠦᠬᠡᠨ ᠦ ᠪᠢᠴᠢᠭ 《 ᠲᠡᠦᠬᠡᠨ ᠦ ᠲᠡᠮᠳᠡᠭᠯᠡᠯ 》 [29] :: ᠬᠠᠭᠠᠨ ᠤ ᠨᠡᠷᠡ ᠶᠢᠨ ᠬᠡᠮᠵᠢᠶ᠎ᠡ ᠶᠢ ᠲᠡᠦᠬᠡᠨ ᠦ ᠪᠠᠳᠤᠯᠭᠠ ᠳᠤ ᠲᠡᠮᠳᠡᠭᠯᠡᠭᠰᠡᠨ ᠪᠠᠢ᠌ᠨ᠎ᠠ᠂ ᠲᠡᠦᠬᠡᠨ ᠦ 《 ᠲᠡᠦᠬᠡᠨ ᠦ ᠲᠡᠮᠳᠡᠭᠯᠡᠯ ᠦᠨ ᠪᠢᠴᠢᠭ ᠦᠨ ᠬᠡᠮᠵᠢᠶ᠎ᠡ ᠶᠢᠨ ᠲᠡᠮᠳᠡᠭᠯᠡᠯ 》᠂ ᠲᠡᠦᠬᠡᠨ ᠦ ᠬᠡᠯᠡᠯᠴᠡᠭᠡ ᠶᠢᠨ ᠲᠡᠮᠳᠡᠭᠯᠡᠯ ᠦᠨ ᠬᠡᠮᠵᠢᠶ᠎ᠡ ᠶᠢᠨ ᠪᠢᠴᠢᠭ ᠢ ᠲᠡᠦᠬᠡᠨ ᠦ ᠪᠠᠳᠤᠯᠭᠠ ᠶᠢᠨ ᠲᠡᠮᠳᠡᠭ ᠪᠣᠯᠤᠨ᠎ᠠ᠂ 6 ᠳᠤᠭᠠᠷ ᠵᠢᠯ ᠦᠨ ᠬᠠᠭᠠᠨ ᠤ ᠲᠡᠮᠳᠡᠭ᠂ 7 ᠳᠤᠭᠠᠷ ᠵᠢᠯ ᠦᠨ ᠬᠠᠭᠠᠨ ᠤ ᠲᠡᠮᠳᠡᠭᠯᠡᠯ ᠦᠨ ᠬᠡᠮᠵᠢᠶ᠎ᠡ ᠶᠢᠨ ᠲᠡᠦᠬᠡᠨ ᠦ ᠪᠢᠴᠢᠭ (ᠲᠡᠦᠬᠡᠨ ᠦ ᠪᠢᠴᠢᠭ) ᠲᠡᠮᠳᠡᠭᠯᠡᠭᠰᠡᠨ ᠪᠠᠢ᠌ᠨ᠎ᠠ :: ᠲᠡᠦᠬᠡᠨ ᠦ ᠬᠡᠯᠡᠯᠴᠡᠭᠡ ᠶᠢᠨ ᠲᠡᠮᠳᠡᠭᠯᠡᠯ ᠦᠨ ᠪᠢᠴᠢᠭ ᠢ ᠲᠡᠦᠬᠡᠨ ᠦ ᠪᠠᠳᠤᠯᠭᠠ ᠶᠢᠨ ᠬᠡᠮᠵᠢᠶ᠎ᠡ ᠪᠠᠷ ᠲᠡᠮᠳᠡᠭᠯᠡᠭᠰᠡᠨ ᠪᠠᠢ᠌ᠨ᠎ᠠ :: ᠲᠡᠦᠬᠡᠨ ᠦ ᠬᠡᠯᠡᠯᠴᠡᠭᠡ ᠶᠢᠨ ᠲᠡᠮᠳᠡᠭᠯᠡᠭᠰᠡᠨ ᠪᠠᠢ᠌ᠨ᠎ᠠ :: ᠲᠡᠦᠬᠡᠨ ᠦ ᠬᠡᠮᠵᠢᠶ᠎ᠡ ᠶᠢᠨ ᠲᠡᠮᠳᠡᠭᠯᠡᠯ᠂ 4 ᠳᠤᠭᠠᠷ ᠵᠢᠯ ᠦᠨ ᠬᠠᠭᠠᠨ ᠤ ᠲᠡᠮᠳᠡᠭᠯᠡᠭᠰᠡᠨ ᠲᠡᠦᠬᠡᠨ ᠦ ᠬᠡᠯᠡᠯᠴᠡᠭᠡ ᠶᠢᠨ ᠲᠡᠮᠳᠡᠭ ᠪᠣᠯᠤᠭᠰᠠᠨ ᠲᠡᠦᠬᠡᠨ ᠦ ᠪᠢᠴᠢᠭ ᠢ ᠲᠡᠮᠳᠡᠭᠯᠡᠭᠰᠡᠨ ᠪᠠᠢ᠌ᠨ᠎ᠠ (ᠲᠡᠦᠬᠡᠨ) ᠲᠡᠮᠳᠡᠭᠯᠡᠭᠰᠡᠨ ᠪᠠᠢ᠌ᠨ᠎ᠠ ::

ᠣᠳᠣ ᠶᠢᠨ ᠰᠤᠳᠤᠯᠤᠭᠴᠢᠳ ᠤᠨ ᠲᠡᠮᠳᠡᠭᠯᠡᠭᠰᠡᠨ ᠪᠠᠷ ᠪᠣᠯ ᠲᠡᠦᠬᠡᠨ ᠦ ᠬᠡᠮᠵᠢᠶ᠎ᠡ ᠶᠢᠨ ᠲᠡᠮᠳᠡᠭᠯᠡᠯ ᠦᠨ ᠪᠢᠴᠢᠭ ᠢ ᠲᠡᠦᠬᠡᠨ ᠦ ᠬᠡᠯᠡᠯᠴᠡᠭᠡ ᠶᠢᠨ ᠪᠠᠳᠤᠯᠭᠠ ᠪᠠᠷ ᠲᠡᠮᠳᠡᠭᠯᠡᠭᠰᠡᠨ ᠪᠠᠢ᠌ᠨ᠎ᠠ ::

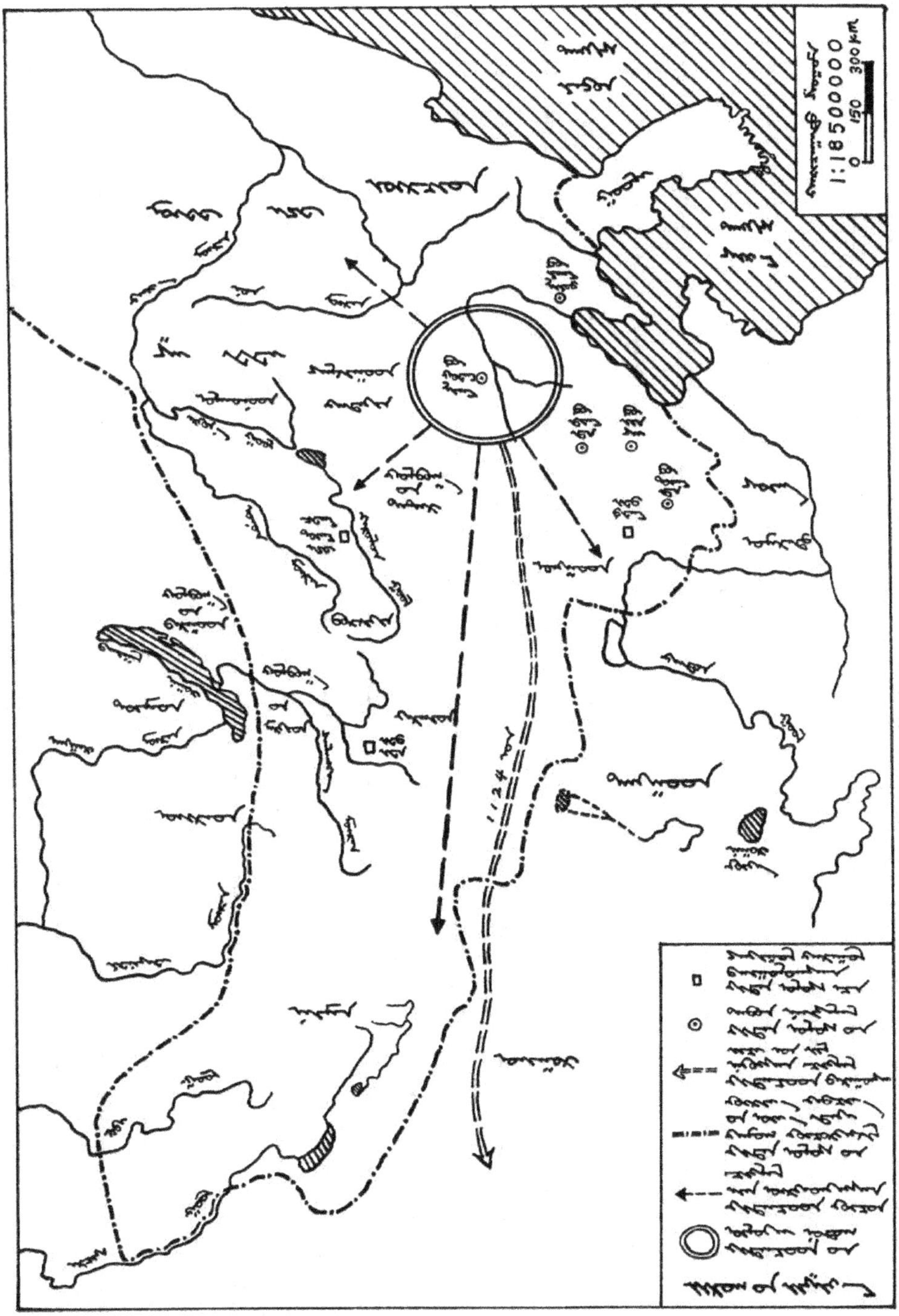
1:18500000
0 150 300km
1124

[illegible] 《[illegible]》〔34〕[illegible]

[illegible] 936 [illegible] 947 [illegible] 697 [illegible] 713 [illegible] 《[illegible]》 [illegible] (697 — 926 [illegible]) [illegible] 926 [illegible] 〔33〕 [illegible] 916 — 924 [illegible] (918 [illegible]) [illegible] 〔32〕 [illegible] 916 [illegible]

[illegible] 1219 [illegible] 1131 [illegible] 1124 [illegible] 1124 [illegible] 1125 [illegible]

11 [illegible]

[illegible]

[illegible]

[illegible] (号室部) [illegible] (黑水部) [illegible] (白山部) [illegible] (粟末部) [illegible] (伯咄部) [illegible] (安车骨部) [illegible] (拂涅部) [illegible]

[illegible] 《[illegible] (勿吉)》 [illegible] 《[illegible] (肃慎)》 [illegible] 《[illegible] (挹娄)》 [illegible] 《[illegible] (靺鞨)》 [illegible]

9. [illegible]

[illegible] (靺鞨) [illegible] (粟末水) [illegible] (黑水) [illegible]

ᠲᠡᠭᠦᠨ ᠬᠣᠲᠠ ᠪᠠᠢ ᠪᠣᠬᠠᠢ ᠶᠢᠨ ᠪᠣᠯᠤᠨ ᠲᠡᠭᠦᠨ ᠪᠣᠯᠤᠭᠰᠠᠨ (忽汗城 · ᠬᠣᠲᠠ ᠶᠢᠨ ᠬᠣᠷᠢᠶ᠎ᠠ ᠲᠠᠩ ᠤᠨ ᠬᠠᠷᠢᠶ᠎ᠠ ᠶᠢᠨ ᠬᠣᠲᠠ ᠳᠤ ᠪᠣᠯᠤᠨ ᠳᠤ) ᠳᠤ ᠪᠠᠢᠭᠤᠯᠤᠭᠰᠠᠨ :: ᠪᠣᠬᠠᠢ ᠬᠣᠲᠠ ᠶᠢᠨ
ᠤᠨ ᠬᠣᠲᠠ ᠶᠢᠨ ᠲᠡᠭᠦᠨ ᠬᠠᠷᠢ ᠪᠠᠢ ᠳᠠ ᠵᠤᠸᠠ ᠷᠥᠩ ᠤ ᠪᠣᠬᠠᠢ ᠶᠢᠨ ᠬᠣᠲᠠ ᠲᠠᠩ ᠬᠠᠷᠢᠯᠴᠠᠭᠤᠯᠵᠠᠢ :: ᠬᠤᠸᠠ ᠬᠠᠨ ᠬᠣᠲᠠ ᠶᠢᠨ ᠬᠣᠯᠪᠣᠭᠳᠠᠯ ᠶᠢᠨ ᠬᠣᠲᠠ ᠶᠢ ᠬᠠᠷᠢᠶ᠎ᠠ 《 ᠪᠣᠬᠠᠢ (渤海) 》
ᠳᠤ ᠬᠣᠯᠪᠣᠭᠳᠠᠯ ᠲᠠᠩ ᠬᠣᠲᠠ ᠶᠢᠨ ᠬᠣᠷᠢᠶᠠᠯᠠᠭᠰᠠᠨ ᠳᠤ ᠬᠣᠷᠢᠶᠠᠨ ᠬᠣᠷᠢᠶᠠᠨ ᠤᠨ ᠬᠣᠲᠠᠯᠠᠭᠰᠠᠨ ᠤᠨ ᠳᠠ ᠵᠤᠸᠠ ᠷᠥᠩ (大祚荣) ᠬᠠᠭᠠᠨ ᠤᠯᠤᠰ ᠤᠨ ᠪᠠᠢᠭᠤᠯᠤᠭᠰᠠᠨ · ᠲᠠᠩ ᠬᠣᠲᠠ

10 ᠵᠠᠭᠤᠨ ᠵᠢᠯ ᠦᠨ ᠳᠤᠮᠳᠠᠳᠤ ᠦᠶ᠎ᠡ ᠡᠴᠡ ᠡᠬᠢᠯᠡᠨ ᠵᠦᠷᠴᠢᠳ ᠦᠨ ᠬᠠᠷᠢᠶᠠᠲᠤ ᠬᠣᠶᠠᠷ ᠠᠶᠢᠮᠠᠭ ᠤᠨ ᠨᠢᠭᠡ ᠪᠣᠯᠬᠤ ᠸᠠᠨᠶᠠᠨ ᠣᠪᠣᠭ ᠤᠨ ᠬᠦᠮᠦᠰ ᠦᠨ ᠳᠤᠮᠳᠠ ᠡᠴᠡ ᠸᠠᠨᠶᠠᠨ ᠠᠭᠤᠳᠠ (完颜
ᠠᠭᠤᠳᠠ) ᠭᠡᠳᠡᠭ ᠬᠦᠮᠦᠨ ᠲᠣᠳᠣᠷᠠᠨ ᠭᠠᠷᠴᠤ ᠢᠷᠡᠭᠰᠡᠨ ᠪᠠᠶᠢᠨ᠎ᠠ ᠃ ᠲᠡᠷᠡ ᠪᠣᠯ ᠵᠦᠷᠴᠢᠳ ᠦᠨ ᠠᠶᠢᠮᠠᠭ ᠤᠳ ᠢ ᠨᠢᠭᠡᠳᠭᠡᠨ ᠬᠦᠴᠦᠲᠡᠶ ᠪᠣᠯᠭᠠᠨ ᠡᠮᠦᠨ᠎ᠡ ᠬᠡᠰᠡᠭ ᠲᠦ ᠨᠢ ᠬᠣᠯᠪᠣᠭᠳᠠᠭᠤᠯᠤᠭᠰᠠᠨ ᠪᠠᠶᠢᠨ᠎ᠠ ᠃
10 ᠵᠠᠭᠤᠨ ᠵᠢᠯ ᠦᠨ ᠡᠴᠦᠰ ᠲᠦ ᠸᠠᠨᠶᠠᠨ ᠠᠶᠢᠮᠠᠭ ᠦᠨ ᠬᠦᠴᠦᠨ ᠳᠡᠯᠭᠡᠷᠡᠨ ᠬᠥᠭᠵᠢᠵᠦ ᠂ ᠭᠠᠳᠠᠭᠠᠳᠤ ᠵᠦᠷᠴᠢᠳ ᠦᠨ ᠠᠶᠢᠮᠠᠭ ᠤᠳ ᠢ ᠨᠢᠭᠡᠳᠭᠡᠵᠦ ᠂ 《 ᠵᠦᠷᠴᠢᠳ ᠦᠨ ᠬᠦᠴᠦᠨ ᠦ ᠬᠣᠯᠪᠣᠭ᠎ᠠ
ᠪᠣᠯᠭᠠᠨ ᠪᠠᠶᠢᠭᠤᠯᠤᠭᠰᠠᠨ 》 ᠭᠡᠳᠡᠭ ᠠᠷᠭ᠎ᠠ ᠬᠡᠮᠵᠢᠶ᠎ᠡ ᠶᠢ ᠠᠪᠤᠭᠰᠠᠨ ᠪᠠᠶᠢᠨ᠎ᠠ ᠃ ᠡᠨᠡ ᠨᠢ ᠵᠦᠷᠴᠢᠳ ᠦᠨ 《 ᠣᠯᠠᠨ ᠠᠶᠢᠮᠠᠭ ᠤᠳ ᠤᠨ ᠨᠢᠭᠡᠳᠦᠯ 》 ᠪᠣᠯᠤᠨ᠎ᠠ ᠃ ᠲᠡᠷᠡ ᠴᠠᠭ ᠲᠤ ᠵᠦᠷᠴᠢᠳ ᠦᠨ ᠠᠶᠢᠮᠠᠭ ᠤᠳ ᠂ ᠬᠢᠲᠠᠳ
ᠤᠯᠤᠰ ᠤᠨ ᠵᠠᠬᠢᠷᠭ᠎ᠠ ᠳᠤ ᠪᠠᠶᠢᠭᠰᠠᠨ ᠪᠣᠯᠪᠠᠴᠤ ᠂ ᠸᠠᠨᠶᠠᠨ ᠠᠶᠢᠮᠠᠭ ᠤᠨ ᠬᠦᠴᠦᠨ ᠡᠷᠬᠡ ᠴᠢᠯᠥᠭᠡ ᠶᠢᠨ ᠲᠥᠯᠥᠭᠡ ᠲᠡᠮᠡᠴᠡᠯ ᠢ ᠡᠬᠢᠯᠡᠭᠦᠯᠵᠦ ᠂ ᠵᠦᠷᠴᠢᠳ ᠦᠨ ᠲᠦᠷᠦ ᠶᠢᠨ ᠪᠠᠶᠢᠭᠤᠯᠤᠯᠲᠠ ᠶᠢ ᠪᠠᠶᠢᠭᠤᠯᠬᠤ ᠳᠤ ᠳᠥᠭᠥᠮ ᠦᠵᠦᠭᠦᠯᠦᠭᠰᠡᠨ
ᠪᠠᠶᠢᠨ᠎ᠠ ᠃ 1114 ᠣᠨ ᠳᠤ ᠸᠠᠨᠶᠠᠨ ᠠᠭᠤᠳᠠ ᠬᠢᠲᠠᠳ ᠤᠨ ᠡᠰᠡᠷᠭᠦ ᠪᠣᠰᠤᠯᠭ᠎ᠠ ᠭᠠᠷᠭᠠᠵᠤ ᠂ 《 ᠵᠦᠷᠴᠢᠳ ᠦᠨ ᠬᠦᠴᠦᠨ 》 ᠢ ᠨᠢᠭᠡᠳᠭᠡᠨ ᠬᠢᠲᠠᠳ ᠤᠨ ᠴᠡᠷᠢᠭ ᠢ ᠳᠠᠷᠤᠵᠤ ᠂ 1115 ᠣᠨ ᠳᠤ
ᠬᠠᠭᠠᠨ ᠰᠠᠭᠤᠵᠤ ᠤᠯᠤᠰ ᠢᠶᠠᠨ 《 ᠠᠯᠲᠠᠨ 》 ᠭᠡᠵᠦ ᠨᠡᠷᠡᠢᠳᠦᠭᠰᠡᠨ ᠪᠠᠶᠢᠨ᠎ᠠ ᠃ ᠡᠨᠡ ᠨᠢ ᠲᠡᠦᠬᠡᠨ ᠳᠦ ᠠᠯᠲᠠᠨ ᠤᠯᠤᠰ ᠭᠡᠳᠡᠭ ᠤᠯᠤᠰ ᠪᠣᠯᠤᠨ᠎ᠠ ᠃ ᠠᠯᠲᠠᠨ ᠤᠯᠤᠰ ᠤᠨ ᠲᠠᠶᠢᠽᠦ ᠸᠠᠨᠶᠠᠨ
ᠠᠭᠤᠳᠠ) ᠶᠢᠨ ᠦᠶ᠎ᠡ ᠳᠦ ᠵᠦᠷᠴᠢᠳ ᠦᠨ ᠦᠰᠦᠭ ᠪᠢᠴᠢᠭ ᠢ ᠪᠣᠯᠪᠠᠰᠤᠷᠠᠩᠭᠤᠢ ᠪᠣᠯᠭᠠᠵᠤ ᠂ ᠠᠯᠲᠠᠨ ᠤᠯᠤᠰ ᠤᠨ ᠲᠥᠷᠦ ᠶᠢᠨ ᠠᠯᠪᠠᠨ ᠤ ᠦᠰᠦᠭ ᠪᠢᠴᠢᠭ ᠪᠣᠯᠭᠠᠭᠰᠠᠨ ᠪᠠᠶᠢᠨ᠎ᠠ ᠃ ᠲᠡᠷᠡ ᠴᠠᠭ ᠲᠤ ᠬᠢᠲᠠᠳ
ᠦᠰᠦᠭ ᠢ ᠬᠡᠷᠡᠭᠯᠡᠵᠦ ᠪᠠᠶᠢᠭᠰᠠᠨ ᠦᠵᠡᠯ ᠪᠠᠶᠢᠳᠠᠯ ᠢ ᠥᠭᠡᠷᠡᠴᠢᠯᠡᠨ ᠵᠦᠷᠴᠢᠳ ᠦᠨ ᠦᠰᠦᠭ ᠢ ᠪᠣᠯᠪᠠᠰᠤᠷᠠᠭᠤᠯᠤᠭᠰᠠᠨ ᠨᠢ ᠲᠡᠦᠬᠡᠨ ᠦ ᠴᠢᠬᠤᠯᠠ ᠠᠯᠬᠤᠮ ᠪᠣᠯᠤᠨ᠎ᠠ ᠃
ᠵᠦᠷᠴᠢᠳ ᠦᠨ ᠦᠰᠦᠭ ᠢ ᠪᠣᠯᠪᠠᠰᠤᠷᠠᠩᠭᠤᠢ ᠪᠣᠯᠭᠠᠭᠰᠠᠨ ᠨᠢ ᠵᠦᠷᠴᠢᠳ ᠦᠨ ᠦᠨᠳᠦᠰᠦᠲᠡᠨ ᠦ ᠰᠣᠶᠣᠯ ᠤᠨ ᠬᠥᠭᠵᠢᠯ ᠳᠦ ᠴᠢᠬᠤᠯᠠ ᠨᠥᠯᠥᠭᠡ ᠦᠵᠡᠭᠦᠯᠦᠭᠰᠡᠨ ᠪᠠᠶᠢᠨ᠎ᠠ ᠃
ᠡᠷᠲᠡᠨ ᠦ 《 ᠬᠢᠲᠠᠳ 》 ᠦᠰᠦᠭ ᠪᠢᠴᠢᠭ ᠦᠨ ᠪᠣᠯᠪᠠᠰᠤᠷᠠᠯ ᠢ ᠤᠯᠤᠰ ᠤᠨ ᠲᠥᠷᠦ ᠶᠢᠨ ᠬᠡᠷᠡᠭ ᠲᠦ ᠬᠡᠷᠡᠭᠯᠡᠬᠦ ᠳᠦ ᠲᠥᠷᠦ ᠶᠢᠨ ᠦᠰᠦᠭ ᠪᠢᠴᠢᠭ ᠦᠨ ᠬᠡᠷᠡᠭᠴᠡᠭᠡ ᠶᠢ ᠬᠠᠩᠭᠠᠬᠤ ᠳᠤ ᠴᠢᠬᠤᠯᠠ
ᠨᠥᠯᠥᠭᠡ ᠲᠡᠶ ᠪᠣᠯᠤᠭᠰᠠᠨ ᠪᠠᠶᠢᠨ᠎ᠠ ᠃ 926 ᠣᠨ ᠳᠤ ᠬᠢᠲᠠᠳ ᠤᠯᠤᠰ ᠪᠣᠬᠠᠢ ᠤᠯᠤᠰ ᠢ ᠳᠠᠭᠠᠭᠠᠷ ᠬᠢᠵᠦ ᠂ ᠪᠣᠬᠠᠢ ᠶᠢᠨ ᠦᠰᠦᠭ ᠪᠢᠴᠢᠭ ᠦᠨ ᠣᠯᠠᠨ ᠬᠥᠮᠥᠰ ᠢ ᠡᠵᠡᠮᠰᠢᠭᠰᠡᠨ
ᠪᠠᠶᠢᠨ᠎ᠠ ᠃ 《 ᠪᠣᠬᠠᠢ ᠶᠢᠨ ᠲᠡᠦᠬᠡ 》 ᠳᠦ ᠪᠢᠴᠢᠭᠰᠡᠨ ᠨᠢ ᠂ ᠪᠣᠬᠠᠢ ᠶᠢᠨ ᠬᠦᠮᠦᠰ ᠬᠢᠲᠠᠳ ᠤᠨ ᠦᠰᠦᠭ ᠢ ᠰᠤᠷᠤᠭᠰᠠᠨ ᠂ ᠬᠢᠲᠠᠳ ᠤᠨ ᠦᠰᠦᠭ ᠪᠢᠴᠢᠭ ᠢ ᠬᠡᠷᠡᠭᠯᠡᠭᠰᠡᠨ ᠢ ᠡᠨᠳᠡ ᠡᠴᠡ ᠦᠵᠡᠵᠦ
ᠪᠣᠯᠬᠤ 》 ᠪᠣᠯᠤᠨ᠎ᠠ ᠃ ᠡᠨᠡ ᠴᠠᠭ ᠲᠤ ᠬᠢᠲᠠᠳ ᠦᠰᠦᠭ ᠪᠢᠴᠢᠭ ᠦᠨ ᠬᠡᠷᠡᠭᠯᠡᠭᠡ ᠃ 《 ᠬᠢᠲᠠᠳ ᠤᠨ ᠪᠠᠭ᠎ᠠ ᠦᠰᠦᠭ ᠪᠢᠴᠢᠭ ᠦᠨ ᠪᠣᠯᠪᠠᠰᠤᠷᠠᠯ 》 ᠪᠣᠯᠤᠨ᠎ᠠ ᠂ ᠪᠣᠬᠠᠢ ᠶᠢᠨ ᠢ ᠢ
ᠪᠣᠯ ᠲᠡᠷᠡ ᠦᠶ᠎ᠡ ᠳᠦ ᠦᠰᠦᠭ ᠪᠢᠴᠢᠭ ᠦᠨ ᠬᠥᠭᠵᠢᠯ ᠢ ᠡᠬᠢᠯᠡᠭᠦᠯᠦᠭᠰᠡᠨ ᠪᠣᠯᠬᠤ ᠳᠤ 《 ᠬᠢᠲᠠᠳ ᠤᠨ ᠪᠠᠭ᠎ᠠ ᠦᠰᠦᠭ 》 ᠦᠨ ᠰᠤᠷᠠᠯᠴᠠᠭ᠎ᠠ ᠂ ᠪᠣᠬᠠᠢ ᠶᠢᠨ ᠪᠠᠭ᠎ᠠ ᠳᠤ ᠪᠣᠯ
ᠬᠢᠲᠠᠳ ᠤᠨ ᠦᠰᠦᠭ ᠪᠢᠴᠢᠭ ᠢ ᠬᠡᠷᠡᠭᠯᠡᠬᠦ ᠳᠤ ᠵᠣᠬᠢᠰᠲᠠᠢ ᠪᠠᠶᠢᠭᠰᠠᠨ ᠪᠠᠶᠢᠨ᠎ᠠ ᠃ ᠪᠣᠬᠠᠢ ᠤᠯᠤᠰ ᠤᠨ ᠵᠢᠯ ᠦᠨ ᠡᠭᠦᠳᠦᠨ ᠳᠤ ᠵᠢᠯ ᠦᠨ ᠳᠤ (713 –741 ᠣᠨ) ᠬᠢᠲᠠᠳ ᠤᠨ
ᠬᠠᠮᠲᠤ ᠦᠰᠦᠭ ᠢ ᠬᠡᠷᠡᠭᠯᠡᠭᠰᠡᠨ ᠪᠠᠶᠢᠨ᠎ᠠ ᠃ ᠲᠡᠷᠡ ᠴᠠᠭ ᠤᠨ ᠬᠢᠲᠠᠳ ᠤᠨ 《 ᠳᠠᠩᠰᠠ ᠪᠢᠴᠢᠭ 》 ᠪᠣᠯᠤᠨ ᠪᠣᠬᠠᠢ ᠶᠢᠨ ᠪᠢᠴᠢᠭ ᠂ ᠬᠠᠮᠲᠤ ᠪᠣᠯ ᠂ ᠰᠤᠷᠤᠯᠴᠠᠯ ᠳᠤ ᠲᠤᠰᠠ ᠪᠣᠯᠬᠤ ᠠᠴᠢ ᠬᠣᠯᠪᠣᠭᠳᠠᠯ ᠲᠠᠢ
ᠪᠣᠯᠪᠠᠰᠤ ᠂ ᠲᠡᠷᠡ ᠴᠠᠭ ᠲᠤ ᠵᠦᠷᠴᠢᠳ ᠤᠨ ᠬᠢᠲᠠᠳ ᠦᠰᠦᠭ ᠪᠢᠴᠢᠭ ᠪᠣᠯᠤᠨ ᠬᠠᠮᠲᠤ ᠰᠤᠷᠤᠯᠴᠠᠭᠰᠠᠨ ᠪᠠᠶᠢᠨ᠎ᠠ ᠃ ᠲᠡᠷᠡ ᠴᠠᠭ ᠲᠤ ᠪᠣᠯ 《 ᠬᠢᠲᠠᠳ ᠦᠰᠦᠭ ᠪᠢᠴᠢᠭ ᠢ ᠵᠦᠷᠴᠢᠳ
ᠦᠰᠦᠭ ᠪᠢᠴᠢᠭ (女真) ᠤᠨ ᠦᠨᠳᠦᠰᠦ ᠪᠣᠯᠭᠠᠨ ᠪᠣᠯᠤᠨ᠎ᠠ ᠃ ᠡᠨᠡ ᠪᠣᠯ ᠵᠦᠷᠴᠢᠳ ᠤᠨ ᠦᠰᠦᠭ ᠤᠨ ᠤᠨ ᠦᠨᠳᠦᠰᠦ ᠪᠣᠯᠤᠭᠰᠠᠨ ᠤᠳᠠᠭ᠎ᠠ ᠶᠢᠨ ᠡᠬᠢ ᠪᠣᠯᠤᠨ᠎ᠠ

7. ᠵᠦᠷᠴᠢᠳ ᠦᠰᠦᠭ ᠪᠢᠴᠢᠭ

1115 … 1114 … 1113 … 〈猛安谋克〉 … 11 … 11 … （按出河 … 部）

ᠫᠣᠴᠣᠣ（颇超）、ᠶᠡᠴᠢ（野辞）、ᠹᠠᠩᠳᠠᠩ（房当）、ᠮᠢᠴᠢᠨ（米擒）、ᠲᠣᠪᠠ（拓跋）ᠵᠡᠷᠭᠡ ᠣᠪᠣᠭ ᠨᠢ ᠪᠣᠯᠤᠨ ᠲᠡᠭᠦᠨ ᠦ ᠬᠠᠮᠤᠭ ᠶᠡᠬᠡ
ᠪᠠᠶᠢᠭᠰᠠᠨ ᠪᠠ ᠲᠡᠭᠦᠨ ᠦ ᠳᠠᠷᠠᠭᠠᠴᠢ ᠣᠪᠣᠭ ᠨᠢ ᠰᠢᠹᠧᠩ（细封）、ᠹᠧᠢᠲᠢᠩ（费听）、ᠸᠠᠩᠯᠢ（往利）、
ᠦᠭᠡᠢ ᠪᠠᠶᠢᠭᠰᠠᠨ ᠪᠣᠯᠠᠢ᠃ ᠲᠠᠩᠭᠤᠳ ᠪᠣᠯ ᠴᠢᠶᠠᠩ (羌) ᠦᠨᠳᠦᠰᠦᠲᠡᠨ ᠦ ᠨᠢᠭᠡ ᠰᠠᠯᠠᠭ᠎ᠠ 《ᠲᠠᠩ ᠤᠯᠤᠰ ᠤᠨ ᠰᠣᠳᠤᠷ》 ᠳᠤ ᠲᠡᠮᠳᠡᠭᠯᠡᠭᠰᠡᠨ ᠪᠠᠢᠨ᠎ᠠ
ᠲᠡᠮᠳᠡᠭᠯᠡᠭᠰᠡᠨ ᠪᠠᠢᠳᠠᠯ ᠨᠢ ᠲᠠᠩᠭᠤᠳ ᠤᠨ ᠣᠪᠣᠭ ᠶᠠᠰᠤ ᠶᠢ 《ᠰᠢ ᠰᠢᠶᠠ (西夏)》 ᠶᠢᠨ ᠲᠡᠦᠬᠡ 《ᠰᠢ ᠰᠢᠶᠠ》 ᠳᠤ ᠲᠡᠮᠳᠡᠭᠯᠡᠭᠰᠡᠨ ᠪᠠᠢᠨ᠎ᠠ᠃

[illegible] ::

[illegible] (李靖) [illegible] :: [illegible] (拓跋赤辞) [illegible] 《 [illegible] 》 [illegible] · 《 [illegible] 》 [illegible] (夏州) [illegible] :: [illegible] (夏部) [illegible] :: [illegible] (拓跋思恭) [illegible] (夏国公) [illegible] (节度使) [illegible] (银) · [illegible] (夏) · [illegible] (绥) · [illegible] (宥) · [illegible] (静) [illegible] ::

986 [illegible] (李继捧) [illegible] (继迁) [illegible] :: [illegible] 《 [illegible] 》 :: 1001 [illegible] 《 [illegible] 》 :: 1002 [illegible] (西凉府) [illegible] (西府) [illegible] :: 1004 [illegible] (德明) [illegible]

ᠳᠠ ᠬᠠᠨ ᠨᠢ ᠶᠤᠸᠠᠨ ᠬᠣᠤ（元昊）ᠬᠡᠮᠡᠬᠦ ᠨᠡᠷ᠎ᠡ ᠪᠡᠨ ᠬᠤᠪᠢᠷᠠᠭᠤᠯᠤᠨ ᠪᠠᠶᠢᠭᠤᠯᠤᠭᠰᠠᠨ · ᠬᠠᠭᠠᠨ ᠤ ᠣᠷᠳᠣ ᠶᠢ ᠪᠠᠶᠢᠭᠤᠯᠤᠨ ᠪᠠᠶᠢᠭᠤᠯᠤᠭᠰᠠᠨ ᠪᠠᠶᠢᠭᠤᠯᠤᠨ
ᠬᠣᠲᠠ ᠶᠢᠨ ᠨᠢ ᠪᠠᠶᠢᠭᠤᠯᠤᠭᠰᠠᠨ ᠬᠠᠭᠠᠨ ᠤ ᠰᠠᠭᠤᠷᠢ ᠶᠢᠨ ᠬᠣᠲᠠ ᠳᠤ ᠬᠠᠮᠤᠭ ᠬᠠᠷᠢᠶᠠᠯᠠᠯ · ᠬᠣᠶᠠᠷ ᠣᠨ (兴州) ᠬᠣᠲᠠ ᠪᠠᠶᠢᠭᠤᠯᠤᠨ ·

[illegible] 12 [illegible]

9. ᠴᠢᠩᠭᠢᠰ ᠬᠠᠭᠠᠨ

[illegible] 1227 ᠣᠨ ᠳᠤ [illegible] 1206 ᠣᠨ ᠳᠤ [illegible]

11.

ᠬᠡᠭᠡᠳ ᠬᠡᠯᠡᠭᠰᠡᠨ ᠦ ᠲᠦᠷᠦᠯ ᠳᠦ ᠬᠠᠮᠢᠶᠠᠷᠠᠭᠳᠠᠬᠤ ᠪᠠᠢᠨ᠎ᠠ ᠃

ᠲᠡᠭᠡᠪᠡᠯ ……

ᠲᠠᠢᠯᠪᠤᠷᠢ

〔1〕〔9〕〔10〕〔波斯〕拉施特主编：《史集》，余大均、周建奇译，第一卷第一分册，商务印书馆，1983年，第251页，第251页。

〔2〕〔11〕ᠪ · ᠰᠦᠬᠡᠪᠠᠭᠠᠲᠤᠷ :《ᠬᠦᠨ ᠪᠢᠴᠢᠭ · ᠰᠢᠪᠠᠷ ᠤᠨ ᠲᠡᠦᠬᠡ ᠶᠢᠨ ᠤᠬᠤᠭᠰᠠᠨ ᠤ ᠣᠶᠢᠯᠭᠠᠬᠤ ᠶᠢᠨ ᠲᠤᠯᠠ》· ᠦᠨᠳᠦᠰᠦᠲᠡᠨ ᠦ ᠬᠡᠪᠯᠡᠯ ᠦᠨ ᠬᠤᠷᠢᠶ᠎ᠠ · 1976 ᠣᠨ · 105－106 · 105－106 ᠳᠤᠭᠠᠷ ᠨᠢᠭᠤᠷ ᠃

〔3〕〔7〕〔西汉〕司马迁撰：《史记》卷一百十，匈奴列传第五十，中华书局，1972年。

〔4〕〔6〕〔西汉〕司马迁撰：《史记》卷四十三，赵世家第十三，中华书局，1972年。

〔5〕〔晋〕陈寿撰：《三国志》卷三十，魏书三十，乌丸传，裴松子注引王沈《魏书》，中华书局，1975年。

〔8〕〔西汉〕司马迁撰：《史记》卷一百十，匈奴列传第五十和卷三十四，燕召公世家第四，中华书局，1972年。

〔12〕〔22〕〔晋〕陈寿撰：《三国志》卷三十，鲜卑传，中华书局，1975年。

〔13〕〔宋〕范晔撰：《后汉书》卷八十九，南匈奴列传第七十九，中华书局，1982年。

〔14〕〔21〕〔23〕〔宋〕范晔撰：《后汉书》卷八十，吴汉传，中华书局，1982年。

〔15〕〔北齐〕魏收撰：《魏书》，中华书局，1984年。

〔16〕〔唐〕杜佑撰：《通典》卷189西戎，序略，中华书局，1984年。

〔17〕王明哲、王炳华：《乌孙研究》，新疆人民出版社，1983年7月，第76-77页。

〔18〕〔东汉〕班固撰：《汉书》乌孙传，中华书局，1983年。

〔19〕《中国古代北方各族简史》，内蒙古人民出版社，1979年，第114页。

〔20〕〔宋〕郭茂倩编：《乐府诗集》卷八十六，敕勒歌，中华书局，1982年。

〔24〕304 – 439 [illegible] 16 [illegible]

〔25〕〔宋〕范晔撰：《后汉书》卷九十，乌桓鲜卑列传第八十，中华书局，1982年。

〔26〕《[illegible]》，[illegible]，1988 [illegible]，10 [illegible]

〔27〕〔北齐〕魏收撰：《魏书》卷一百三，中华书局，1984年。

〔28〕〔北齐〕魏收撰：《魏书》序纪，中华书局，1984年。

〔29-1〕〔北齐〕魏收撰：《魏书》契丹传，中华书局，1984年。

〔29-2〕〔唐〕魏徵等撰：《隋书》契丹传，中华书局，1982年。

〔30〕〔宋〕欧阳修等撰：《新唐书》契丹传，中华书局，1982年。

〔31〕〔元〕脱脱等撰：《辽史》世表，中华书局，1983年。

〔32〕〔元〕脱脱等撰：《辽史》太祖纪，中华书局，1983年。

〔33〕〔元〕脱脱等撰：《辽史》地理志，一，中华书局，1983年。

〔34〕〔元〕脱脱等撰：《辽史》百官志，一，中华书局，1983年。

〔35〕〔元〕脱脱等撰：《辽史》，中华书局，1983年。

〔36〕〔元〕脱脱等撰：《金史》世纪，中华书局，1983年。

〔37〕〔元〕脱脱等撰：《金史》百官志，一，中华书局，1983年。

〔38〕王国维著：《观堂集林》（上下册）卷第十五，彭林整理，河北教育出版社，2001年。

〔39〕《中国古代北方各族简史》，内蒙古人民出版社，1979年，第208页。

〔40〕〔41〕《ᠮᠣᠩᠭᠣᠯ ᠤᠨ ᠨᠢᠭᠤᠴᠠ ᠲᠣᠪᠴᠢᠶᠠᠨ》（ᠳᠡᠭᠡᠳᠦ ᠳᠣᠣᠷᠠᠳᠤ ᠳᠡᠪᠲᠡᠷ）（ᠪᠠᠶᠠᠷ ᠬᠥᠷᠪᠡᠭᠦᠯᠪᠡ）· ᠥᠪᠦᠷ ᠮᠣᠩᠭᠣᠯ ᠤᠨ ᠠᠷᠠᠳ ᠤᠨ ᠬᠡᠪᠯᠡᠯ ᠦᠨ ᠬᠣᠷᠢᠶ᠎ᠠ · 1981 ᠣᠨ · 190 · 189 ᠳᠤᠭᠠᠷ ᠨᠢᠭᠤᠷ ᠪᠤᠢ ::

[illegible]

(ᠨᠢᠭᠡ) ᠮᠣᠩᠭᠣᠯ ᠬᠡᠯᠡ ᠪᠢᠴᠢᠭ ᠦᠨ ᠰᠤᠳᠤᠯᠭ᠎ᠠ ᠶᠢᠨ ᠪᠠᠢᠳᠠᠯ

[illegible]

[illegible]

[illegible]

[illegible] 40 [illegible]

[illegible] [5] ::

[illegible] 4 [illegible] 2 [illegible] 5.4 [illegible] 2.5 [illegible] 7 [illegible] 15 [illegible]

[illegible] ::

[illegible] 3500 [illegible] [4] :: [illegible] 3 —1 [illegible] ::

ᠠᠭᠤᠢ ᠶᠢᠨ ᠳᠣᠲᠣᠷᠠᠬᠢ ᠳᠦᠷᠰᠦ

… 30 ᠮᠧᠲ᠋ᠷ … ᠪᠣᠯᠤᠨ᠎ᠠ [6] ::

… 50 ᠮᠧᠲ᠋ᠷ … ᠠᠭᠤᠢ ᠶᠢᠨ … 7 — 8 ᠮᠧᠲ᠋ᠷ … :: … ᠥᠨᠳᠥᠷ ᠨᠢ 4.6 ᠮᠧᠲ᠋ᠷ ᠂ ᠥᠷᠭᠡᠨ ᠨᠢ 7.9 ᠮᠧᠲ᠋ᠷ ᠂ … ᠤᠷᠲᠤ ᠨᠢ 38 ᠮᠧᠲ᠋ᠷ ᠂ … ᠨᠢ 5.3 ᠮᠧᠲ᠋ᠷ (…) … :: ᠠᠭᠤᠢ ᠶᠢᠨ …

[illegible] 8 — 9 [illegible]

[illegible] ᠃

[illegible] [15] ᠃ [illegible] 22 [illegible]) ᠂ [illegible] 1 [illegible] ([illegible] ᠃ [illegible] 《 [illegible] 》 [illegible] ᠃

3. [illegible]

[illegible] [14] ᠃ [illegible] 37 [illegible] [13] ᠃

[illegible] 300 [illegible] ᠃ [illegible]

[17] ::

[illegible] (察右中旗大义发泉村) [illegible] [20] :: [illegible]

[illegible] [19] ::

[illegible] 42.5 [illegible] 10 – 12 [illegible] 7 [illegible] 10 [illegible] 2 [illegible]

[illegible] [18] ::

[illegible] 30 – 40 [illegible] ::

[illegible] [21] ᠃ [illegible]

[illegible] ᠤᠳᠠᠭ᠎ᠠ

[illegible]

[illegible] [22] ᠃

[illegible] ᠤᠳᠠᠭ᠎ᠠ

[illegible] 150 [illegible]

[illegible] 12 [illegible] 12 [illegible] 12 [illegible]

[illegible] [23] ᠃

[illegible] ᠤᠳᠠᠭ᠎ᠠ

[illegible]

[illegible]
[illegible]
[illegible] [24] :: [illegible] ::
[illegible] ::

4. [illegible]

[illegible]

[illegible]
[illegible]
[illegible] ::
[illegible]
[illegible]
[illegible] [25] ::

[illegible]

[illegible]
[illegible] 8 [illegible] 12 [illegible]
[illegible] :: [illegible]
[illegible]
[illegible] [26] ::

[illegible]

ᠲᠡᠭᠡᠨ ᠲᠠᠯ ᠪᠠᠷᠠᠨ ᠤ ᠳᠡᠭᠡᠳᠦ

ᠪᠠᠶᠢᠨ᠎ᠠ ᠭᠡᠵᠦ ᠲᠣᠭᠠᠴᠠᠭᠰᠠᠨ ᠪᠠᠶᠢᠨ᠎ᠠ᠃ ᠡᠨᠡ ᠨᠢ ᠬᠠᠮᠤᠭ ᠤᠨ ᠡᠷᠲᠡᠨ ᠦ ᠮᠣᠩᠭᠣᠯ ᠪᠢᠴᠢᠭ ᠦᠨ [32]᠃ ᠡᠨᠡ ᠦᠶ᠎ᠡ ᠳᠦ (60 — 30) ᠤᠨ ᠪᠣᠯᠤᠨ᠎ᠠ᠃

ᠲᠡᠭᠡᠨ ᠲᠠᠯ ᠪᠠᠷᠠᠨ ᠤ ᠳᠡᠭᠡᠳᠦ 《 ᠲᠡᠭᠡᠨ ᠲᠠᠯ ᠪᠠᠷᠠᠨ ᠤ ᠳᠡᠭᠡᠳᠦ 》 ᠳᠤ 8000 — 5000 ᠵᠢᠯ ᠦᠨ ᠡᠮᠦᠨ᠎ᠡ ᠬᠡᠮᠡᠨ ᠲᠣᠭᠠᠴᠠᠭᠰᠠᠨ ᠪᠠᠶᠢᠨ᠎ᠠ᠃

ᠪᠠᠶᠢᠨ᠎ᠠ ᠭᠡᠵᠦ᠃

ᠡᠨᠡ ᠦᠶ᠎ᠡ ᠳᠦ 5000 ᠵᠢᠯ ᠦᠨ ᠡᠮᠦᠨ᠎ᠡ [31]᠃ 5000 — 4500 ᠵᠢᠯ ᠦᠨ ᠡᠮᠦᠨ᠎ᠡ ᠪᠣᠯᠤᠨ᠎ᠠ᠃

1. ᠰᠠᠷ᠎ᠠ ᠪ ᠬᠡᠪᠯᠡᠯ ᠣᠳᠣᠭᠠ

[illegible] 32 [illegible] 50 [illegible] 420 [illegible] 270 [illegible] 510 [illegible] 329 [illegible] 207 [illegible] 83 [illegible]

[illegible] (朱开沟) [illegible]

[illegible] [34] [illegible] (白泥窑子) [illegible] 坡) [illegible] (鲁家 [illegible] 7000 — 2000 [illegible] 10 — 15 [illegible] 40 [illegible]

[illegible] (石虎山) [illegible] (王墓山) [illegible]

[illegible]

〔36〕::

ᠬᠡ ᠬᠣᠲᠠ ᠶᠢᠨ ᠠᠷᠤᠭ᠎ᠠ ᠪᠣᠯ ᠬᠠᠮᠤᠭ ᠡᠷᠲᠡᠨ ᠦ ᠵᠠᠰᠠᠭ ᠬᠣᠰᠢᠭᠤ ᠬᠠᠷᠠᠭᠠᠨ ᠤ ᠰᠢᠶᠠᠩ ᠳᠠᠢ᠋ ᠽᠢ ᠰᠢᠶᠠᠩ (单台子乡) ᠤᠨ ᠬᠡ ᠬᠣᠲᠠ ᠰᠢ ᠴᠠ ᠴᠦᠨ (西岔村) ᠤ ᠬᠠᠵᠠᠭᠤ

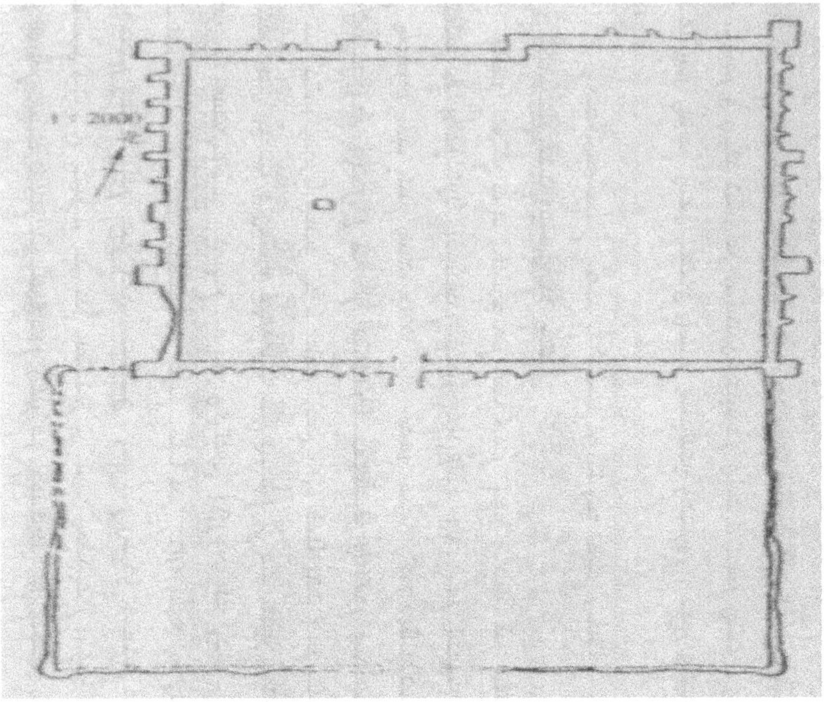

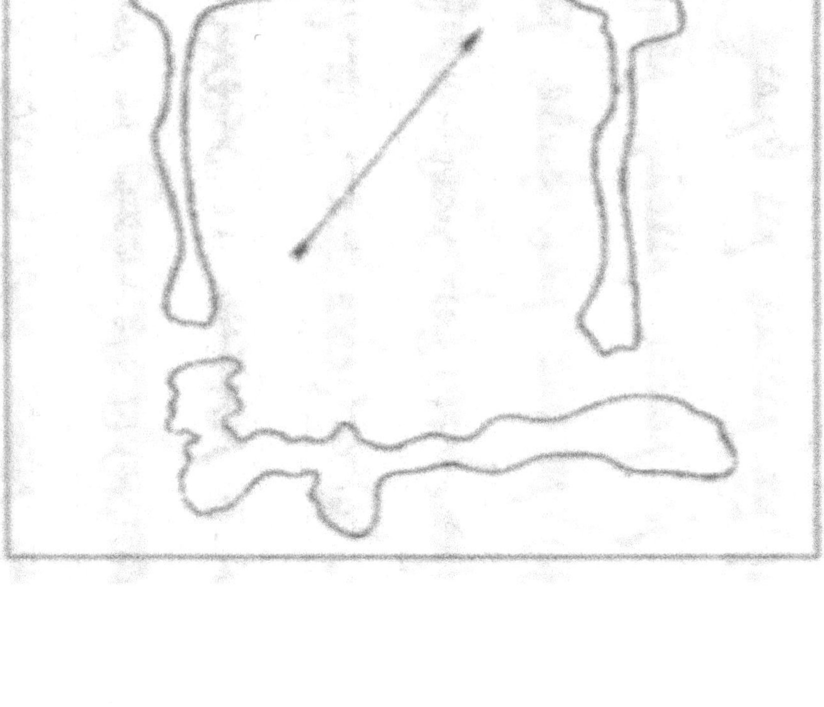

>

[illegible] 1966 [illegible] 30 [illegible]

[illegible] [39] ᠃

[illegible] 123 [illegible] 1990 [illegible] 13 — 14 [illegible] 《[illegible]》 [illegible] 1976 [illegible] 《[illegible]》 [illegible] 2 [illegible] 10 — 16 [illegible] 180 [illegible] 110 [illegible] ᠃

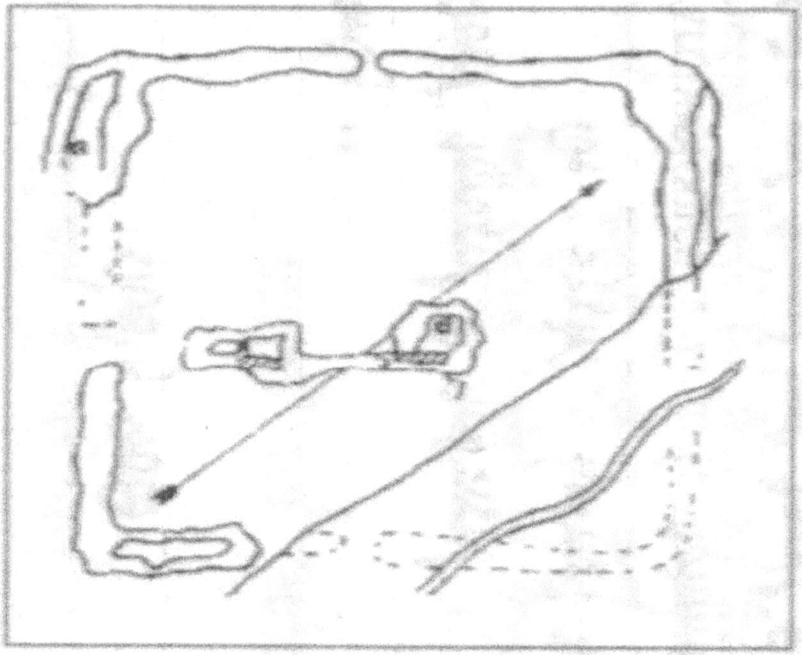

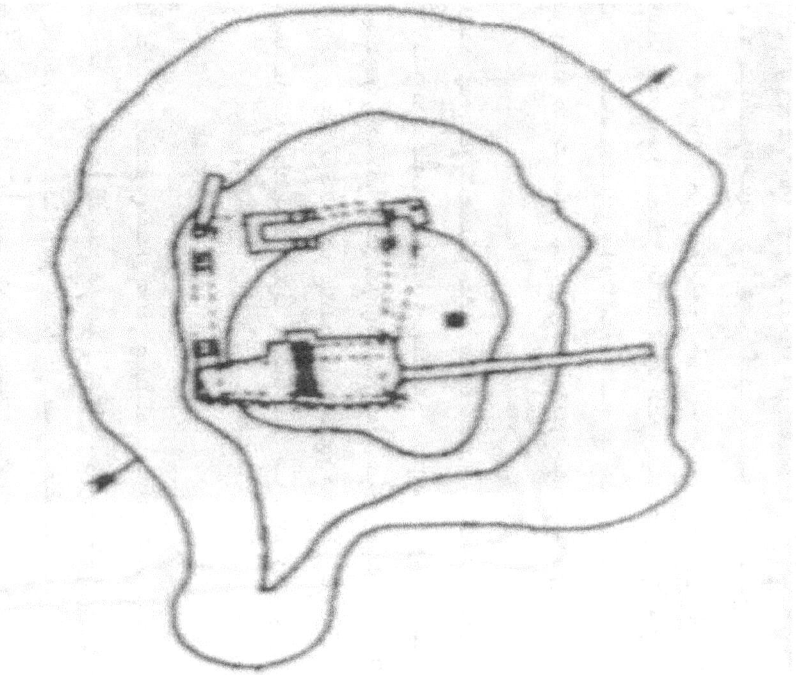

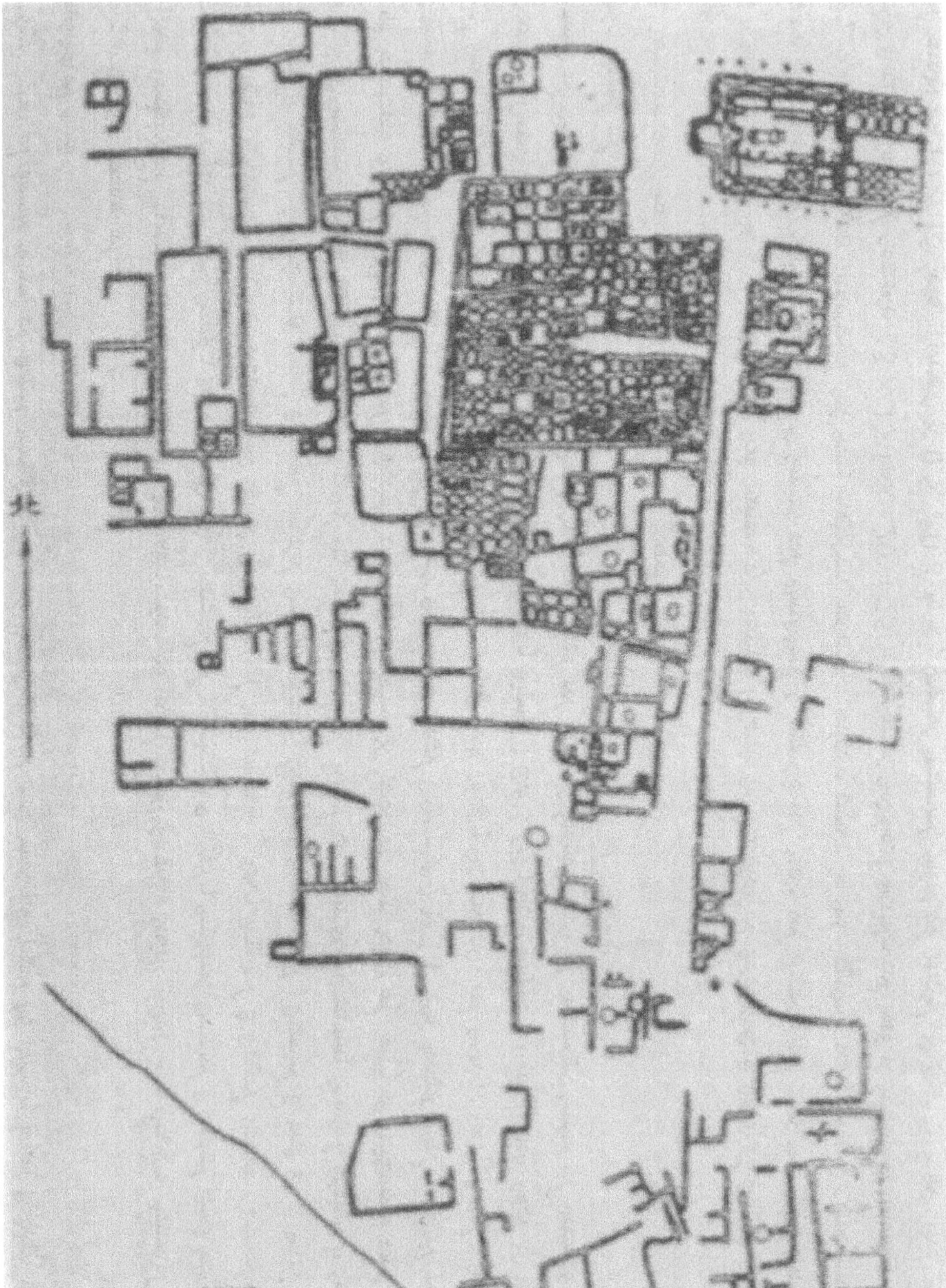
北

[illegible] 《[illegible]》 [illegible]

[illegible] [47] ᠃

[illegible] 1300 [illegible] 1200 [illegible] 2 [illegible]

[illegible] [46] ᠃

[illegible] 《[illegible]》 [illegible] 《[illegible]》 [illegible] 300 [illegible] 120 [illegible] 40 [illegible] 1.5 [illegible] 200

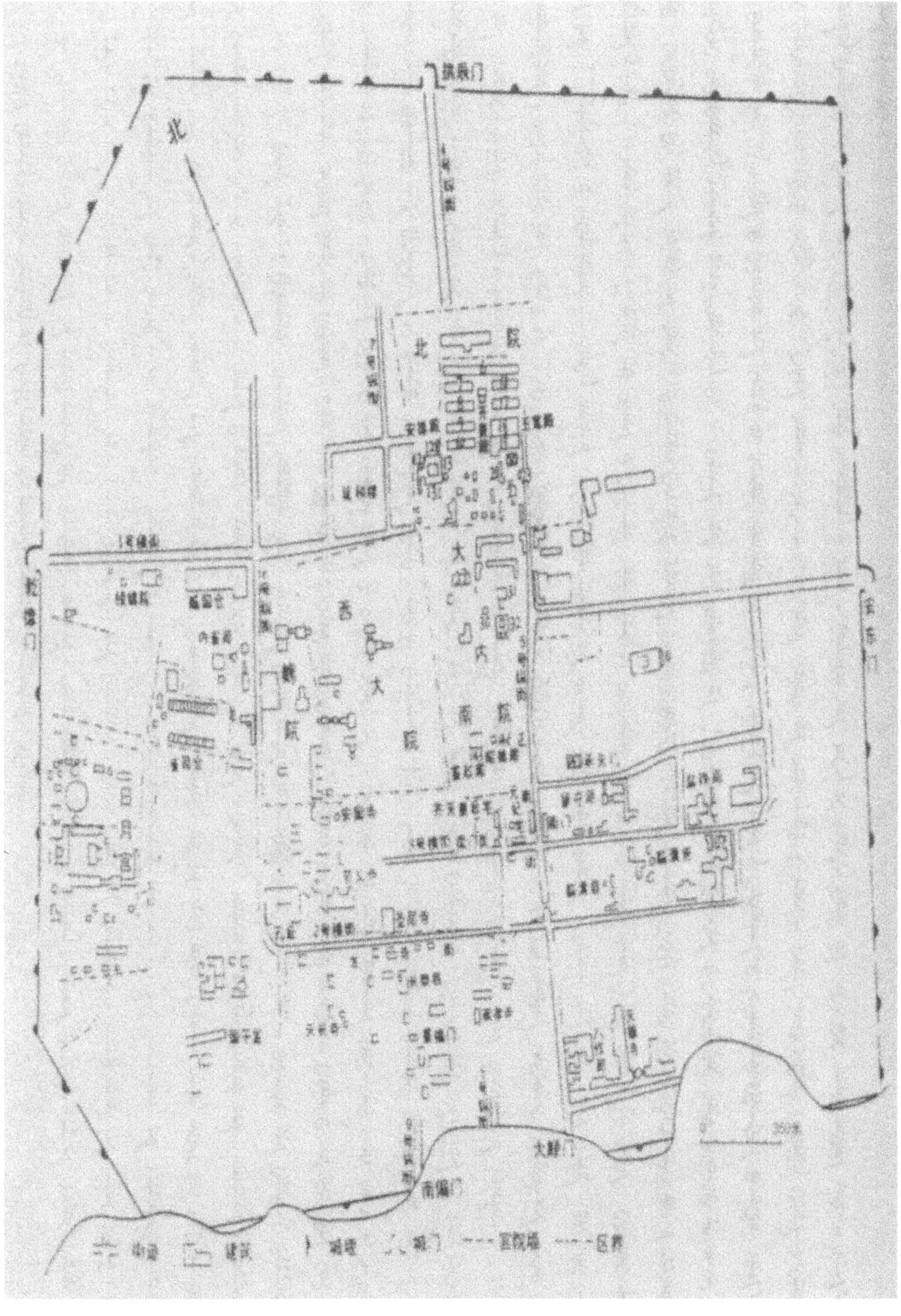

ᠬᠠᠷᠠ ᠬᠣᠲᠠ ᠶᠢᠨ ᠭᠠᠵᠠᠷ ᠨᠢ《黑水城》ᠭᠡᠳᠡᠭ ᠨᠡᠷ᠎ᠡ ᠪᠣᠯᠤᠨ᠎ᠠ᠃ ᠬᠠᠷᠠ ᠬᠣᠲᠠ ᠶᠢᠨ ᠨᠡᠷ᠎ᠡ ᠶᠢᠨ ᠨᠡᠷ᠎ᠡ ᠪᠣᠯᠤᠨ᠎ᠠ᠃ ᠬᠠᠷᠠ

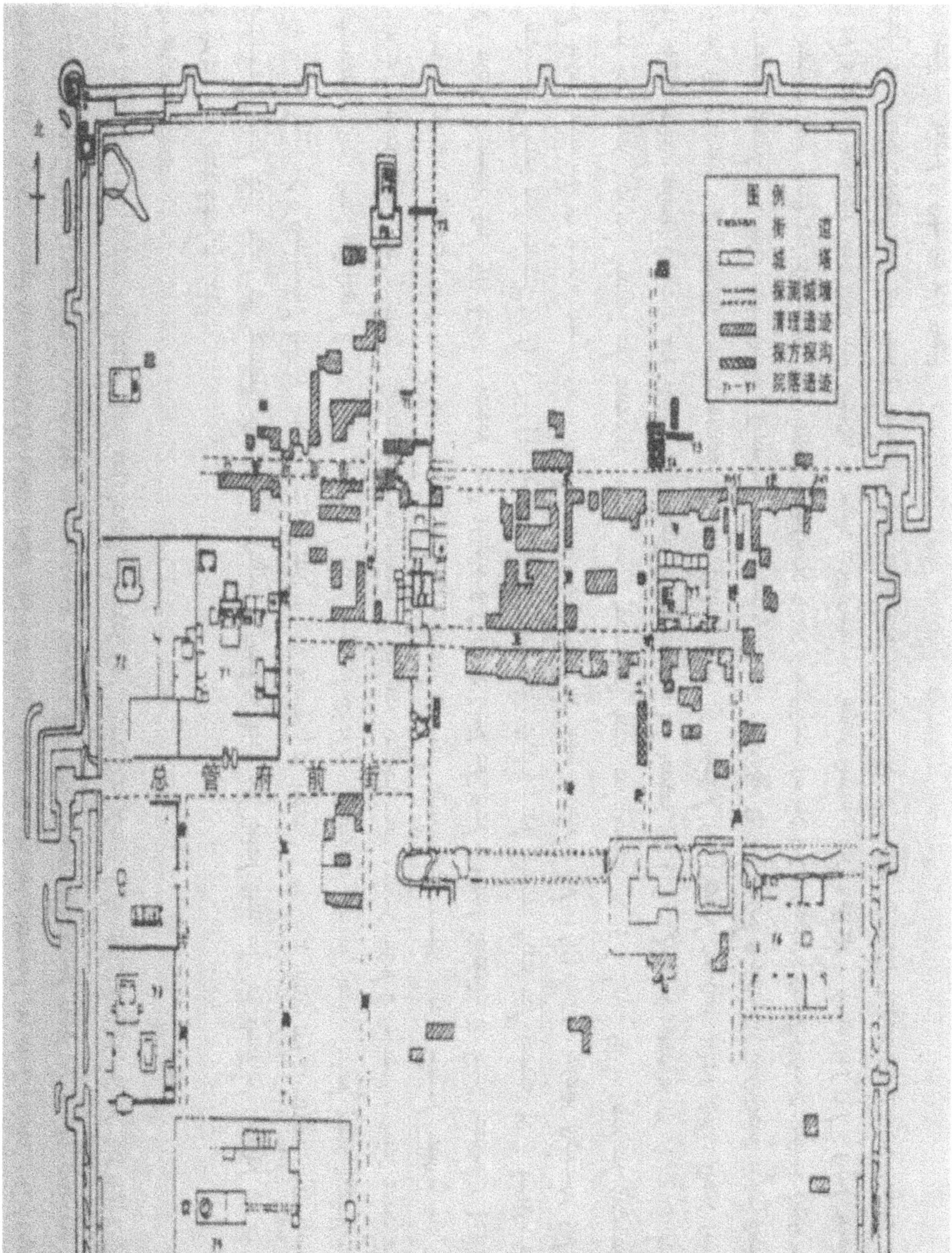

北
图例
街道
城墙
探测城墙
清理遗迹
探方探沟
院落遗迹
总管府前街

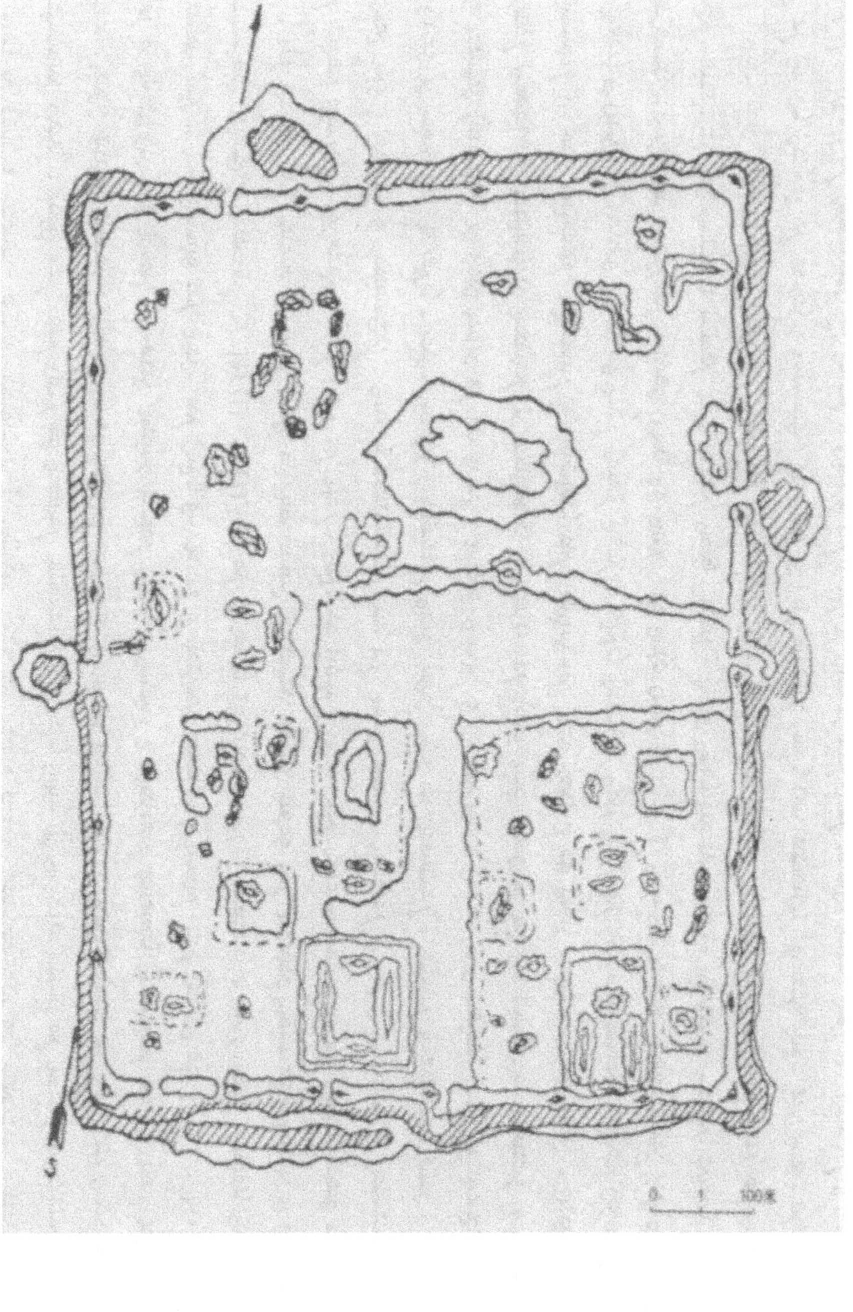
N
S
0 1 100米

[illegible] 1012 · 1015 [illegible] 1020 — 1031 [illegible] « [illegible] » [illegible]

[illegible] 1 — 1.5 [illegible] 1.5 — 2 [illegible] 4 — 6 [illegible]

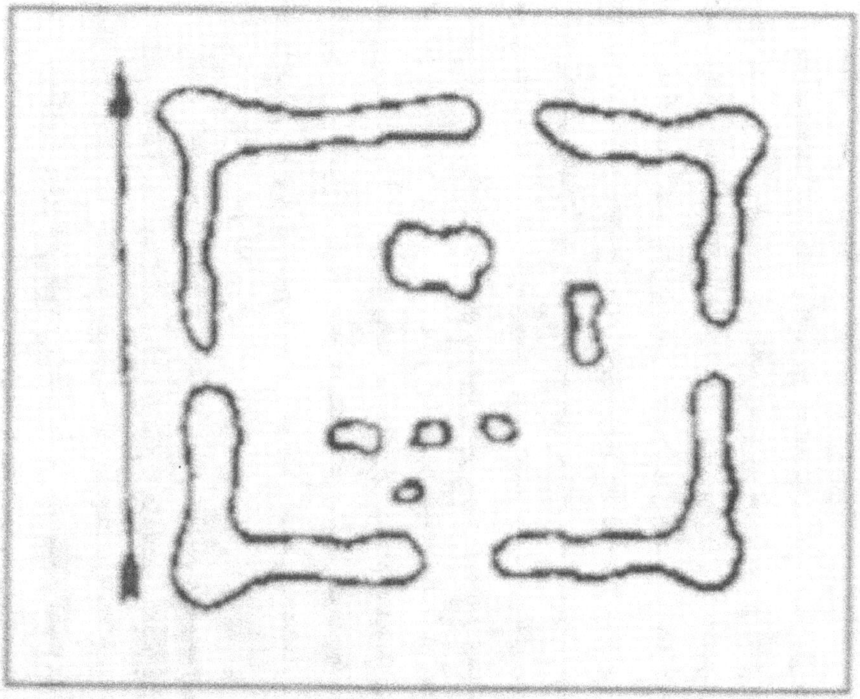

[illegible]

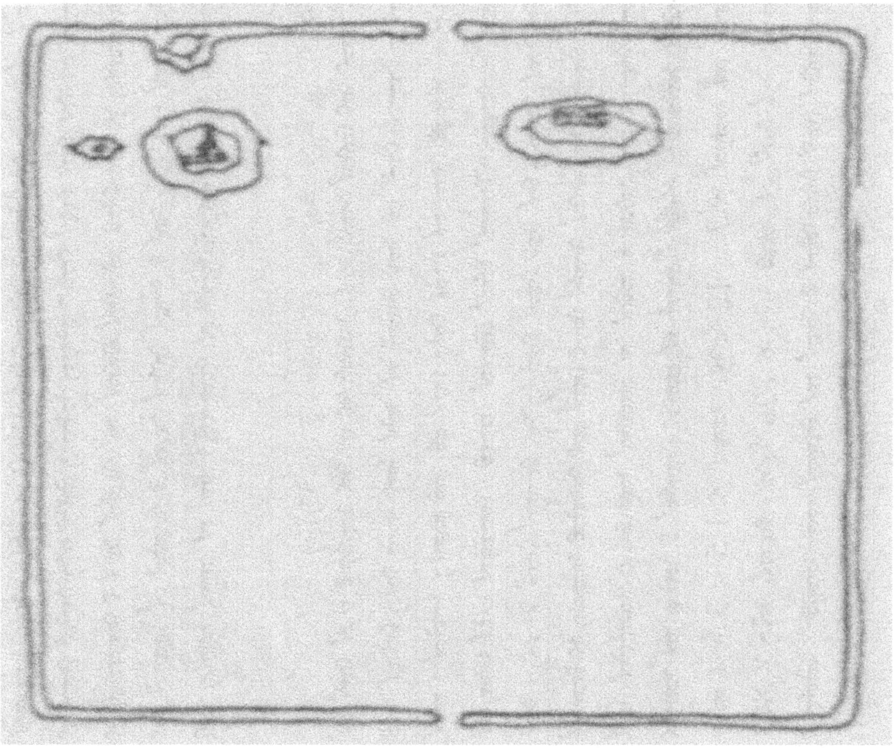

[illegible]

[illegible] 3 — 4 [illegible] 13 [illegible] 4.5 [illegible]

[illegible]

5. [illegible]

[illegible] [56] [illegible] 13 [illegible]

[illegible]

[illegible]

[illegible] 18 [illegible] [illegible] [illegible] ::

[illegible] 〔59〕 :: 15 [illegible] 1311 [illegible] 1342 — 1346 [illegible] :: [illegible] :: [illegible] 12 [illegible] :: [illegible] :: [illegible] 13 [illegible] :: [illegible] 20 [illegible] :: [illegible] :: 13 [illegible] 64 [illegible] :: [illegible] 2 [illegible] :: 《[illegible]》 [illegible] :: [illegible]

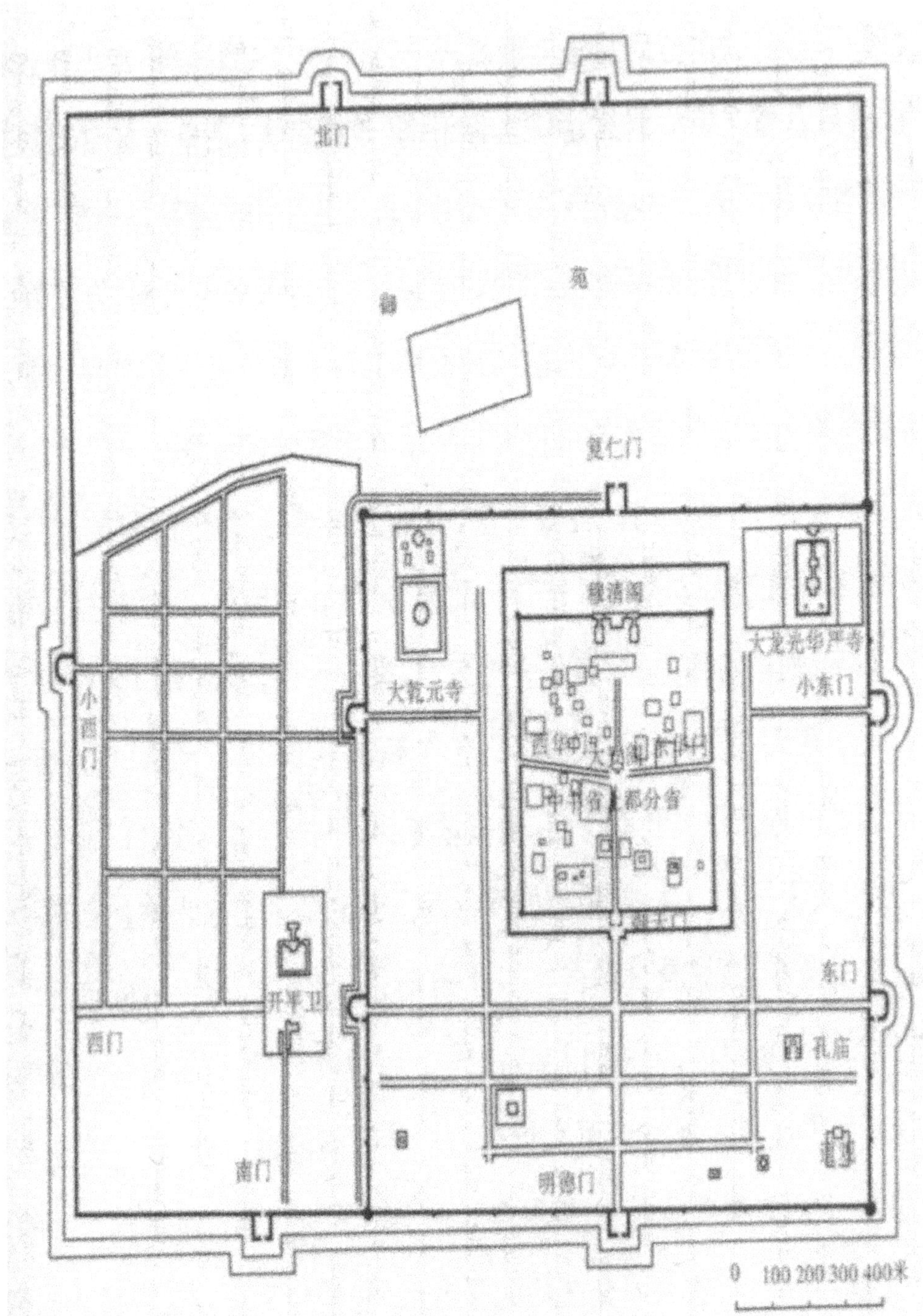
北门
御
苑
复仁门
穆清阁
大龙光华严寺
小东门
大乾元寺
小西门
西华门
大安阁
东华门
中书省
上都分省
御天门
东门
开平卫
西门
孔庙
道观
南门
明德门
0 100 200 300 400米

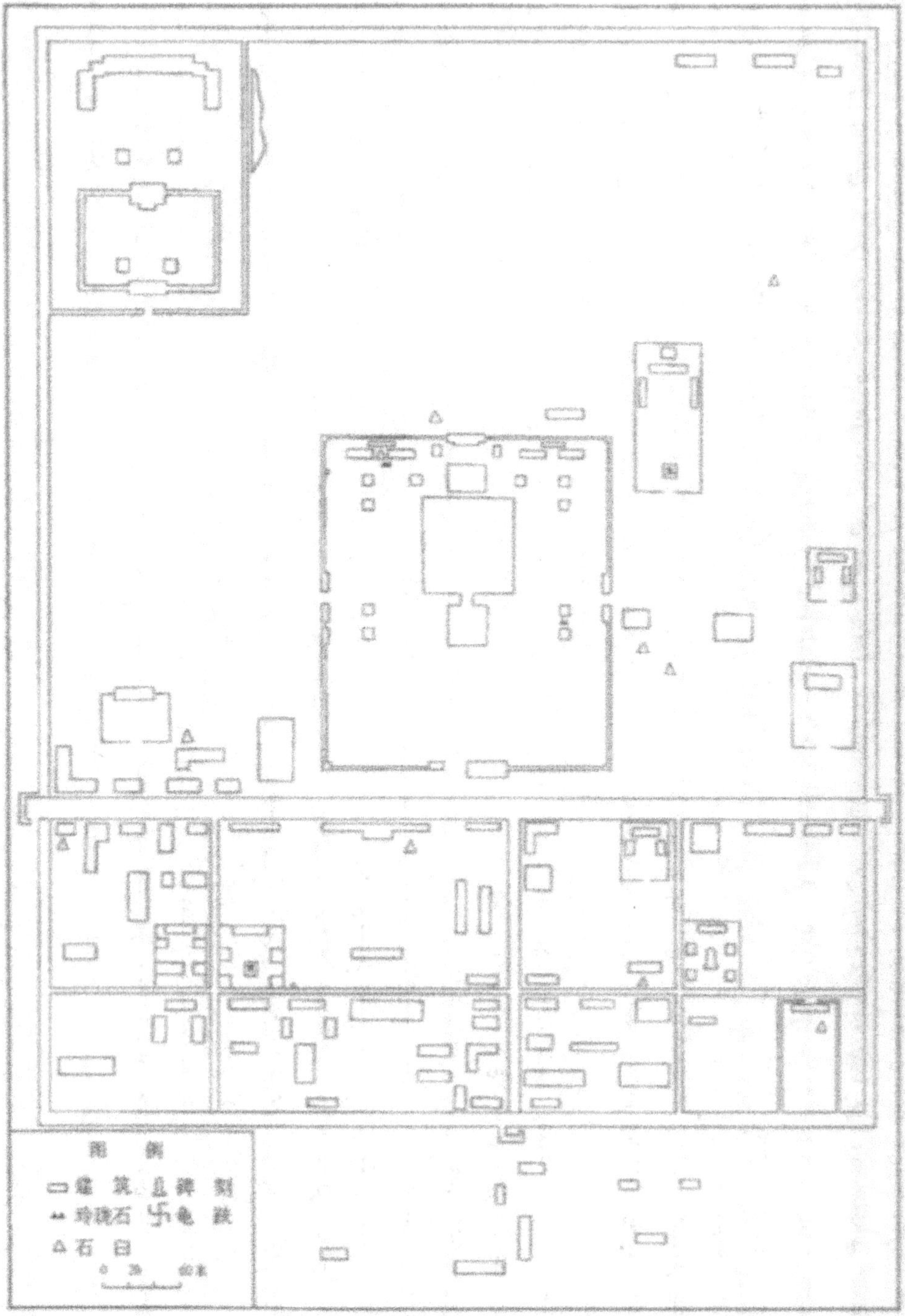
图 例
建 筑
碑 刻
玲珑石
龟 趺
石 臼
0 20 40米

[illegible] 167 [illegible] 2355 [illegible] 34629 [illegible] 1 — 2 [illegible] ᠨᠢ 592 ᠭᠠᠷᠤᠢ [illegible] ᠨᠢ 578 ᠭᠠᠷᠤᠢ [illegible] ᠨᠢ 598 ᠭᠠᠷᠤᠢ [illegible] ᠨᠢ 587 ᠭᠠᠷᠤᠢ [illegible] «[illegible]» [illegible]

[illegible]

[illegible] [61] ᠃

[illegible] 1.8 [illegible] 1 [illegible] 1 [illegible] 240 [illegible] 220 [illegible] 5 [illegible] 10 [illegible] 2 [illegible] 3 — [illegible] 650 [illegible]

[illegible] 800 [illegible] «[illegible]» [illegible] ᠃

«[illegible]» [illegible] 1270 [illegible]

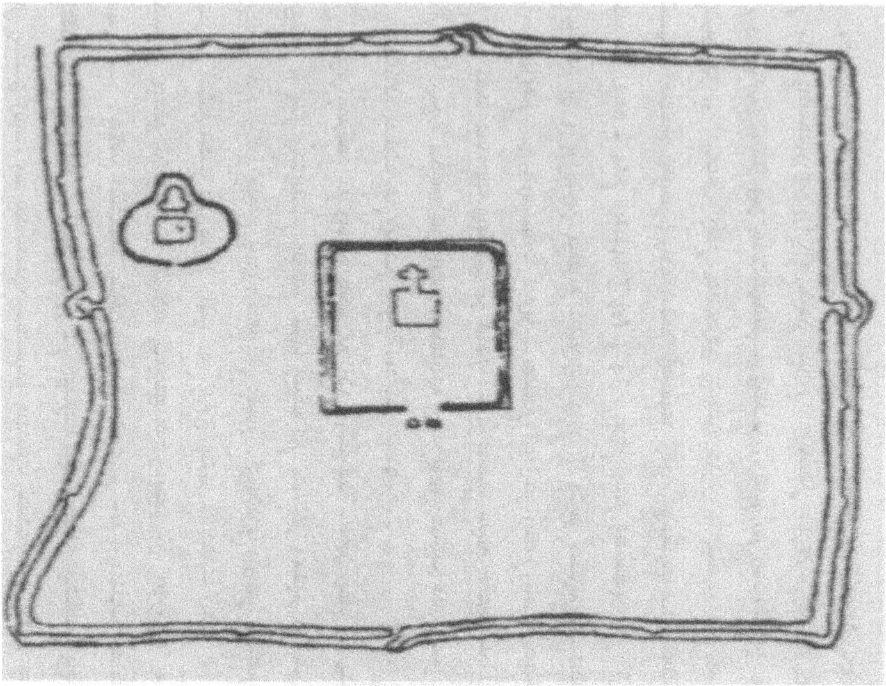

ᠪᠠᠶᠢᠰᠢᠩ ᠬᠣᠲᠠ ᠶᠢᠨ ᠬᠠᠭᠠᠨ ᠤ ᠪᠠᠯᠭᠠᠰᠤ ᠶᠢᠨ ᠲᠥᠰᠦᠪ ᠵᠢᠷᠤᠭ

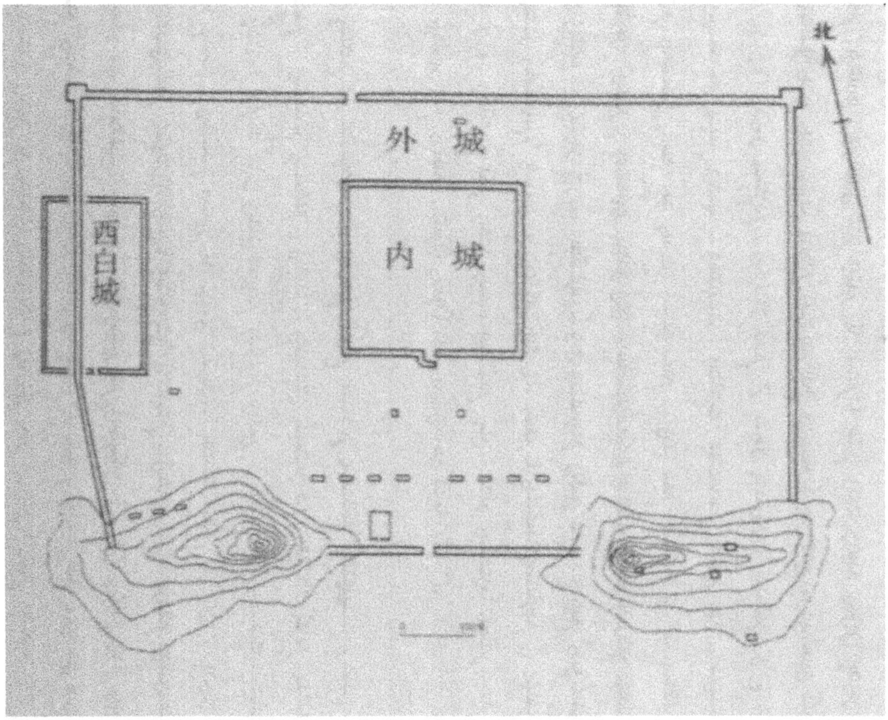

ᠴᠠᠭᠠᠨ ᠪᠠᠯᠭᠠᠰᠤ ᠶᠢᠨ ᠲᠥᠰᠦᠪ ᠵᠢᠷᠤᠭ

[illegible]

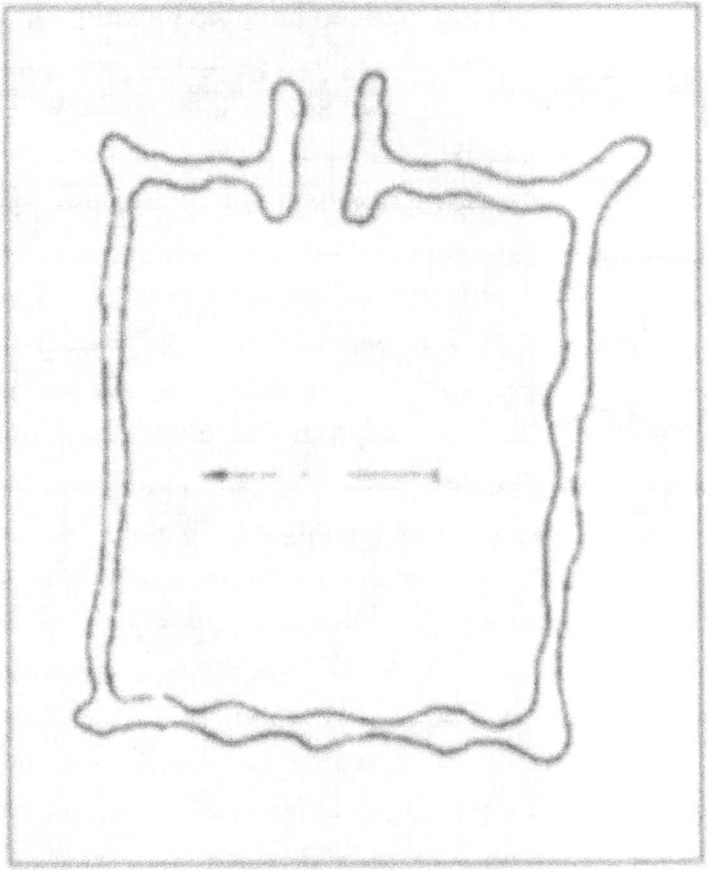

[illegible] 8 — 10 [illegible] 400 [illegible] 1 — 2 [illegible] 30 [illegible] 100 [illegible] 13 [illegible]

[illegible]

[illegible] 13 — 14 [illegible] [65] ᠃

[illegible]

[illegible] 1257 ᠣᠨ ᠳᠤ [illegible] 《……》 [illegible] 13 ᠳᠤᠭᠠᠷ ᠵᠠᠭᠤᠨ [illegible] 13 ᠳᠤᠭᠠᠷ ᠵᠠᠭᠤᠨ [illegible] 1953 ᠣᠨ ᠳᠤ [illegible] (66) ::

[illegible] 50 [illegible] 300 [illegible]

[illegible] 270 [illegible] ᠃ [illegible]

[illegible] ᠃ [illegible]

[illegible] ᠃ [illegible]

[illegible]

[illegible] ᠃ [illegible]

[illegible] ᠃ [illegible] 350 [illegible] 3 [illegible] ᠃ [illegible]

[illegible] 380 [illegible] 390 [illegible]

[illegible] ᠃ [illegible]

[illegible] ᠃ [illegible]

[illegible]

[illegible]

[illegible]

[illegible] [73] ᠃

[illegible] 100 [illegible] ᠃ [illegible]

[illegible]

[illegible] ᠃ [illegible]

[illegible] 13 — 14 [illegible] ᠃ [illegible]

[illegible] ᠃ [illegible] ᠃ [illegible]

[illegible] 3 [illegible]

[illegible] 18 [illegible] ᠃ [illegible] 54 × 212 [illegible] ᠃ [illegible]

[illegible] 2.5 [illegible] ᠃ [illegible]

[illegible] 〔76〕··

[illegible] 4 – 5 [illegible] 8 × 8 [illegible] 410 × 420 [illegible] 1.5 × 1.2 [illegible]

[illegible] 〔75〕··

[illegible]

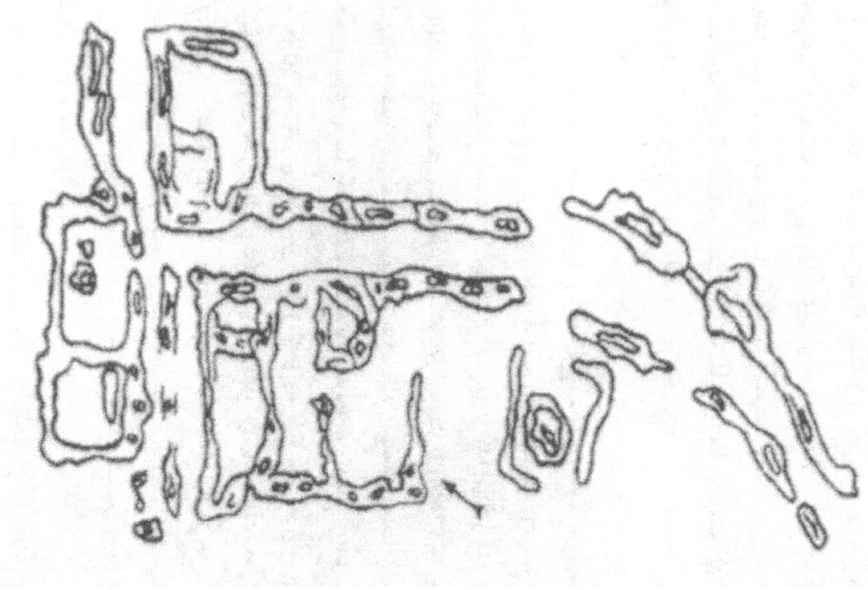

[illegible]

[illegible] 《行国（[illegible]）》[illegible] 《行宫 [illegible]》[illegible]

[illegible]

[illegible] 〔79〕 ∷

[illegible] 2.5 [illegible] 1100 [illegible] 350 [illegible] 《[illegible]》 [illegible]

[illegible]

[illegible]

[illegible]

…ᠠᠯᠳᠠᠷ ᠶᠢ᠂《ᠮᠣᠩᠭᠣᠯ ᠤᠨ ᠨᠢᠭᠤᠴᠠ ᠲᠣᠪᠴᠢᠶᠠᠨ》ᠤ 129 ᠳᠦᠭᠡᠷ ᠪᠦᠯᠦᠭ ᠲᠦ《ᠵᠠᠮᠤᠬ᠎ᠠ

[illegible] — ᠮᠣᠩᠭᠣᠯ ᠤᠨ [illegible]

[illegible] 《 [illegible] 》 · 《 [illegible] 》 [illegible] 《 [illegible] 》 [illegible]

([illegible]) [illegible]

[illegible] ::

[illegible] · [illegible] ([illegible]) [illegible] 7 [illegible] ([illegible]) [illegible] ([illegible]) [illegible] 《 [illegible] 》[85] [illegible] 《 [illegible] 》 [illegible]

[illegible] ::

[illegible] :: 1639 — 1706 [illegible] · 1706 [illegible] · 1911 — 1924 [illegible] · 1924 [illegible] 《 [illegible] 》 · 《 [illegible] 》 · 《 [illegible] 》 [illegible] :: [illegible]

[illegible]

1. [illegible]

[illegible]

(1) [illegible]

[illegible] [86] [illegible]

(2) [illegible]

[illegible]

(3) [illegible]

[illegible]

(4) [illegible]

[illegible]

[illegible]

2. [illegible]

[illegible]

(6) [illegible]

[illegible]

(5) [illegible]

[illegible]

[illegible] 300 [illegible] 11 [illegible] — [illegible] 9 [illegible] 2000 — 1400 [illegible] [88] [illegible] 8000 — 5000 [illegible]

(1) [illegible]

[illegible]

ᠬᠡᠮᠵᠢᠶ᠎ᠡ ᠶᠢᠨ ᠤᠷᠲᠤ ᠬᠡᠮᠵᠢᠶᠡᠨ ᠦ ᠬᠡᠮᠵᠢᠶ᠎ᠡ ᠲᠡᠢ ᠪᠠᠢᠨ᠎ᠠ ᠃ ᠡᠨᠡ ᠨᠢ ᠡᠨᠡ ᠨᠢ ᠴᠢᠬᠤ (朱开沟) ᠣᠯᠳᠠᠭᠰᠠᠨ ᠤᠷᠲᠤ ᠬᠡᠮᠵᠢᠶᠡᠯᠡᠭᠰᠡᠨ ᠪᠠᠶᠢᠳᠠᠯ ᠶᠢᠨ ᠬᠡᠮᠵᠢᠶ᠎ᠡ ᠶᠢᠨ ᠬᠡᠮᠵᠢᠶᠡᠯᠡᠭᠰᠡᠨ ᠬᠡᠮᠵᠢᠶ᠎ᠡ ᠶᠢᠨ

ᠪᠠ ᠲᠡᠭᠦᠨ ᠦ ᠬᠡᠮᠵᠢᠶ᠎ᠡ (鲁家坡) ᠂ ᠴᠠᠭᠠᠨ ᠰᠢᠪᠠᠷ ᠤᠨ ᠬᠡᠮᠵᠢᠶ᠎ᠡ ᠪᠠ ᠡᠨᠡ ᠮᠦᠷᠲᠡᠭᠡᠨ ᠵᠠᠭᠤᠯᠠ (白泥窑子) ᠵᠡᠷᠭᠡ ᠬᠡᠮᠵᠢᠶ᠎ᠡ ᠶᠢᠨ ᠬᠡᠮᠵᠢᠶᠡᠯᠡᠭᠰᠡᠨ ᠢ ᠬᠡᠮᠵᠢᠶ᠎ᠡ ᠬᠡᠮᠵᠢᠶ᠎ᠡ ᠶᠢᠨ

ᠬᠡᠮᠵᠢᠶ᠎ᠡ ᠶᠢᠨ ᠬᠡᠮᠵᠢᠶᠡᠯᠡᠭᠰᠡᠨ ᠦᠨ ᠬᠡᠮᠵᠢᠶᠡᠯᠡᠭᠰᠡᠨ ᠡᠨᠡ ᠬᠡᠮᠵᠢᠶ᠎ᠡ (王墓山) ᠂ ᠴᠢᠯᠠᠭᠤᠨ ᠪᠠᠷᠰ ᠤᠨ ᠠᠭᠤᠯᠠ (石虎山) ᠵᠡᠷᠭᠡ ᠬᠡᠮᠵᠢᠶ᠎ᠡ ᠶᠢᠨ ᠬᠡᠮᠵᠢᠶᠡᠯᠡᠭᠰᠡᠨ ᠬᠡᠮᠵᠢᠶ᠎ᠡ ᠶᠢᠨ ᠬᠡᠮᠵᠢᠶ᠎ᠡ

ᠡᠨᠡ ᠲᠤᠰ ᠮᠣᠩᠭᠣᠯᠴᠤᠳ ᠤᠨ ᠬᠢᠭᠰᠡᠨ ᠬᠣᠭᠣᠯᠠ ᠪᠣᠯ ᠮᠣᠩᠭᠣᠯ ᠬᠦᠮᠦᠨ ᠦ ᠡᠭᠦᠳᠬᠡᠯ ᠦᠨ ᠰᠢᠨᠵᠢ ᠲᠡᠢ ᠪᠣᠯᠤᠨ᠎ᠠ ᠃ ᠬᠤᠸᠠ ᠲᠤᠮ ᠪᠠᠶᠢᠨ ᠬᠣᠰᠢᠭᠤ ᠶᠢᠨ ᠳ᠋ᠠᠨ ᠲᠠᠶᠢ ᠽᠢ ᠰᠢᠶᠠᠩ (单台子乡) ᠤᠨ ᠰᠢ ᠴᠠ ᠴᠦᠨ (西岔村) ᠤ ᠮᠣᠩᠭᠣᠯ ᠬᠦᠮᠦᠨ [91] ᠃ ᠶᠢᠨ ᠰᠢᠶᠠᠩ ᠢᠶᠠᠷ ᠪᠣᠯ 747 ᠂ ᠡᠷᠡᠭᠲᠡᠢ 105 ᠂ ᠡᠮᠡᠭᠲᠡᠢ 59 ᠂ ᠮᠣᠩᠭᠣᠯ ᠬᠦᠮᠦᠨ ᠦ ᠲᠣᠭ᠎ᠠ 8 ᠪᠣᠯᠤᠨ᠎ᠠ ᠃ ᠬᠤᠸᠠ ᠲᠤᠮ ᠤᠨ 32 ᠮᠣᠩᠭᠣᠯ ᠠᠢᠯ ᠤᠨ ᠬᠣᠭᠣᠯᠠ ᠶᠢᠨ ᠪᠠᠶᠢᠳᠠᠯ ᠢ ᠰᠢᠨᠵᠢᠯᠡᠪᠡᠯ ᠮᠣᠩᠭᠣᠯ ᠬᠦᠮᠦᠨ ᠦ ᠬᠣᠭᠣᠯᠠ ᠶᠢᠨ ᠣᠨᠴᠠᠯᠢᠭ ᠢ ᠬᠠᠳᠠᠭᠠᠯᠠᠨ ᠦᠯᠡᠳᠡᠭᠡᠵᠦ ᠪᠠᠶᠢᠨ᠎ᠠ [92] ᠃

[illegible]

(1) [illegible]

3. [illegible]

[illegible]

[illegible] — 3 [illegible]

[illegible]

(3) [illegible]

[illegible]

[illegible]

ᠬᠡᠪᠯᠡᠯ

〔1〕〔82〕〔83〕〔86〕《ᠮᠣᠩᠭᠣᠯ ᠤᠨ ᠨᠢᠭᠤᠴᠠ ᠲᠣᠪᠴᠢᠶᠠᠨ》（ᠬᠡᠪᠯᠡᠯ ᠰᠢᠨᠡᠳᠬᠡᠯ ᠲᠣᠪᠴᠢ）（ᠪᠠᠢ ᠰᠢᠩᠳᠠᠮᠤᠷᠠ）· ᠥᠪᠥᠷ ᠮᠣᠩᠭᠣᠯ ᠤᠨ ᠠᠷᠠᠳ ᠤᠨ ᠬᠡᠪᠯᠡᠯ ᠦᠨ ᠬᠣᠷᠢᠶ᠎ᠠ · 1981 ᠣᠨ ·
111 · 254 ᠨᠢᠭᠤᠷ ᠲᠤ ::

〔2〕ᠳ · ᠴᠡᠷᠡᠨ ᠵᠢ :《ᠮᠣᠩᠭᠣᠯ ᠪᠢᠴᠢᠭ ᠦᠨ ᠲᠣᠪᠴᠢ》· ᠥᠪᠥᠷ ᠮᠣᠩᠭᠣᠯ ᠤᠨ ᠠᠷᠠᠳ ᠤᠨ ᠬᠡᠪᠯᠡᠯ ᠦᠨ ᠬᠣᠷᠢᠶ᠎ᠠ · 1999 ᠣᠨ ::

〔3〕魏坚，王晓琨：《内蒙古东乌旗金斯太洞穴旧石器时代遗址获重要发现》，载《中国文物报》，2000年09月17日第一版。

〔4〕〔8〕〔10〕〔21〕〔32〕〔33〕〔34〕〔35〕〔36〕〔60-1〕〔61〕〔88〕〔89〕〔90〕〔91〕〔92〕塔拉主编：《草原考古学文化研究》，内蒙古教育出版社，2007年，第21-22页，第18页，第19-21页，第23页，第47-56页，第47-56页，第27-47页，第68页，第83页，第258-262页，第262-263页，第47-56页，第47-56页，第27-47页，第68页，第83页。

〔5〕〔38〕〔46〕〔47〕〔48〕ᠵᠣᠬᠢᠶᠠᠭᠴᠢ ᠶᠢᠨ ᠭᠡᠷᠡᠯ ᠵᠢᠷᠤᠭᠯᠠᠭᠰᠠᠨ ::

〔6〕〔7〕〔11〕〔13〕〔14〕〔17〕〔18〕〔19〕〔20〕〔22〕〔23〕〔24〕〔25〕〔26〕〔27〕〔28〕〔29〕〔30〕〔39〕〔40〕〔41〕〔42〕〔43〕〔44〕〔45〕〔52〕〔53〕〔54〕〔55〕〔56〕〔57〕〔59-1〕〔64〕〔65〕〔66〕〔67〕〔68〕〔69〕〔70〕〔71〕〔72〕〔73〕〔74〕〔75〕〔76〕〔77〕〔78〕〔79〕〔ᠮᠣᠩᠭᠣᠯ〕ᠡ · ᠴᠢᠮᠢᠳᠳᠣᠷᠵᠢ :《ᠮᠣᠩᠭᠣᠯ ᠤᠯᠤᠰ ᠤᠨ ᠲᠡᠦᠬᠡ ᠶᠢᠨ ᠲᠣᠪᠴᠢᠶᠠᠨ》（ᠬᠡᠪᠯᠡᠯ ᠢᠯᠡ ᠪᠣᠯᠭᠠᠭᠰᠠᠨ）· ᠥᠪᠥᠷ ᠮᠣᠩᠭᠣᠯ ᠤᠨ ᠠᠷᠠᠳ ᠤᠨ ᠬᠡᠪᠯᠡᠯ ᠦᠨ ᠬᠣᠷᠢᠶ᠎ᠠ · 2006 ᠣᠨ · 22 · 27 · 15 · 29 · 20 · 4 · 13 · 9 · 21 · 5 · 18 · 14 · 16 · 3 · 6 · 26 · 9 · 10 · 295 · 296 · 297 · 298 · 311 · 312 · 293 · 300 · 294 · 324 · 314 · 330 · 291 · 316 · 297 · 299 · 301 · 303 · 304 · 305 · 307 · 308 · 309 · 311 · 320 · 322 · 324 · 325 · 326 · 333 ᠳᠤᠭᠠᠷ ᠨᠢᠭᠤᠷ ::

〔9〕〔15〕〔16〕王巍等主编：《呼伦贝尔民族文物考古研究》，科学出版社，2013年，第1-3页，第29-32页，第34-58页。

〔12〕《ᠪᠠᠭᠠᠷᠢᠨ ᠬᠣᠰᠢᠭᠤᠨ ᠮᠣᠩᠭᠣᠯ ᠤᠨ ᠲᠡᠦᠬᠡ ᠶᠢᠨ ᠮᠠᠲ᠋ᠧᠷᠢᠶᠠᠯ》· ᠥᠪᠥᠷ ᠮᠣᠩᠭᠣᠯ ᠤᠨ ᠠᠷᠠᠳ ᠤᠨ ᠬᠡᠪᠯᠡᠯ ᠦᠨ ᠬᠣᠷᠢᠶ᠎ᠠ · 1986 ᠣᠨ · ᠨᠢᠭᠡᠳᠦᠭᠡᠷ ᠳᠡᠪᠲᠡᠷ（ᠳᠡᠭᠡᠳᠦ）· 89 ᠳᠤᠭᠠᠷ ᠨᠢᠭᠤᠷ ::

〔31〕魏坚，曹建恩：《内蒙古中南部新石器时代石城址初步研究》，载《文物》，1999年第二期，第57-62页。

〔37〕〔49〕〔50〕《ᠮᠣᠩᠭᠣᠯ ᠰᠤᠳᠤᠯᠤᠯ ᠤᠨ ᠨᠡᠪᠲᠡᠷᠬᠡᠢ ᠲᠣᠯᠢ》（ᠳᠡᠳ ᠳᠡᠪᠲᠡᠷ ᠲᠤ ᠪᠠᠷᠢᠮᠲᠠ ᠮᠡᠳᠡᠭᠡ ᠪᠠ ᠰᠤᠳᠤᠯᠤᠯ ᠰᠤᠳᠤᠯᠤᠯ）· ᠥᠪᠥᠷ ᠮᠣᠩᠭᠣᠯ ᠤᠨ ᠠᠷᠠᠳ ᠤᠨ ᠬᠡᠪᠯᠡᠯ ᠦᠨ ᠬᠣᠷᠢᠶ᠎ᠠ · 2008 ᠣᠨ · 690 · 511—512 · 58—59 ᠨᠢᠭᠤᠷ（ᠬᠠᠪᠰᠤᠷᠤᠯᠲᠠ ᠶᠢᠨ 59 ᠨᠢᠭᠤᠷ）::

〔51〕松迪，丽娜：《呼伦贝尔辉河流域古城群落遗址考》，载《北方文物》，2010年第4期，第81页。

〔58〕魏坚：《蒙古早期遗存的考古学观察》，载《北方民族考古》（第一辑），第334页。

〔59-2〕〔苏〕C.B.吉谢列夫等著：《古代蒙古城市》，孙危译，商务印书馆，2016年，第93-130页。

〔60-2〕魏坚：《元上都的考古学研究》，《元上都》上册，中国大百科全书出版社，2008年，第3-102页。

〔62〕松迪：《关于黑山头古城》，载《北方文物》，2000年第4期，第49页。

〔63〕ᠪ·ᠰᠤᠮᠢᠶ᠎ᠠ:《ᠬᠠᠷ᠎ᠠ ᠰᠣᠶᠣᠮᠪᠣ ᠲᠣᠯᠣᠭᠠᠢ ᠬᠣᠲᠠ ᠶᠢᠨ ᠲᠤᠬᠠᠢ》·《ᠥᠪᠥᠷ ᠮᠣᠩᠭᠣᠯ ᠤᠨ ᠨᠡᠶᠢᠭᠡᠮ ᠦᠨ ᠰᠢᠨᠵᠢᠯᠡᠬᠦ ᠤᠬᠠᠭᠠᠨ》ᠰᠡᠳᠬᠦᠯ·1984·2·71 ᠡᠴᠡ ᠨᠢᠭᠤᠷ ᠲᠤ ᠬᠡᠪᠯᠡᠭᠰᠡᠨ ᠨᠢ 81–84 ᠳᠤᠭᠠᠷ ᠨᠢᠭᠤᠷ ᠊᠊

〔80〕〔81〕〔波斯〕拉施特主编：《史集》第一卷第二分册，余大均等译，商务印书馆，第18页，第18页。

〔84〕〔ᠣᠷᠤᠰ〕ᠪ·ᠶ·ᠸᠯᠠᠳᠢᠮᠢᠷᠴᠣᠸ:《ᠮᠣᠩᠭᠣᠯᠴᠤᠳ ᠤᠨ ᠨᠡᠶᠢᠭᠡᠮ ᠦᠨ ᠪᠠᠶᠢᠭᠤᠯᠤᠯ ᠤᠨ ᠲᠦᠬᠡ》（ᠮᠣᠩᠭᠣᠯ ᠬᠡᠪᠯᠡᠯ）·ᠦᠨᠳᠦᠰᠦᠲᠡᠨ ᠦ ᠬᠡᠪᠯᠡᠯ ᠦᠨ ᠬᠣᠷᠢᠶ᠎ᠠ·1981 ᠣᠨ ᠊᠊

〔85〕ᠴ·ᠳᠠᠯᠠᠶᠢᠳᠤᠭᠠᠷᠵᠠᠪ:《ᠲᠣᠭᠣᠨ ᠪᠠ ᠮᠣᠩᠭᠣᠯᠴᠤᠳ ᠤᠨ《ᠪᠤᠷᠬᠠᠨ》ᠪᠠ ᠰᠦᠨᠳᠠᠭ ᠰᠢᠲᠦᠯᠭᠡᠨ》·《ᠥᠪᠥᠷ ᠮᠣᠩᠭᠣᠯ ᠤᠨ ᠨᠡᠶᠢᠭᠡᠮ ᠦᠨ ᠰᠢᠨᠵᠢᠯᠡᠬᠦ ᠤᠬᠠᠭᠠᠨ》ᠰᠡᠳᠬᠦᠯ·2001 ᠣᠨ ᠤ 6 ᠳᠤᠭᠠᠷ ᠳᠡᠪᠲᠡᠷ ᠦᠨ 52 ᠳᠤᠭᠠᠷ ᠨᠢᠭᠤᠷ ᠊᠊

〔87〕〔ᠪᠦᠭᠦᠳᠡ〕ᠶᠠᠭᠠᠭᠴᠢ·ᠬᠠᠯᠢᠮᠠᠭᠤ:《ᠮᠣᠩᠭᠣᠯ ᠤᠨ ᠪᠤᠷᠬᠠᠨ ᠢ ᠰᠢᠲᠦᠭᠡᠨ》（ᠰᠣᠶᠣᠯ ᠰᠢᠨᠵᠢ ᠰᠤᠳᠤᠯ ᠬᠣᠪᠢᠷᠠᠭᠤᠯᠵᠤ·ᠨᠣᠮᠤᠭᠤᠨ ᠮᠣᠩᠭᠣᠯᠴᠢᠯᠠᠪᠠ）·ᠥᠪᠥᠷ ᠮᠣᠩᠭᠣᠯ ᠤᠨ ᠬᠡᠪᠯᠡᠯ ᠦᠨ ᠪᠦᠯᠦᠭᠯᠡᠯ ᠥᠪᠥᠷ ᠮᠣᠩᠭᠣᠯ ᠤᠨ ᠠᠷᠠᠳ ᠤᠨ ᠬᠡᠪᠯᠡᠯ ᠦᠨ ᠬᠣᠷᠢᠶ᠎ᠠ·2010 ᠣᠨ·182 ᠳᠤᠭᠠᠷ ᠨᠢᠭᠤᠷ ᠊᠊

〔93〕ᠰᠢᠷ᠎ᠠ ᠲᠣᠭᠣᠯᠠ·ᠴᠣᠭᠲᠤ ᠵᠢᠷᠭᠠᠯ《ᠮᠣᠩᠭᠣᠯ ᠤᠨ ᠰᠢᠵᠢᠭᠡᠯᠡᠯᠲᠡ ᠰᠤᠳᠤᠯᠤᠯ》（ᠬᠠᠷᠢᠴᠠᠭᠤᠯᠤᠨ ᠮᠣᠩᠭᠣᠯᠴᠢᠯᠠᠪᠠ）·ᠥᠪᠥᠷ ᠮᠣᠩᠭᠣᠯ ᠤᠨ ᠰᠤᠷᠭᠠᠨ ᠬᠦᠮᠦᠵᠢᠯ ᠦᠨ ᠬᠡᠪᠯᠡᠯ ᠦᠨ ᠬᠣᠷᠢᠶ᠎ᠠ·1983 ᠣᠨ·276 ᠨᠢᠭᠤᠷ ᠊᠊

〔94-1〕〔元史〕《撒吉思传、耶律留哥传》，中华书局，1976年。

〔94-2〕〔近〕屠寄：《蒙兀儿史记》第三卷，北京中国书店，1984年。

〔95〕ᠰᠣᠶᠣᠯ:《ᠪᠣᠷᠵᠢᠭᠢᠨ ᠨᠣᠶᠠᠳ ᠤᠨ ᠲᠣᠭᠣᠨ ᠪᠠ ᠰᠣᠶᠣᠯ ᠤᠨ ᠪᠠᠶᠢᠷᠢ ᠶᠢ ᠰᠢᠨᠵᠢᠯᠡᠬᠦ ᠨᠢ》·《ᠥᠪᠥᠷ ᠮᠣᠩᠭᠣᠯ ᠤᠨ ᠶᠡᠬᠡ ᠰᠤᠷᠭᠠᠭᠤᠯᠢ ᠶᠢᠨ ᠡᠷᠳᠡᠮ ᠰᠢᠨᠵᠢᠯᠡᠬᠦ ᠪᠠ ᠰᠡᠳᠬᠦᠯ》·2004 ᠣᠨ ᠤ 5 ᠳᠤᠭᠠᠷ ᠳᠡᠪᠲᠡᠷ·57–65 ᠨᠢᠭᠤᠷ ᠊᠊

〔96〕〔ᠮᠣᠩᠭᠣᠯ〕ᠨᠠᠰᠤᠨ ᠪᠠ ᠪᠠᠶᠠᠷ:《ᠮᠣᠩᠭᠣᠯ ᠪᠢᠴᠢᠭ ᠦᠨ ᠰᠤᠳᠤᠯ》·ᠦᠨᠳᠦᠰᠦᠲᠡᠨ ᠦ ᠬᠡᠪᠯᠡᠯ ᠦᠨ ᠬᠣᠷᠢᠶ᠎ᠠ·2006 ᠣᠨ·75 ᠳᠤᠭᠠᠷ ᠨᠢᠭᠤᠷ ᠊᠊

ᠲᠣᠭᠣᠷᠢᠭᠯᠠᠯ ᠤᠨ ᠮᠣᠩᠭᠣᠯ ᠤᠨ ᠰᠣᠶᠣᠯ
ᠣᠷᠴᠢᠨ · ᠲᠡᠦᠬᠡᠨ ᠤ ᠮᠣᠩᠭᠣᠯ ᠤᠨ ᠰᠤᠳᠤᠯᠤᠯ

ᠰᠣᠶᠣᠯ ᠤᠨ ᠰᠤᠳᠤᠯᠤᠯ ᠤᠨ ᠦᠨᠳᠦᠰᠦ ᠰᠠᠭᠤᠷᠢ ᠪᠣᠯᠬᠤ ᠰᠣᠶᠣᠯ ᠤᠨ ᠦᠵᠡᠯ ᠪᠣᠯᠤᠨ ᠰᠣᠶᠣᠯ ᠤᠨ ᠣᠨᠣᠯ (ᠰᠣᠶᠣᠯ ᠤᠨ ᠤᠬᠠᠭᠠᠨ ᠂ ᠰᠣᠶᠣᠯ ᠤᠨ ᠰᠤᠳᠤᠯᠤᠯ ᠂ ᠰᠣᠶᠣᠯ ᠤᠨ ᠲᠦᠭᠦᠬᠡ ᠂ ᠰᠣᠶᠣᠯ ᠤᠨ ᠬᠥᠭᠵᠢᠯ ᠂ ᠰᠣᠶᠣᠯ ᠤᠨ ᠬᠣᠯᠪᠣᠯᠳᠤᠯ ᠂ ᠰᠣᠶᠣᠯ ᠤᠨ ᠰᠢᠨᠵᠢ ᠂ ᠰᠣᠶᠣᠯ ᠤᠨ ᠪᠦᠲᠦᠴᠡ ᠵᠡᠷᠭᠡ) ᠶᠢᠨ ᠰᠤᠳᠤᠯᠤᠯ ᠪᠣᠯᠤᠨ᠎ᠠ ᠃ 《 ᠰᠣᠶᠣᠯ 》 ᠭᠡᠳᠡᠭ ᠦᠭᠡ ᠶᠢᠨ ᠤᠳᠬ᠎ᠠ ᠵᠢ ᠲᠣᠳᠣᠷᠬᠠᠶᠢᠯᠠᠬᠤ ᠨᠢ 《 ᠰᠣᠶᠣᠯ ᠤᠨ ᠰᠤᠳᠤᠯᠤᠯ 》 ᠤᠨ ᠡᠬᠢᠯᠡᠯ ᠪᠣᠯᠬᠤ ᠪᠥᠭᠡᠳ ᠰᠣᠶᠣᠯ ᠤᠨ ᠣᠨᠣᠯ ᠤᠨ ᠬᠠᠮᠤᠭ ᠤᠨ ᠰᠠᠭᠤᠷᠢ ᠳᠡᠭᠡᠷ᠎ᠡ ᠰᠠᠭᠤᠵᠤ ᠪᠠᠶᠢᠨ᠎ᠠ (ᠰᠣᠶᠣᠯ ᠤᠨ ᠤᠬᠠᠭᠠᠨ ᠠᠴᠠ ᠡᠬᠢᠯᠡᠨ᠎ᠡ ᠰᠣᠶᠣᠯ ᠤᠨ ᠰᠤᠳᠤᠯᠤᠯ ᠲᠤ ᠬᠦᠷᠬᠦ ᠪᠣᠯᠤᠨ᠎ᠠ) ᠪᠠ ᠰᠣᠶᠣᠯ ᠤᠨ ᠬᠥᠭᠵᠢᠯ ᠤᠨ ᠰᠤᠳᠤᠯᠤᠯ (ᠰᠣᠶᠣᠯ ᠤᠨ ᠤᠳᠬ᠎ᠠ) ᠪᠣᠯᠤᠨ ᠰᠣᠶᠣᠯ ᠤᠨ ᠤᠳᠬ᠎ᠠ ᠶᠢᠨ ᠬᠠᠮᠢᠶ᠎ᠠ ᠪᠠᠷ ᠢᠯᠡᠷᠡᠨ᠎ᠡ ᠃

(ᠨᠢᠭᠡ) ᠰᠣᠶᠣᠯ ᠤᠨ ᠲᠣᠳᠣᠷᠬᠠᠶᠢᠯᠠᠯᠲᠠ ᠶᠢᠨ ᠲᠤᠬᠠᠶ

1. ᠰᠣᠶᠣᠯ ᠤᠨ ᠲᠣᠳᠣᠷᠬᠠᠶᠢᠯᠠᠯᠲᠠ

ᠰᠣᠶᠣᠯ ᠭᠡᠳᠡᠭ ᠦᠭᠡ ᠶᠢᠨ ᠡᠬᠢ ᠤᠭ ᠨᠢ ᠯᠠᠲᠢᠨ ᠬᠡᠯᠡ ᠡᠴᠡ ᠡᠬᠢ ᠰᠤᠷᠪᠤᠯᠵᠢᠲᠠᠢ ᠪᠣᠯᠤᠨ ᠲᠡᠷᠡ ᠨᠢ ᠡᠷᠲᠡ ᠶᠢᠨ ᠭᠠᠵᠠᠷ ᠲᠠᠷᠢᠶᠠᠯᠠᠩ ᠤᠨ ᠠᠮᠢᠳᠤᠷᠠᠯ ᠲᠠᠢ ᠨᠢᠭᠲᠠ ᠬᠣᠯᠪᠣᠭᠳᠠᠨ᠎ᠠ ᠃ ᠯᠠᠲᠢᠨ ᠬᠡᠯᠡᠨ ᠦ ᠲᠠᠷᠢᠶᠠᠯᠠᠩ ᠲᠠᠢ ᠬᠣᠯᠪᠣᠭᠳᠠᠬᠤ ᠦᠭᠡ ᠪᠣᠯ ᠯᠠᠲᠢᠨ ᠬᠡᠯᠡᠨ ᠦ ᠭᠠᠵᠠᠷ ᠲᠠᠷᠢᠶᠠᠯᠠᠩ ᠤᠨ ᠤᠳᠬ᠎ᠠ ᠪᠦᠬᠦᠢ 《 colo · colere 》— ᠲᠠᠷᠢᠬᠤ · ᠲᠠᠷᠢᠶᠠᠯᠠᠩ (种植 · 耕耘 · 农作) · ᠦᠨᠳᠦᠰᠦ ᠦᠭᠡ ᠡᠴᠡ ᠦᠯᠦ ᠬᠡᠯᠪᠡᠷᠢᠰᠢᠬᠦ ᠦᠭᠡ ᠪᠣᠯᠤᠨ ᠭᠠᠷᠤᠯ ᠲᠠᠢ ᠪᠠᠶᠢᠨ᠎ᠠ ᠃ ᠲᠡᠭᠦᠨ ᠦ ᠬᠣᠶᠠᠷ ᠤᠳᠬ᠎ᠠ ᠪᠣᠯ 《 cultus 》— ᠲᠠᠷᠢᠯᠲᠠ · ᠲᠠᠷᠢᠶᠠᠯᠠᠩ ᠤᠨ (耕种的 · 耕耘的) ᠭᠡᠳᠡᠭ ᠤᠳᠬ᠎ᠠ ᠲᠠᠢ ᠪᠠᠶᠢᠵᠠᠢ ᠃ ᠲᠡᠷᠡ ᠨᠢ ᠲᠠᠷᠢᠶᠠᠯᠠᠩ ᠤᠨ ᠲᠠᠷᠢᠯᠲᠠ ᠶᠢᠨ ᠤᠳᠬ᠎ᠠ ᠪᠠᠷ 《 cultura 》 ᠭᠡᠳᠡᠭ ᠦᠭᠡ ᠪᠣᠯᠪᠠ ᠃ ᠯᠠᠲᠢᠨ ᠬᠡᠯᠡᠨ ᠦ ᠲᠠᠷᠢᠶᠠᠯᠠᠩ ᠪᠣᠯᠤᠨ ᠰᠣᠶᠣᠯ ᠭᠡᠳᠡᠭ ᠦᠭᠡ ᠨᠢ 《 agri cultra 》— ᠭᠠᠵᠠᠷ ᠲᠠᠷᠢᠶᠠᠯᠠᠩ (农业耕种) ᠭᠡᠳᠡᠭ ᠤᠳᠬ᠎ᠠ ᠡᠴᠡ 《 cultura 》 ᠭᠡᠳᠡᠭ ᠦᠭᠡ ᠪᠣᠯᠤᠨ ᠬᠤᠪᠢᠷᠠᠨ ᠡᠷᠲᠡ ᠶᠢᠨ ᠭᠠᠵᠠᠷ ᠲᠠᠷᠢᠶᠠᠯᠠᠩ ᠤᠨ ᠲᠠᠷᠢᠬᠤ · ᠲᠠᠷᠢᠯᠲᠠ (栽培 · 种植) · ᠬᠦᠮᠦᠵᠢᠯ (耘 · 农作) ᠬᠡᠮᠡᠬᠦ ᠤᠳᠬ᠎ᠠ ᠶᠢ ᠢᠯᠡᠷᠬᠡᠶᠢᠯᠡᠵᠦ ᠪᠠᠶᠢᠵᠠᠢ ᠃ ᠲᠡᠭᠦᠨ ᠦ 《文化》 (ᠰᠣᠶᠣᠯ) ᠭᠡᠳᠡᠭ ᠤᠳᠬ᠎ᠠ ᠨᠢ ᠰᠢᠨᠵᠢᠯᠡᠬᠦ ᠤᠬᠠᠭᠠᠨ ᠤ ᠬᠥᠭᠵᠢᠯ ᠲᠡᠢ ᠬᠠᠮᠲᠤ ᠪᠠᠶᠢᠭᠤᠯᠤᠭᠳᠠᠭᠰᠠᠨ ᠶᠠᠭᠤᠮᠠ ᠪᠣᠯᠤᠨ᠎ᠠ [1] ᠃

[4]

[3]

[2]

《cultura》

《cultura animi》

45 《cultura animi

autem philosophia est》

2.

[5]

[illegible] 《[illegible]》 [8] [illegible]

3. [illegible]

[illegible] 《[illegible]》 [7] [illegible]

《[illegible]》 [6] [illegible]

[illegible]

4. [illegible]

[illegible] 56 [illegible] [6] [illegible]

[illegible]

1. [illegible]

[illegible]

[illegible]

[illegible]

[illegible]

(1) [illegible]

[illegible] 《[illegible]》〔10〕 [illegible]

(2) [illegible]

[illegible]

[illegible]

(3) [illegible]

[illegible] ::

[illegible] 《[illegible]》 [illegible] 》〔12〕 [illegible] 《[illegible]》 [illegible] ::

[illegible] 《[illegible]》 [illegible] ::

[illegible] 《[illegible]》〔11〕 [illegible] 《[illegible]》 [illegible] ::

[illegible]

2. [illegible]

[illegible]

1. [illegible]

[illegible]

(ᠭᠤᠷᠪᠠ) [illegible]

[illegible]

[illegible]

ᠡᠨᠡ ᠪᠣᠯᠤᠨ᠎ᠠ :: ᠡᠢᠮᠦ ᠡᠴᠡ ᠦᠵᠡᠪᠡᠯ ᠡᠳᠡ ᠬᠦᠮᠦᠨ ᠢ ᠰᠣᠶᠣᠯᠵᠢᠭᠤᠯᠤᠭᠴᠢ ᠬᠦᠮᠦᠨ ᠡᠴᠡ ᠰᠤᠷᠤᠯᠴᠠᠨ᠎ᠠ ᠡᠨᠡ ᠰᠣᠶᠣᠯ ᠰᠤᠷᠴᠤ ᠡᠨᠡ ᠪᠣᠯᠵᠤ᠂ ᠰᠣᠶᠣᠯᠵᠢᠭᠤᠯᠤᠭᠴᠢ ᠬᠦᠮᠦᠨ ᠦ ᠡᠷᠬᠡ
ᠪᠦᠷᠢᠯᠳᠦᠭᠦᠯ ᠦᠭᠡᠢ ᠪᠣᠯᠤᠨ᠎ᠠ ::

ᠲᠠᠢᠯᠪᠤᠷᠢ

〔1〕〔2〕〔4〕蔡俊生、陈荷清、韩林德：《文化论》，人民出版社，2003年，第1页，第1–2页，第149页。
〔3〕〔英〕爱德华·泰勒著：《原始社会》，连树声译，广西师范大学出版社，2005年，第1页。
〔5〕〔日〕石田英一郎、泉靖一、曾野寿彦、寺田和夫：《人类学》，金少萍译，民族出版社，2008年，第135–179页。
〔6〕〔7〕〔ᠶᠠᠫᠣᠨ〕ᠠ᠂ ᠰᠣᠶᠣᠯᠵᠢᠭᠤᠯᠤᠭᠴᠢ：《ᠬᠦᠮᠦᠨ ᠰᠣᠶᠣᠯ ᠤᠨ ᠪᠦᠲᠦᠴ ᠦᠨ ᠰᠤᠳᠤᠯᠤᠯ》—《ᠬᠣᠶᠠᠷ ᠶᠠᠫᠣᠨ ᠤ ᠡᠷᠳᠡᠮ ᠦᠨ ᠰᠢᠨᠵᠢᠯᠡᠬᠦ ᠬᠤᠷᠠᠯ》᠂ 2011 ᠣᠨ ᠤ 5 ᠳᠤᠭᠠᠷ ᠰᠢᠨᠵᠢᠯᠡᠯᠲᠡ ::
〔8〕《斯大林选集》，人民出版社，第一版，1979年，第64页。
〔9〕周明甫、金星华主编：《中国少数民族文化简论》，民族出版社，2006年，第24–25页。
〔10〕恩格斯：《劳动在从猿到人转变过程中的作用》，《马克思恩格斯选集》，第三卷，人民出版社，1972年，第508页。
〔11〕〔12〕〔13〕《ᠶᠠᠫᠣᠨ ᠤ ᠬᠦᠮᠦᠨ ᠦ ᠠᠮᠢᠨ》(ᠮᠣᠩᠭᠣᠯᠴᠢᠯᠠᠭᠰᠠᠨ ᠤ ᠣᠷᠴᠢᠭᠤᠯᠪᠠ)᠂ ᠦᠨᠳᠦᠰᠦᠲᠡᠨ ᠦ ᠬᠡᠪᠯᠡᠯ ᠦᠨ ᠬᠣᠷᠢᠶ᠎ᠠ᠂ 2010 ᠣᠨ᠂ 465᠂ 462᠂ 416 ᠳᠡᠭᠡᠷ ᠨᠢᠭᠤᠷ ::
〔14〕〔15〕〔ᠶᠠᠫᠣᠨ〕ᠲᠠ᠂ ᠪᠠᠢ：《ᠶᠠᠫᠣᠨ ᠤ ᠬᠦᠮᠦᠨ》(ᠮᠣᠩᠭᠣᠯᠵᠢᠨ ᠤ ᠬᠠᠷᠢᠯᠴᠠᠭ᠎ᠠ ᠪᠣᠯᠤᠨ ᠰᠢᠨᠵᠢᠯᠡᠬᠦ ᠪᠠᠷ ᠣᠷᠴᠢᠭᠤᠯᠪᠠ)᠂ ᠦᠨᠳᠦᠰᠦᠲᠡᠨ ᠦ ᠬᠡᠪᠯᠡᠯ ᠦᠨ ᠬᠣᠷᠢᠶ᠎ᠠ᠂ 1992 ᠣᠨ᠂ 75᠂ 74 ᠳᠡᠭᠡᠷ ᠨᠢᠭᠤᠷ ::

[illegible]

ᠬᠡᠷᠡᠭᠯᠡᠭᠡ ᠶᠢᠨ ᠪᠠᠶᠢᠳᠠᠯ ᠤᠨ ᠰᠤᠳᠤᠯᠭ᠎ᠠ

(ᠬᠤᠶᠠᠷ) [illegible]

[illegible] 21 ᠳᠦᠭᠡᠷ ᠵᠠᠭᠤᠨ ᠤ ᠡᠬᠢᠨ ᠦ ᠦᠶ᠎ᠡ ᠳᠦ [illegible] ᠪᠠᠶᠢᠨ᠎ᠠ ᠃ 20 ᠳᠤᠭᠠᠷ ᠵᠠᠭᠤᠨ [illegible]

ᠬᠠᠮᠲᠤᠷᠠᠯᠴᠠᠭ᠎ᠠ ᠶᠢᠨ ᠰᠤᠳᠤᠯᠤᠯ ᠤᠨ ᠬᠠᠮᠢᠶ᠎ᠠ

[illegible]᠂ ᠪᠣᠯᠪᠠᠰᠤᠷᠠᠯ ᠤᠨ ᠠᠷᠭ᠎ᠠ ᠶᠢᠨ ᠰᠤᠳᠤᠯᠤᠯ

[illegible]

ᠪᠦᠬᠦ ᠤᠯᠤᠰ ᠤᠨ ᠬᠦᠮᠦᠨ ᠢ ᠬᠦᠳᠡᠭᠡ ᠶᠢᠨ ᠪᠦᠬᠦ ᠤᠯᠤᠰ ᠤᠨ ᠨᠡᠶᠢᠲᠡ ᠬᠦᠮᠦᠨ ᠦ 0.9% ᠢ ᠡᠵᠡᠯᠡᠵᠡᠢ ᠃ ᠬᠡᠳᠦᠢᠪᠡᠷ ᠮᠣᠩᠭᠣᠯ ᠦᠨᠳᠦᠰᠦᠲᠡᠨ ᠦ ᠬᠦᠮᠦᠨ ᠦ ᠲᠣᠭ᠎ᠠ ᠨᠡᠯᠢᠶᠡᠳ ᠡᠰᠡᠪᠡᠴᠦ ᠃ ᠬᠦᠳᠡᠭᠡ ᠶᠢᠨ ᠬᠦᠮᠦᠨ ᠦ ᠵᠢᠩᠬᠢᠨ ᠡᠵᠡᠯᠡᠬᠦ ᠬᠤᠪᠢ ᠨᠢ ᠬᠡᠲᠦᠷᠬᠡᠢ ᠦᠨᠳᠦᠷ ᠪᠠᠢ᠌ᠨ᠎ᠠ ᠃ 1980 ᠣᠨ ᠤ ᠰᠤᠷᠪᠤᠯᠵᠢᠯᠠᠯᠲᠠ ᠪᠡᠷ ᠪᠦᠬᠦ ᠤᠯᠤᠰ ᠤᠨ ᠬᠦᠮᠦᠨ ᠢ ᠬᠦᠳᠡᠭᠡ ᠶᠢᠨ ᠬᠦᠮᠦᠨ ᠦ ᠲᠣᠭ᠎ᠠ ᠳᠣᠣᠷ᠎ᠠ ᠪᠠᠢ᠌ᠨ᠎ᠠ ᠃

ᠡᠨᠡ ᠲᠣᠭ᠎ᠠ ᠨᠢ ᠮᠣᠩᠭᠣᠯ ᠦᠨᠳᠦᠰᠦᠲᠡᠨ ᠦ ᠬᠦᠮᠦᠨ ᠠᠮ᠎ᠠ ᠶᠢᠨ ᠬᠦᠳᠡᠭᠡ — ᠬᠣᠲᠠ ᠶᠢᠨ ᠪᠦᠲᠦᠴᠡ ᠶᠢᠨ ᠬᠠᠷᠢᠴᠠᠭ᠎ᠠ ᠶᠢ ᠲᠣᠳᠤᠷᠬᠠᠢ ᠢᠯᠡᠷᠡᠭᠦᠯᠵᠦ ᠪᠠᠢ᠌ᠨ᠎ᠠ ᠃ ᠬᠦᠳᠡᠭᠡ ᠶᠢᠨ ᠬᠦᠮᠦᠨ ᠠᠮ᠎ᠠ ᠶᠢᠨ ᠡᠳ᠋ ᠠᠬᠤᠢ ᠶᠢᠨ ᠬᠥᠭᠵᠢᠯ ᠦᠨ ᠲᠦᠪᠰᠢᠨ ᠨᠢ ᠪᠠᠭ᠎ᠠ ᠪᠠᠢᠬᠤ ᠪᠠ ᠪᠣᠯᠪᠠᠰᠤᠷᠠᠯ ᠤᠨ ᠲᠦᠪᠰᠢᠨ ᠳᠣᠣᠷ᠎ᠠ ᠪᠠᠢᠬᠤ ᠳᠤ ᠬᠦᠷᠭᠡᠵᠦ ᠪᠠᠢ᠌ᠨ᠎ᠠ ᠃ [3] ᠡᠨᠡ ᠪᠣᠯ ᠮᠣᠩᠭᠣᠯ ᠦᠨᠳᠦᠰᠦᠲᠡᠨ ᠦ ᠬᠦᠳᠡᠭᠡ ᠶᠢᠨ ᠨᠡᠢᠭᠡᠮ ᠦᠨ ᠬᠥᠭᠵᠢᠯ ᠳᠦ ᠨᠥᠯᠥᠭᠡᠯᠡᠵᠦ ᠪᠠᠢ᠌ᠨ᠎ᠠ ᠃

ᠮᠣᠩᠭᠣᠯ ᠦᠨᠳᠦᠰᠦᠲᠡᠨ ᠦ ᠬᠦᠮᠦᠨ ᠠᠮ᠎ᠠ ᠶᠢᠨ ᠪᠣᠯᠪᠠᠰᠤᠷᠠᠯ ᠤᠨ ᠲᠦᠪᠰᠢᠨ ᠨᠢ ᠳᠣᠣᠷ᠎ᠠ ᠪᠠᠢᠬᠤ ᠨᠢ ᠡᠳ᠋ ᠠᠬᠤᠢ ᠶᠢᠨ ᠬᠥᠭᠵᠢᠯ ᠳᠦ ᠰᠠᠭᠠᠳ ᠪᠣᠯᠵᠤ ᠪᠠᠢ᠌ᠨ᠎ᠠ ᠃ ᠮᠣᠩᠭᠣᠯ ᠦᠨᠳᠦᠰᠦᠲᠡᠨ ᠦ ᠣᠷᠣᠨ ᠨᠤᠲᠤᠭ ᠤᠨ ᠬᠥᠭᠵᠢᠯ ᠳᠦ ᠨᠥᠯᠥᠭᠡᠯᠡᠵᠦ ᠪᠠᠢ᠌ᠨ᠎ᠠ ᠃ ᠪᠣᠯᠪᠠᠰᠤᠷᠠᠯ ᠤᠨ ᠲᠦᠪᠰᠢᠨ ᠢ ᠳᠡᠭᠡᠭᠰᠢᠯᠡᠭᠦᠯᠬᠦ ᠨᠢ ᠮᠣᠩᠭᠣᠯ ᠦᠨᠳᠦᠰᠦᠲᠡᠨ ᠦ ᠬᠥᠭᠵᠢᠯ ᠦᠨ ᠴᠢᠬᠤᠯᠠ ᠠᠰᠠᠭᠤᠳᠠᠯ ᠪᠣᠯᠵᠤ ᠪᠠᠢ᠌ᠨ᠎ᠠ ᠃ ᠮᠣᠩᠭᠣᠯ ᠦᠨᠳᠦᠰᠦᠲᠡᠨ ᠦ ᠬᠦᠮᠦᠨ ᠠᠮ᠎ᠠ ᠶᠢᠨ ᠪᠣᠯᠪᠠᠰᠤᠷᠠᠯ ᠤᠨ ᠲᠦᠪᠰᠢᠨ ᠳᠡᠭᠡᠭᠰᠢᠯᠡᠬᠦ ᠳᠦ ᠣᠯᠠᠨ ᠲᠠᠯ᠎ᠠ ᠶᠢᠨ ᠰᠢᠯᠳᠠᠭᠠᠨ ᠪᠠᠢ᠌ᠨ᠎ᠠ ᠃ ᠬᠦᠳᠡᠭᠡ ᠶᠢᠨ ᠮᠣᠩᠭᠣᠯ ᠬᠦᠮᠦᠨ ᠦ ᠰᠤᠷᠭᠠᠭᠤᠯᠢ ᠶᠢᠨ ᠪᠣᠯᠪᠠᠰᠤᠷᠠᠯ ᠤᠨ ᠲᠦᠪᠰᠢᠨ — ᠬᠣᠲᠠ ᠶᠢᠨ ᠪᠦᠲᠦᠴᠡ ᠶᠢᠨ ᠬᠠᠷᠢᠴᠠᠭ᠎ᠠ ᠶᠢ ᠲᠣᠳᠤᠷᠬᠠᠢ ᠢᠯᠡᠷᠡᠭᠦᠯᠵᠦ ᠪᠠᠢ᠌ᠨ᠎ᠠ ᠃ [2] ᠬᠦᠳᠡᠭᠡ ᠶᠢᠨ ᠮᠣᠩᠭᠣᠯ ᠬᠦᠮᠦᠨ ᠦ ᠪᠣᠯᠪᠠᠰᠤᠷᠠᠯ ᠤᠨ ᠲᠦᠪᠰᠢᠨ ᠢ ᠳᠡᠭᠡᠭᠰᠢᠯᠡᠭᠦᠯᠬᠦ ᠨᠢ ᠴᠢᠬᠤᠯᠠ ᠪᠠᠢ᠌ᠨ᠎ᠠ ᠃

[illegible]

[illegible]

[illegible]

[illegible]

〔1〕唐戈：《鄂温克族文化：濒危与保护》，《鄂温克族研究文集》（第三辑），黑龙江省鄂温克族研究会编，2006年5月，第251页。

〔2〕〔美〕史蒂文·瓦戈：《社会变迁》，王晓黎等译，北京大学出版社，2007年，第31页。

〔3〕〔俄〕Г.В.贝科娃：《阿穆尔州的俄罗斯人与埃文基人：得到的与失去的》，万红译，《黑河学院学报》，2010年6月第1卷第1期。

〔4〕刘建文、张立辉、杨明：《重视小民族研究促进中国小民族的健康发展》，载《民族论坛》，1992年第4期。

〔5〕洪苹：《杂居去无文字少数民族语言转用原因试析》，载《满语研究》，1997年第1期。

ᠨᠣᠮ ᠵᠦᠢ

ᠨᠢᠭᠡ · ᠮᠣᠩᠭᠣᠯ ᠨᠣᠮ ᠪᠦᠲᠦᠭᠡᠯ

1. 《ᠮᠣᠩᠭᠣᠯ ᠤᠨ ᠨᠢᠭᠤᠴᠠ ᠲᠣᠪᠴᠢᠶᠠᠨ》(ᠪᠠᠶᠠᠷ ᠬᠥᠪᠴᠢᠯᠡᠭᠰᠡᠨ) · ᠥᠪᠦᠷ ᠮᠣᠩᠭᠣᠯ ᠤᠨ ᠠᠷᠠᠳ ᠤᠨ ᠬᠡᠪᠯᠡᠯ ᠦᠨ ᠬᠣᠷᠢᠶ᠎ᠠ · 1981 ᠣᠨ ::

2. 〔ᠮᠣᠩᠭᠣᠯ〕ᠯᠣᠪᠰᠠᠩᠳᠠᠨᠵᠢᠨ : 《ᠮᠣᠩᠭᠣᠯ ᠬᠠᠭᠠᠨ ᠤ ᠦᠨᠳᠦᠰᠦᠨ ᠦ ᠲᠦᠭᠦᠬᠡ ᠬᠡᠮᠡᠭᠳᠡᠬᠦ ᠠᠯᠲᠠᠨ ᠲᠣᠪᠴᠢ》(ᠴᠣᠢᠵᠢ ᠬᠠᠷᠭᠤᠭᠤᠯᠤᠭᠰᠠᠨ) · ᠥᠪᠦᠷ ᠮᠣᠩᠭᠣᠯ ᠤᠨ ᠰᠣᠶᠣᠯ ᠤᠨ ᠬᠣᠷᠢᠶ᠎ᠠ · 1961 ᠣᠨ ::

3. 〔ᠮᠣᠩᠭᠣᠯ〕ᠰᠠᠭᠠᠩ ᠰᠡᠴᠡᠨ : 《〈ᠮᠣᠩᠭᠣᠯ ᠤᠨ ᠡᠷᠳᠡᠨᠢ ᠶᠢᠨ ᠲᠣᠪᠴᠢ〉ᠶᠢ ᠰᠢᠨᠵᠢᠯᠡᠨ ᠬᠠᠷᠭᠤᠭᠤᠯᠤᠭᠰᠠᠨ ᠨᠢ》· ᠥᠪᠦᠷ ᠮᠣᠩᠭᠣᠯ ᠤᠨ ᠰᠤᠷᠭᠠᠨ ᠬᠦᠮᠦᠵᠢᠯ ᠦᠨ ᠬᠡᠪᠯᠡᠯ ᠦᠨ ᠬᠣᠷᠢᠶ᠎ᠠ · 1993 ᠣᠨ ::

4. ᠵᠤᠷᠴᠢᠳᠠᠢ · ᠬᠠᠰᠪᠠᠭᠠᠲᠤ : 《ᠮᠣᠩᠭᠣᠯ ᠤᠨ ᠡᠷᠳᠡᠨᠢ ᠶᠢᠨ ᠲᠣᠪᠴᠢ — ᠰᠤᠳᠤᠯᠤᠯ ᠰᠢᠨᠵᠢᠯᠡᠯ》· ᠥᠪᠦᠷ ᠮᠣᠩᠭᠣᠯ ᠤᠨ ᠰᠤᠷᠭᠠᠨ ᠬᠦᠮᠦᠵᠢᠯ ᠦᠨ ᠬᠡᠪᠯᠡᠯ ᠦᠨ ᠬᠣᠷᠢᠶ᠎ᠠ · 1986 ᠣᠨ ::

5. 〔ᠮᠣᠩᠭᠣᠯ〕ᠷᠠ · ᠨᠠᠲᠤᠭᠳᠣᠷᠵᠢ : 《ᠮᠣᠩᠭᠣᠯ ᠤᠯᠤᠰ ᠤᠨ ᠲᠦᠷᠦ ᠶᠢᠨ ᠲᠦᠬᠡ ᠶᠢᠨ ᠳᠡᠯᠡᠬᠡᠢ》(ᠪᠠᠭᠠᠨᠠ ᠬᠣᠷᠢᠨ ᠪᠢᠴᠢᠭᠯᠡᠭᠰᠡᠨ) · ᠥᠪᠦᠷ ᠮᠣᠩᠭᠣᠯ ᠤᠨ ᠠᠷᠠᠳ ᠤᠨ ᠬᠡᠪᠯᠡᠯ ᠦᠨ ᠬᠣᠷᠢᠶ᠎ᠠ · 2006 ᠣᠨ ::

6. 〔ᠲᠥᠪᠡᠳ〕ᠪᠤ · ᠳ · ᠲᠠᠷᠠᠨᠠᠲᠠ : 《ᠮᠣᠩᠭᠣᠯ ᠤᠨ ᠨᠣᠮ ᠤᠨ ᠪᠢᠴᠢᠭ ᠤᠨ ᠲᠦᠭᠦᠬᠡ》· ᠦᠨᠳᠦᠰᠦᠲᠡᠨ ᠦ ᠬᠡᠪᠯᠡᠯ ᠦᠨ ᠬᠣᠷᠢᠶ᠎ᠠ · 1981 ᠣᠨ ::

7. 〔ᠮᠣᠩᠭᠣᠯ〕ᠠ · ᠪᠠᠳᠤ : 《ᠮᠣᠩᠭᠣᠯ ᠤᠨ ᠲᠦᠷᠦ》(ᠰᠤᠷᠪᠤᠯᠵᠢᠮᠠ ᠪᠠ ᠪᠠᠭᠠᠨᠠ ᠲᠠᠷᠠᠩ ᠲᠡᠨ ᠪᠢᠴᠢᠭᠯᠡᠭᠰᠡᠨ) · ᠦᠨᠳᠦᠰᠦᠲᠡᠨ ᠦ ᠬᠡᠪᠯᠡᠯ ᠦᠨ ᠬᠣᠷᠢᠶ᠎ᠠ · 1992 ᠣᠨ ::

8. 〔ᠮᠣᠩᠭᠣᠯ〕ᠰᠠ · ᠨᠠᠳᠮᠢᠳ · ᠳᠠ · ᠰᠠᠷᠠᠨᠭᠡᠷᠡᠯ : 《ᠮᠣᠩᠭᠣᠯ ᠤᠷᠠᠨ》(ᠴᠣᠭᠲᠤᠰᠡᠩ · ᠴᠢᠭᠴᠢᠩᠬᠦ ᠪᠢᠴᠢᠭᠯᠡᠭᠰᠡᠨ) · ᠥᠪᠦᠷ ᠮᠣᠩᠭᠣᠯ ᠤᠨ ᠲᠦᠷᠦ ᠶᠢᠨ ᠬᠡᠪᠯᠡᠯ ᠦᠨ ᠬᠣᠷᠢᠶ᠎ᠠ · 1987 ᠣᠨ ::

9. 《ᠪᠠᠶᠢᠴᠠᠭᠠᠨ ᠰᠢᠨᠵᠢᠯᠡᠬᠦ ᠮᠣᠩᠭᠣᠯ ᠰᠤᠷᠭᠠᠨ ᠬᠦᠮᠦᠵᠢᠯ ᠦᠨ ᠲᠦᠭᠦᠬᠡ》(ᠳ · ᠴᠡᠷᠡᠨ ᠪᠢᠴᠢᠭᠯᠡᠭᠰᠡᠨ) · ᠦᠨᠳᠦᠰᠦᠲᠡᠨ ᠦ ᠬᠡᠪᠯᠡᠯ ᠦᠨ ᠬᠣᠷᠢᠶ᠎ᠠ · 1986 ᠣᠨ ::

10. ᠰᠦᠮᠪᠡ · ᠳᠠᠷᠤᠬᠠᠷᠢᠶᠠ : 《ᠮᠣᠩᠭᠣᠯ ᠤᠨ ᠲᠣᠮᠠ ᠰᠢᠯᠭᠠᠯᠲᠠ ᠶᠢᠨ ᠰᠣᠯᠣᠩᠭ᠎ᠠ》(ᠬᠠᠰᠡᠷᠳᠡᠨᠢ ᠮᠣᠩᠭᠣᠯᠴᠢᠯᠠᠭᠰᠠᠨ) · ᠥᠪᠦᠷ ᠮᠣᠩᠭᠣᠯ ᠤᠨ ᠰᠤᠷᠭᠠᠨ ᠬᠦᠮᠦᠵᠢᠯ ᠦᠨ ᠬᠡᠪᠯᠡᠯ ᠦᠨ ᠬᠣᠷᠢᠶ᠎ᠠ ·
1983 ᠣᠨ ::

11. 〔ᠮᠣᠩᠭᠣᠯ〕ᠮᠣᠩᠭᠣᠯ ᠤᠯᠤᠰ ᠤᠨ ᠰᠢᠨᠵᠢᠯᠡᠬᠦ ᠤᠬᠠᠭᠠᠨ ᠤ ᠠᠺᠠᠳᠧᠮᠢ : 《ᠮᠣᠩᠭᠣᠯ ᠤᠨ ᠲᠦᠬᠡ》(ᠮᠡᠳᠡᠭᠯᠡᠯ ᠦᠨ ᠲᠠᠰᠤᠭ ᠪᠢᠴᠢᠭᠯᠡᠭᠰᠡᠨ) · ᠦᠨᠳᠦᠰᠦᠲᠡᠨ ᠦ ᠬᠡᠪᠯᠡᠯ ᠦᠨ ᠬᠣᠷᠢᠶ᠎ᠠ ·
2010 ᠣᠨ ::

12. ᠳᠣᠪᠤ ᠨᠠᠭᠠᠨ · ᠰᠢᠷᠠᠪ ᠤᠨ ᠤᠨ : 《ᠮᠣᠩᠭᠣᠯ — ᠲᠥᠪᠡᠳ ᠦᠨ ᠲᠥᠪᠡᠳ ᠬᠡᠯᠡᠨ ᠦ ᠳᠣᠯᠣᠭᠠᠨ ᠲᠣᠯᠢ ᠪᠢᠴᠢᠭ》(ᠮᠣᠩᠭᠣᠯᠵᠢᠭᠤᠯᠤᠨ ᠨᠠᠶᠢᠷᠠᠭᠤᠯᠤᠭᠰᠠᠨ) · ᠦᠨᠳᠦᠰᠦᠲᠡᠨ ᠦ
ᠬᠡᠪᠯᠡᠯ ᠦᠨ ᠬᠣᠷᠢᠶ᠎ᠠ · 1979 ᠣᠨ ::

13. 〔ᠮᠣᠩᠭᠣᠯ〕 ᠴᠡ · ᠴᠣᠭᠲᠤ : 《ᠮᠣᠩᠭᠣᠯ ᠤᠨ ᠰᠣᠶᠣᠯ ᠦᠵᠡᠯ — ᠮᠣᠩᠭᠣᠯ ᠬᠡᠯᠡᠨ ᠤ ᠦᠭᠡ ᠬᠡᠯᠡᠬᠦ ᠶᠢᠨ ᠬᠣᠪᠴᠠᠰᠤ ᠬᠤᠨᠠᠷᠯᠠᠯ》 (ᠰᠠᠷᠠᠨᠭᠡᠷᠡᠯ ᠣᠷᠴᠢᠭᠤᠯᠪᠠ) · ᠥᠪᠥᠷ ᠮᠣᠩᠭᠣᠯ ᠤᠨ ᠰᠤᠷᠭᠠᠨ ᠬᠦᠮᠦᠵᠢᠯ ᠦᠨ ᠬᠡᠪᠯᠡᠯ ᠦᠨ ᠬᠣᠷᠢᠶ᠎ᠠ · 1993 ᠣᠨ ᠃

14. 〔ᠪᠦᠭᠦᠳᠡ〕 ᠨᠠᠮᠵᠢᠯᠵᠠᠪ · ᠰᠠᠢᠨᠪᠠᠶᠠᠷ : 《ᠮᠣᠩᠭᠣᠯ ᠤᠨ ᠪᠠᠶᠢᠯᠳᠤ ᠪᠠ ᠨᠠᠶᠢᠷ》 (ᠴᠣᠢ ᠴᠣᠭᠲᠤ ᠴᠠᠭᠠᠨ ᠬᠣᠪᠢᠷᠭᠠᠭᠤᠯᠪᠠ · ᠨᠠᠮᠵᠢᠯᠵᠠᠪ ᠮᠣᠩᠭᠣᠯᠴᠢᠯᠠᠪᠠ) · ᠥᠪᠥᠷ ᠮᠣᠩᠭᠣᠯ ᠤᠨ ᠠᠷᠠᠳ ᠤᠨ ᠬᠡᠪᠯᠡᠯ ᠦᠨ ᠬᠣᠷᠢᠶ᠎ᠠ · 2010 ᠣᠨ ᠃

15. 〔ᠮᠣᠩᠭᠣᠯ〕 ᠨᠠᠰᠤᠨ ᠦ ᠪᠠᠶᠠᠷ : 《ᠮᠣᠩᠭᠣᠯ ᠭᠡᠷ ᠦᠨ ᠡᠳ᠋ᠯᠡᠯ》 (ᠴᠢᠮᠡᠳ ᠨᠠᠷ ᠣᠷᠴᠢᠭᠤᠯᠪᠠ) · ᠦᠨᠳᠦᠰᠦᠲᠡᠨ ᠦ ᠬᠡᠪᠯᠡᠯ ᠦᠨ ᠬᠣᠷᠢᠶ᠎ᠠ · 2006 ᠣᠨ ᠃

16. 〔ᠮᠣᠩᠭᠣᠯ〕 ᠲᠡ · ᠪᠠᠶᠠᠷᠰᠠᠶᠢᠬᠠᠨ · ᠨᠠ · ᠨᠠᠮᠵᠢᠯᠳᠤᠷᠵᠢ : 《ᠮᠣᠩᠭᠣᠯ ᠤᠨ ᠨᠠᠶᠢᠷᠯᠠᠯ》 (ᠬᠣᠷᠯᠣᠭ᠎ᠠ ᠨᠠᠷ ᠣᠷᠴᠢᠭᠤᠯᠪᠠ) · ᠥᠪᠥᠷ ᠮᠣᠩᠭᠣᠯ ᠤᠨ ᠠᠷᠠᠳ ᠤᠨ ᠬᠡᠪᠯᠡᠯ ᠦᠨ ᠬᠣᠷᠢᠶ᠎ᠠ · 2004 ᠣᠨ ᠃

17. 〔ᠣᠷᠣᠰ〕 ᠭᠤᠷᠪᠠᠨᠭᠤᠯ · ᠮᠠᠨᠳᠠᠬᠤ : 《ᠨᠢᠭᠤᠴᠠ ᠲᠣᠪᠴᠢᠶᠠᠨ ᠤ ᠰᠢᠨᠵᠢᠯᠡᠯ》 (ᠴᠣᠭᠲᠤᠬᠠᠨ ᠨᠠᠷ ᠮᠣᠩᠭᠣᠯᠴᠢᠯᠠᠪᠠ) · ᠦᠨᠳᠦᠰᠦᠲᠡᠨ ᠦ ᠬᠡᠪᠯᠡᠯ ᠦᠨ ᠬᠣᠷᠢᠶ᠎ᠠ · 2005 ᠣᠨ ᠃

18. 《ᠮᠣᠩᠭᠣᠯ ᠰᠣᠶᠣᠯ ᠤᠨ ᠨᠡᠪᠲᠡᠷᠬᠡᠢ ᠲᠣᠯᠢ》 · ᠥᠪᠥᠷ ᠮᠣᠩᠭᠣᠯ ᠤᠨ ᠠᠷᠠᠳ ᠤᠨ ᠬᠡᠪᠯᠡᠯ ᠦᠨ ᠬᠣᠷᠢᠶ᠎ᠠ · 2008 ᠣᠨ ᠃

19. ᠴᠠ · ᠨᠠᠰᠤᠨ ᠨᠠᠷ : 《ᠮᠣᠩᠭᠣᠯ ᠵᠠᠩ ᠦ ᠲᠣᠯᠢ》 · ᠥᠪᠥᠷ ᠮᠣᠩᠭᠣᠯ ᠤᠨ ᠠᠷᠠᠳ ᠤᠨ ᠬᠡᠪᠯᠡᠯ ᠦᠨ ᠬᠣᠷᠢᠶ᠎ᠠ · 1999 ᠣᠨ ᠃

20. 《ᠮᠣᠩᠭᠣᠯ ᠦᠨᠳᠦᠰᠦᠲᠡᠨ ᠦ ᠬᠣᠪᠴᠠᠰᠤ ᠬᠤᠨᠠᠷ》 · ᠥᠪᠥᠷ ᠮᠣᠩᠭᠣᠯ ᠤᠨ ᠠᠷᠠᠳ ᠤᠨ ᠬᠡᠪᠯᠡᠯ ᠦᠨ ᠬᠣᠷᠢᠶ᠎ᠠ · 1988 ᠣᠨ ᠃

21. ᠬᠠᠰᠪᠠᠭᠠᠲᠤᠷ : 《ᠬᠠᠰᠪᠠᠭᠠᠲᠤᠷ ᠤᠨ ᠨᠠᠢᠷᠠᠭ ᠤᠨ ᠬᠣᠪᠢᠷᠠᠭᠤᠯᠤᠯ》 (ᠰᠢᠷᠠᠨᠠᠮᠰᠢᠷ ᠨᠠᠶᠢᠷᠠᠭᠤᠯᠪᠠ) · ᠯᠢᠶᠣᠤᠨᠢᠩ ᠤ ᠠᠷᠠᠳ ᠤᠨ ᠬᠡᠪᠯᠡᠯ ᠦᠨ ᠬᠣᠷᠢᠶ᠎ᠠ · 1977 ᠣᠨ ᠃

22. ᠬᠤ ᠶᠠᠨ ᠵᠦᠩ : 《ᠵᠦᠩ ᠵᠣᠣ ᠶᠢᠨ ᠪᠠᠷᠢᠯᠲᠠ ᠶᠢᠨ ᠰᠤᠷᠭᠠᠭᠤᠯᠢ ᠬᠣᠪᠢᠷᠠᠭᠤᠯᠤᠯ》 (ᠴᠢᠩ ᠪᠢᠯᠢᠭ ᠲᠠᠨ ᠬᠣᠪᠢᠷᠠᠭᠤᠯᠵᠤ · ᠪᠠᠲᠤᠪᠢᠯᠢᠭ ᠨᠠᠶᠢᠷᠠᠭᠤᠯᠪᠠ) · ᠥᠪᠥᠷ ᠮᠣᠩᠭᠣᠯ ᠤᠨ ᠰᠣᠶᠣᠯ ᠤᠨ ᠬᠡᠪᠯᠡᠯ ᠦᠨ ᠬᠣᠷᠢᠶ᠎ᠠ · 1993 ᠣᠨ ᠃

23. 《ᠨᠠᠭᠤᠷᠰᠠᠢ ᠶᠢᠨ ᠬᠡᠯᠡᠯᠴᠡᠭᠡ ᠬᠣᠪᠢᠷᠠᠭᠤᠯᠤᠯ · ᠬᠠᠭᠠᠨ ᠤ ᠨᠠᠶᠢᠷ ᠤᠨ ᠬᠣᠪᠢᠷᠠᠭᠤᠯᠤᠯ · ᠨᠣᠶᠠᠨ ᠤ ᠵᠠᠷᠯᠢᠭ ᠰᠢᠯᠢᠳᠡᠭ ᠬᠣᠪᠢᠷᠠᠭᠤᠯᠤᠯ》 (ᠪᠠᠲᠤᠴᠢᠯᠠᠭᠤ ᠨᠠᠶᠢᠷᠠᠭᠤᠯᠪᠠ) · ᠥᠪᠥᠷ ᠮᠣᠩᠭᠣᠯ ᠤᠨ ᠰᠤᠷᠭᠠᠨ ᠬᠦᠮᠦᠵᠢᠯ ᠦᠨ ᠬᠡᠪᠯᠡᠯ ᠦᠨ ᠬᠣᠷᠢᠶ᠎ᠠ · 2001 ᠣᠨ ᠃

24. 《ᠴᠢᠩ ᠭᠦᠷᠦᠨ ᠦ ᠦᠶ᠎ᠡ ᠶᠢᠨ ᠬᠠᠭᠠᠨ ᠤ ᠵᠠᠷᠯᠢᠭ ᠰᠢᠯᠢᠳᠡᠭ ᠬᠣᠪᠢᠷᠠᠭᠤᠯᠤᠯ》 (ᠨᠠᠰᠤᠨᠪᠠᠶᠠᠷ ᠨᠠᠶᠢᠷᠠᠭᠤᠯᠪᠠ) · ᠥᠪᠥᠷ ᠮᠣᠩᠭᠣᠯ ᠤᠨ ᠰᠤᠷᠭᠠᠨ ᠬᠦᠮᠦᠵᠢᠯ ᠦᠨ ᠬᠡᠪᠯᠡᠯ ᠦᠨ ᠬᠣᠷᠢᠶ᠎ᠠ · 2001 ᠣᠨ ᠃

25. 〔ᠣᠷᠣᠰ〕 ᠪᠣᠷᠬᠣᠪᠣ ᠪᠣᠯᠤᠪᠣ : 《ᠮᠣᠩᠭᠣᠯ ᠤᠨ ᠨᠣᠶᠠᠳ ᠨᠡᠬᠡᠳ ᠦᠨ ᠨᠠᠢᠷ》 (ᠴᠡ · ᠪᠠᠶᠠᠷ ᠨᠠᠷ ᠨᠠᠶᠢᠷᠠᠭᠤᠯᠪᠠ) · ᠥᠪᠥᠷ ᠮᠣᠩᠭᠣᠯ ᠤᠨ ᠠᠷᠠᠳ ᠤᠨ ᠬᠡᠪᠯᠡᠯ ᠦᠨ ᠬᠣᠷᠢᠶ᠎ᠠ · 1990 ᠣᠨ ᠃

26. 〔ᠶᠠᠫᠣᠨ〕 ᠬᠠᠲᠠᠭᠤ · ᠰᠢᠷᠠᠪ ᠨᠠᠷ : 《ᠪᠣᠭᠳᠠ ᠨᠠᠶᠢᠷ ᠤᠨ ᠰᠣᠶᠣᠯ ᠴᠢᠯᠦᠭᠡ ᠨᠣᠶᠠᠨ ᠨᠠᠮᠤᠷ》 (ᠨᠠᠰᠤᠨᠪᠠᠶᠠᠷ ᠨᠠᠷ ᠨᠠᠶᠢᠷᠠᠭᠤᠯᠪᠠ) · ᠥᠪᠥᠷ ᠮᠣᠩᠭᠣᠯ ᠤᠨ ᠠᠷᠠᠳ ᠤᠨ ᠬᠡᠪᠯᠡᠯ ᠦᠨ ᠬᠣᠷᠢᠶ᠎ᠠ · 2001 ᠣᠨ ᠃

27. ᠪᠣ · ᠮᠠᠨᠳᠤᠬᠤ : 《ᠰᠢᠷᠠᠮᠤᠷᠡᠨ ᠭᠣᠯ ᠪᠣᠰᠤᠭ ᠪᠠᠭᠠᠢ ᠪᠠᠷᠢᠭᠤᠨ ᠵᠢᠭᠦᠨ ᠪᠠᠷᠠᠭᠤᠨ ᠪᠡᠯᠴᠢᠷ ᠤᠨ ᠨᠣᠲᠤᠭ》 · ᠦᠨᠳᠦᠰᠦᠲᠡᠨ ᠦ ᠬᠡᠪᠯᠡᠯ ᠦᠨ ᠬᠣᠷᠢᠶ᠎ᠠ · 1976 ᠣᠨ ᠃

28. ᠪᠣ · ᠮᠠᠨᠳᠤᠬᠤ : 《ᠬᠠᠨ ᠲᠠᠢᠵᠤ · ᠰᠣᠨᠢᠨ ᠤ ᠨᠣᠲᠤᠭ ᠤᠨ ᠪᠠᠷᠤᠭ ᠤᠨ ᠮᠡᠳᠡᠭᠡ》 · ᠦᠨᠳᠦᠰᠦᠲᠡᠨ ᠦ ᠬᠡᠪᠯᠡᠯ ᠦᠨ ᠬᠣᠷᠢᠶ᠎ᠠ · 1976 ᠣᠨ ᠃

29. ᠰᠤᠷᠪᠠᠳᠤᠷᠠᠮ : 《ᠮᠣᠩᠭᠣᠯ ᠦᠨᠳᠦᠰᠦᠲᠡᠨ ᠦ ᠬᠠᠭᠤᠴᠢᠨ ᠨᠠᠢᠮᠠᠨ》 (ᠰᠣᠶᠣᠯ ᠮᠣᠩᠭᠣᠯᠴᠢᠯᠠᠪᠠ) · ᠦᠨᠳᠦᠰᠦᠲᠡᠨ ᠦ ᠬᠡᠪᠯᠡᠯ ᠦᠨ ᠬᠣᠷᠢᠶ᠎ᠠ · 1988 ᠣᠨ ᠃

30. ᠴᠢᠩ ᠪᠣᠯᠣᠨ ᠰᠤᠪᠤᠳ ᠨᠠᠷ ᠨᠠᠢᠷᠠᠭᠤᠯᠤᠭᠰᠠᠨ 《ᠨᠠᠢᠮᠠᠨ ᠤ ᠪᠠᠷᠠᠭᠤᠨ ᠤ ᠪᠣᠯᠤᠷ ᠪᠣᠯᠣᠨ》 (ᠪᠠᠶᠠᠷᠮᠠ ᠨᠠᠷ ᠮᠣᠩᠭᠣᠯᠴᠢᠯᠠᠪᠠ) · ᠦᠨᠳᠦᠰᠦᠲᠡᠨ ᠦ ᠬᠡᠪᠯᠡᠯ ᠦᠨ ᠬᠣᠷᠢᠶ᠎ᠠ · 1983 ᠣᠨ ᠃

31. ᠴᠡ · ᠰᠠᠷᠠᠨᠭᠤᠢ : 《ᠰᠢᠨᠵᠢᠯᠡᠬᠦ ᠤᠬᠠᠭᠠᠨ ᠰᠣᠯᠣᠩᠭ᠎ᠠ》 · ᠥᠪᠥᠷ ᠮᠣᠩᠭᠣᠯ ᠤᠨ ᠰᠢᠨᠵᠢ ᠲᠧᠭᠨᠢᠭ ᠦᠨ ᠬᠡᠪᠯᠡᠯ ᠦᠨ ᠬᠣᠷᠢᠶ᠎ᠠ · 2011 ᠣᠨ ᠃

32. ᠴᠣᠭᠲᠤ ᠶᠢᠨ ᠰᠣᠷᠪᠣᠰ : 《ᠮᠣᠩᠭᠣᠯᠴᠤᠳ》 · ᠥᠪᠥᠷ ᠮᠣᠩᠭᠣᠯ ᠤᠨ ᠰᠣᠶᠣᠯ ᠤᠨ ᠬᠡᠪᠯᠡᠯ ᠦᠨ ᠬᠣᠷᠢᠶ᠎ᠠ · 1998 ᠣᠨ ᠃

18.〔后晋〕刘昫等撰：《旧唐书》，中华书局，1975年。
17.〔唐〕魏徵撰：《隋书》，中华书局，1982年。
16.〔唐〕令狐德棻等撰：《周书》，中华书局，1983年。
15.〔宋〕郭茂倩编：《乐府诗集》，中华书局，1982年。
14.〔北魏〕郦道元著：《水经注》（上下册），史念林等注，华夏出版社，2006年。
13.〔唐〕房玄龄等撰：《晋书》，中华书局，1982年。
12.〔宋〕欧阳修等撰：《新唐书》，中华书局，1982年。
11.〔北齐〕魏收撰：《魏书》，中华书局，1984年。
10.〔宋〕叶隆礼撰：《契丹国志》，上海古籍出版社，1985年。
9.〔宋〕司马光编著：《资治通鉴》，中华书局，1976年。
8.〔唐〕杜佑撰：《通典》，中华书局，1984年。
7.〔晋〕陈寿撰：《三国志》，中华书局，1975年。
6.〔宋〕范晔撰：《后汉书》，中华书局，1982年。
5.〔元〕脱脱等撰：《辽史》，中华书局，1983年。
4.〔东汉〕班固撰：《汉书》，中华书局，1983年。
3.〔西汉〕刘安等撰：《淮南子》，赵宗乙译注，黑龙江人民出版社，2004年。
2.〔东汉〕班固撰：《汉书》，中华书局，1983年。
1.〔西汉〕司马迁撰：《史记》，中华书局，1972年。

[illegible]

35. [illegible]：《[illegible]》· [illegible] · 2014 [illegible]
34. [illegible]：《[illegible]》· [illegible] · 2001 [illegible]
33. [illegible]：《[illegible]》· [illegible] · 2004 [illegible]

43. 王巍等主编：《呼伦贝尔民族文物考古研究》，科学出版社，2013年。
42. 塔拉主编：《草原考古学文化研究》，内蒙古教育出版社，2007年。
41. 卢明辉等编：《内蒙古文物古迹散记》，内蒙古人民出版社，1988年。
40. 周明甫、金星华主编：《中国少数民族文化简论》，民族出版社，2006年。
39. 施雅风等主编：《中国第四纪冰川与环境变化》，河北科学技术出版社，2006年。
38. 蔡俊生、陈荷清、韩林德等著：《文化论》，人民出版社，2003年。
37. 张博泉、魏存成主编：《东北古代民族：考古与疆域》，吉林大学出版社，1998年。
36. 林幹编：《匈奴史论文选集》（1919-1979），中华书局，1983年。
35. 林幹著：《东胡史》，内蒙古人民出版社，1989年。
34. 范文澜著：《中国通史简编》（第一编），人民出版社，1965年。
33. 霍彦儒等主编：《商周金文编》，三秦出版社，2009年。
32. 林欢著：《商代地理与方国》，中国社会科学出版社，2010年。
31. 裴文中著：《中国史前时期的研究》，商务印书馆，1948年。
30. 王明哲、王炳华：《乌孙研究》，新疆人民出版社，1983年。
29. 项英杰等著：《中亚：马背上的文化》，浙江人民出版社，1993年。
28. 袁珂校注：《山海经》，上海古籍出版社，1980年。
27. 马长寿著：《北狄与匈奴》，广西师范大学出版社，2006年。
26. 马长寿著：《乌桓与鲜卑》，上海人民出版社，1962年。
25. 吕振宇著：《史前期中国社会研究》，三联书店出版，1961年。
24. 范祥雍订補：《古本竹书纪年辑校订補》，上海古籍出版社，2011年。
23. 王国维著：《观堂集林》（上下册），彭林整理，河北教育出版社，2001年。
22.〔近〕屠寄：《蒙兀儿史记》，北京中国书店，1984年。
21.〔清〕张穆撰：《蒙古游牧记》，张正明、宋舉成点校，山西人民出版社，1991年。
20.〔元〕脱脱等撰：《金史》，中华书局，1983年。
19.〔元〕脱脱等撰：《宋史》，中华书局，1977年。

44. 中国人民大学北方民族考古所：《北方民族考古》，1-3辑，科学出版社，2014-2016年。
45. 南文渊、卢守亭等著：《东北少数民族城市化研究》，民族出版社，2011年。
46.《内蒙古出土文物选集》，北京文物出版社，1963年。
47.《中国少数民族文化通论》，中央民族大学出版社，2006年
48.《中国古代北方各族简史》，内蒙古人民出版社，1979年。
49.《中国北方民族关系史》，中国社会科学出版社，1987年。
50.《人论》，上海译文出版社，1985年。
51.《文化学辞典》，中央民族学院出版社，1988年。
52.《简明社会科学辞典》，上海辞书出版社，1982年。
53.《历史地理学的理论与实践》，上海人民出版社，1984年
54.《鄂温克族研究文集》(第三辑)，黑龙江省鄂温克族研究会编，2006年5月。
55. 魏坚：《元上都》，中国大百科全书出版社，2008年。

[illegible]

1.〔苏联〕斯大林：《马克思主义和民族问题》-《斯大林选集》人民出版社，1979年。
2.〔英〕恩格斯：《劳动在从猿到人转变过程中的作用》-《马克思恩格斯选集》(第三卷)，人民出版社，1972年。
3.〔俄〕史禄国著：《北方通古斯的社会组织》，吴有刚等译，内蒙古人民出版社，1984年。
4.〔日〕白鸟库吉：《东胡民族考》，方壮猷汉译，商务印书馆，1934年。
5.〔波斯〕拉施特主编：《史集》第一卷第一分册，，余大均、周建奇译，商务印书馆，1983年。
6.〔美〕史蒂文·瓦戈：《社会变迁》，王晓黎等译，北京大学出版社，2007年。
7.〔英〕爱德华·泰勒著：《原始社会》，连树声译，广西师范大学出版社，2005年。
8.〔美〕刘易斯·芒福德著：《城市发展史》，宋俊岭等译，中国建筑工业出版社，2008年。

20.〔苏联〕C.B.吉谢列夫等著：《古代蒙古城市》，孙危译，商务印书馆，2016年。
19.〔英〕拉德克利夫·布朗著：《社会人类学方法》，夏建中译，华夏出版社，2002年。
18.〔日〕尾形勇著：《中国古代的家与国家》，张鹤泉译，中华书局，2010年。
17.〔美〕乔尔·科特金著：《全球城市史》，王旭等译，社会科学文献出版社，2010年。
16.〔美〕约瑟夫·里克沃特著：《城之理念》，刘东洋译，中国建筑工业出版社，2006年。
15.〔俄〕阿甫基耶夫著：《古代东方史》，王以铸译，上下卷，上海书店出版社，2011年。
14.〔法〕菲·德·古朗士著：《古代城市》，吴晓群译，上海人民出版社，2006年。
13.〔苏联〕安德列耶夫著：《古代世界的城邦》，张竹明等译，华东师范大学出版社，2011年。
12.〔日〕白鸟库吉：《东胡民族考》，方壮猷译，商务印书馆，1934年。
11.〔德〕魏格纳著：《海陆的起源》，李旭丹译，北京大学出版社，2006年。
10.〔美〕摩尔根著：《古代社会》，杨东莼、马雍、马臣译，商务印书馆，1977年。
9.〔日〕石田英一郎、泉靖一、曾野寿彦、寺田和夫：《人类学》，金少萍译，民族出版社，2008年。

ᠪᠦᠬᠦ ᠨᠥᠭᠥᠳ ᠲᠦ ᠴᠢᠨ ᠰᠡᠳᠬᠢᠯ ᠡᠴᠡ ᠪᠠᠶᠠᠷᠯᠠᠯ᠎ᠠ ᠢᠷᠡᠭᠦᠯᠦᠶ᠎ᠡ ::

ᠬᠦᠮᠦᠨ ᠦ ᠰᠠᠶᠢᠨ ᠪᠠᠢᠯ᠎ᠠ ᠳᠤ ᠪᠠᠶᠠᠷᠯᠠᠶ᠎ᠠ !

2019 ᠣᠨ ᠤ 12 ᠰᠠᠷ᠎ᠠ ᠶᠢᠨ 1 ᠦ ᠡᠳᠦᠷ ᠪᠢᠴᠢᠪᠡ

[illegible]
[illegible] :
[illegible]

[illegible]
[illegible] :
[illegible]

[illegible]
[illegible] :
[illegible]

[illegible]
[illegible] :
[illegible]

ᠤᠲᠠᠰᠤ : 010 — 68472815 68932218
[illegible] : 100081
ISBN : 978 — 7 — 5660 — 1606 — 5
2019 ᠣᠨ ᠤ 12 ᠰᠠᠷ᠎ᠠ ᠳᠤ [illegible]
2019 ᠣᠨ ᠤ 12 ᠰᠠᠷ᠎ᠠ ᠳᠤ [illegible]

*

[illegible]

*

[illegible]

[illegible]

ᠦᠨ᠎ᠡ ᠨᠢ : 99.00 ᠶᠤᠸᠠᠨ